Erich Theis

Gott spricht mit Ihnen

Erich Theis

Gott spricht mit Ihnen

Impulse fürs Leben

Fromm Verlag

Impressum / Imprint
Bibliografische Information der Deutschen Nationalbibliothek: Die Deutsche Nationalbibliothek verzeichnet diese Publikation in der Deutschen Nationalbibliografie; detaillierte bibliografische Daten sind im Internet über http://dnb.d-nb.de abrufbar.

Bibliographic information published by the Deutsche Nationalbibliothek: The Deutsche Nationalbibliothek lists this publication in the Deutsche Nationalbibliografie; detailed bibliographic data are available in the Internet at http://dnb.d-nb.de.

Coverbild / Cover image: www.ingimage.com

Verlag / Publisher:
Fromm Verlag
ist ein Imprint der / is a trademark of
OmniScriptum GmbH & Co. KG
Heinrich-Böcking-Str. 6-8, 66121 Saarbrücken, Deutschland / Germany
Email: info@frommverlag.de

Herstellung: siehe letzte Seite /
Printed at: see last page
ISBN: 978-3-8416-0452-1

Widmung
an meine Frau, Eva

Du hast mich seit über vier Jahrzehnten treu unterstützt und mit mir immer wieder danach getrachtet, das Reden Gottes in Seinem Wort und in unseren Herzen zu hören und im Alltag umzusetzen.

Eva, du bist mir eine grossartige Ehefrau. Ich schätze dich auch sehr als Mutter unserer vier wunderbaren Söhne. So viel hast du in mein Leben und unsere Familie investiert. Nun bist du auch eine begabte und hingegebene Grossmutter für unsere Enkel. Ich liebe und bewundere dich.

an unsere vier Söhne,
Matthias, Andreas, Benjamin und David

Ihr seid uns ein Geschenk Gottes. Ich bin stolz auf euch und zutiefst dankbar, dass auch ihr euch immer wieder danach ausstreckt Gottes Reden zu verstehen und mit euren Familien zu praktizieren.

Danksagung

Esther Magnet - Wie sehr ist mir deine Überarbeitung meiner Texte über Jahre eine Hilfe gewesen. Du hast es so gut verstanden Formulierungen zu optimieren, unnötige Wiederholungen zu streichen und die Aussagen ansprechender und verständlicher zu machen.

Susanna Farsatis Graf - Du hast unendlich viele Stunden zum Schreiben der Texte aufgebracht und so ein spezielles Mass an Geduld bei den notwendigen Veränderungen und Verbesserungen aufgebracht.

Vreni Heiniger - wie schätze ich deine Mitarbeit und die Unterstützung deines Mannes über so viele Jahre. Dein scharfer Blick für Fehler und Schwachstellen im Text ist mir eine grosse Hilfe.

„Gott spricht mit Ihnen!“

- IMPULSE FÜRS LEBEN -

Eine Auswahl packender Ansprachen von Erich Theis

Einleitung

Der Inhalt dieses Buches ist nicht „am Schreibtisch“ entstanden, sondern:

Wenn es wieder an der Zeit war, einen „geistlichen Impuls“ zu schreiben, ging ich nach draussen und bestaunte die wunderbare Natur. Dann bat ich Gott, mir Gedanken aus Seinem Wort auf mein Herz zu legen. Während ich Gott lobte und anbetete, achtete ich darauf, was in meinem Herzen vorging. Welche Impulse versuchte der Heilige Geist mir zu übermitteln? Die Gedanken, die dann in mein Herz kamen, waren die Grundlage für meine Texte. Das, was ich glaubte, dass Gott mir kundtat, sprach ich auf ein Diktiergerät. Immer wieder stoppte ich das Diktat, um neue Impulse zu empfangen und zu verarbeiten.

Nicht, dass Sie mich falsch verstehen: Mir wurden die Inhalte nicht „diktiert“, sondern Gedanken in mein Inneres gelegt. Die Formulierung, Gliederung und das endgültige Abfassen waren meine Sache und die meiner Mitarbeiterinnen. Durch sie kamen die Diktate aufs Papier.

Was mich über die vielen Jahre immer wieder bewegte, waren die Reaktionen der Leserinnen und Leser. Wiederholte Male schrieben sie mir: *„Diese Botschaft hat genau in meine Situation hineingesprochen“.*

Es ist unser Gebet, dass Sie, liebe Leserin und lieber Leser, Ähnliches erleben mögen. Die verschiedenen Themen sollen nicht nur Ihr biblisches Wissen erweitern, sondern Sie erfahren lassen, dass der wunderbare Vater im Himmel, Sein Sohn Jesus Christus und der gute Heilige Geist zu Ihnen spricht.

Teil 4:

DEN HEILIGEN GEIST KENNENLERNEN

Teil 5:

***GEHEN SIE IHREN WEG NICHT ALLEIN* (Gemeinschaft)**

Teil 6:

***IM GLAUBEN WACHSEN* (Wachstum)**

Teil 7:

DER AUFTRAG DES CHRISTEN **(Dienst für Gott)**

Teil 1

GOTT - WIE FINDE ICH DICH?

Kapitel 1

SO WICHTIG SIND SIE GOTT!

Wenn Sie mit einem Flugzeug von der Startpiste abheben, entdecken Sie beim Hinunterschauen, dass Häuser, Wälder und Felder immer kleiner werden. Menschen erkennt man gar nicht mehr aus dieser Höhe. Auf Bildern der Astronauten aus dem Weltraum sind nur noch feine Küstenlinien oder sehr hohe Berge auszumachen. Bei noch grösserer Distanz wird die Erde schliesslich zu einem bläulichen Ball, der zum Teil von Wolkenschleiern bedeckt ist. All die Hektik und das Treiben auf unserer Erde scheinen nicht mehr zu existieren.

Gott sieht uns mit anderen Augen

Die Weltbevölkerung unserer Zeit (im Jahr 2012) beträgt ca. 7 Milliarden. So viele Menschen haben noch nie gleichzeitig die Erde besiedelt. Wenn die Erde ein so kleiner Planet im Weltall ist und so viele Menschen auf ihr wohnen, wie kann Gott uns dann überhaupt noch wahrnehmen? Das übersteigt unseren Intellekt; ist aber doch Realität: Gott kennt Seine Kinder mit Namen und pflegt einen persönlichen Kontakt mit jedem Einzelnen.

Ihm stehen Milliarden von Engeln zur Seite. Er hat sie ausgesandt, um Menschen, die das Heil ererben sollen, zu helfen, zu dienen (Hebr. 1, 14). Der Vater im Himmel und Jesus, der Sohn Gottes, wünschen eine lebendige Beziehung zu jedem Einzelnen. Deutlich drückt das die Bibel in folgenden Worten aus: **„Denn Gott hat die Menschen so sehr geliebt, dass er seinen einzigen Sohn für sie hergab. Jeder, der an ihn glaubt, wird nicht verlorengehen, sondern das ewige Leben haben“** (Joh. 3, 16). Gott sieht Sie, Gott kennt Sie. Selbst die Haare Ihres Hauptes, sagt Jesus, sind gezählt (Lk. 12, 7).

Ich bin noch nie einem Ehemann begegnet, der die Haare seiner Frau gezählt hatte, auch noch nie einer Frau, die über die Anzahl Haare ihres Mannes Bescheid wusste. Selbst wenn man einander sehr herzlich liebt, erscheint uns das unwichtig. Aber Jesus will uns damit zeigen, dass die kleinen Feinheiten unseres Lebens für Ihn wichtig sind. In Seinen Augen sind wir nicht einfach Nummern, Gruppen oder Teil einer gewissen Kategorie, sondern kostbare Individuen. In der Stunde, wo wir uns zu Jesus bekehren und Ihn auf den Thron unseres Herzens als Erlöser und Retter einladen, werden wir Kinder Gottes. So sieht Gott uns!

Warum wir uns anders sehen!

Kleinere und grössere Erfahrungen, die wir im Leben gemacht haben, oft schon in frühester Kindheit, lehren uns, dass wir in dieser Welt nicht als wichtig geachtet werden. Oft bekommen Kinder zu spüren, dass sie den Eltern auf die Nerven gehen, oder dass sie im Moment keine Zeit für sie haben. Manchmal scheint es, dass sogar ihre Bitten oder ihre Tränen übersehen werden. Bei Gott ist das anders. Kein Gebet geht verloren und keine Träne wird ohne Seine Kenntnis geweint. Allerdings, solange wir uns nicht bewusst Jesus Christus zugewandt und Ihm die Herrschaft über unser Leben gegeben haben, zählen wir nicht zur Familie Gottes. Er liebt aber trotzdem jeden Menschen und umwirbt ihn. Sein grosses Ziel ist es, unsere Herzen für Seine Liebe zu gewinnen. Im Augenblick der geistlichen Neugeburt, - d.h., wenn wir Jesus als Sohn Gottes akzeptiert und unser Leben Ihm anvertraut haben, - treten wir in ein neues Verhältnis zu Gott (Joh. 1, 12). Wir werden im Familienstammbuch Gottes eingetragen und zählen nun zu Seiner Familie. Gott übernimmt die Verantwortung, für uns zu sorgen, über uns zu wachen und unsere Beziehung zu Ihm zu vertiefen, - sofern wir auf Sein Wirken eingehen.

Aufgrund erfahrener Ablehnung oder Zurücksetzung fällt es uns schwer zu glauben, dass wir Gott wichtig sind. Dazu kommt die Tatsache, dass wir im Alltag noch häufig sündigen und immer wieder neu Gottes Vergebung brauchen. Auch das erschüttert unser Selbstwertgefühl. Es entsteht daher der Eindruck, wir könnten doch von Gott nicht so hoch eingeschätzt und geliebt werden.

Sie sind einzigartig!

Vor Ihnen hatte nie eine Person gelebt, die identisch mit Ihnen war. Auch nach Ihnen wird kein Mensch mehr über diese Erde gehen, der so ist, wie Sie es sind. Sie sind ein Unikat Gottes. Einmalig! Und weil das so ist, hat Gott vor 2'000 Jahren Seinen Sohn, Jesus, als Mensch auf diese Erde gebracht. Seine Aufgabe war es, uns zum Vaterherzen Gottes zurückzuführen, von dem Sie und ich durch unsere Schuld getrennt waren. Als Jesus am Kreuz hing, mit Nägeln an das Holz geheftet, und blutend für uns starb, erbrachte Gott den Beweis, wie wichtig wir Menschen für Ihn sind. Er gab Seinen Sohn für Sie und Er gab Ihn für mich, um uns mit Sich zu versöhnen.

Gott will eine neue, frohe Botschaft in Ihrem Herzen verankern: Die Botschaft, dass es für jedes Leben einen wunderbaren Plan gibt. Sie haben eine Ewigkeitsbestimmung. Gottes Geist will in Ihnen wohnen, Ihr Leben erneuern und mit göttlichen Werten füllen. Wenn Sie Jesus Christus in Ihr Leben aufgenommen haben, dann sind Sie nicht nur für diese Erdenzeit von Gott erschaffen worden, sondern für die Ewigkeit. Sie werden nach dem irdischen Ableben in einem neuen, himmlischen Körper für ewig mit Gott zusammen sein (1. Kor. 15, 25-34).

Gottes Plan von Anfang an

Wenn Sie die ersten drei Kapitel der Bibel lesen, werden Sie feststellen, dass der Mensch, - bevor er Gott zu misstrauen begann und dann in Sünde fiel, - an Gottes ewigem Leben Teil hatte. Erst durch den Sündenfall kam der Mensch unter das Urteil des Todes und seine Lebensjahre wurden begrenzt. Auch wenn wir Jesus in unser Leben aufgenommen haben, wird unser Körper eines Tages seinen Dienst auf der Erde beenden. Unser innerer Mensch aber lebt weiter, denn Gott hat uns den Geist Seines Sohnes bei der Wiedergeburt geschenkt (Gal. 4, 6). Darum sagte Jesus, dass wir durch den Glauben an Ihn ewiges Leben empfangen.

Kennen Sie Ihre Bedeutung?

Auch wenn Sie sich nicht so fühlen, sind Sie Gott sehr wichtig! Bekennen Sie das in Ihren Gebeten. Danken Sie Gott, dass Sie Sein Kind sein dürfen und wertvoll in Seinen Augen sind. Ihre Seele muss diese Botschaft täglich hören. Im Laufe der Zeit übernimmt sie dann die Sicht Gottes. Gott hat ganz konkrete Pläne mit Ihnen. Er will Ihr Leben mit Seinen Werten füllen. In Ihrem Herzen muss aber dafür Raum geschaffen werden.

Unser Innenleben können wir mit dem Inhalt eines Hauses vergleichen und unseren Körper mit dem Gebäude. Wenn wir Kinder Gottes werden, gleicht unser Innenleben einem Haus, in dem bereits viele Gegenstände sind. Manches Gute, aber auch sehr viel Gerümpel, ja, sogar Schutt und Dreck. Wenn wir Jesus aufnehmen, will Er dieses Haus reinigen, teilweise ausräumen und mit neuen Inhalten füllen.

Wie Gott Seine Qualität in uns steigert

Wie macht Gott das ganz praktisch? Er baut nicht auf unsere Fähigkeiten, unsere Stärke und das, was wir im Leben geleistet haben. Im Gegenteil, Er führt uns durch die Räume unseres Lebenshauses und zeigt uns nach und nach, wie Er die Dinge sieht. Es wird deutlich, dass unser Gedankengut, unsere Gefühlswelt und unsere innersten Überzeugungen von dieser Welt geprägt, und darum sündig sind. Er verdammt uns deswegen nicht, ermutigt uns aber, durch einen uneingeschränkten Reinigungsprozess zu gehen, den die Bibel Heiligung nennt. Durch diesen Prozess deckt Gott uns das Sündige und Dunkle in unserem Wesen auf. Dann dürfen wir alles ans Kreuz Jesu bringen. Dort erstirbt das Alte und Neues, göttliches Denken, Fühlen und Streben, nimmt Platz, wenn wir darum bitten. Im Laufe der Zeit wird unser ganzes Innenleben erneuert. Die Bibel drückt das so aus: **„Mein grösster Wunsch ist, dass Gott euch mit seinem Frieden erfüllt und ihr ohne jede Einschränkung ganz ihm gehört. Nur so könnt ihr, wenn unser Herr Jesus Christus wiederkommt, rein und fehlerlos an Geist, Seele und Leib vor ihm erscheinen“** (1. Thess. 5, 23). Darum bringt Gott uns auch mit schwierigen Menschen zusammen. In solchen Herausforderungen trainieren wir richtiges Reagieren. Es kommen dabei immer wieder Haltungen an die Oberfläche, die noch nicht heil geworden sind, nicht den biblischen

Aussagen entsprechen. Diese Unzulänglichkeiten dürfen wir in den Tod Jesu geben. Neue Wesenszüge von Jesus werden heranwachsen.

So wird unser Lebenshaus nach und nach mit Gott wohlgefälligen Inhalten gefüllt. Gottes Geist bekommt immer mehr Raum. Durch die Veränderungen unseres Charakters wird das Leben Jesu stärker sichtbar. Menschen, mit denen wir zusammenleben, werden vermehrt durch uns gesegnet.

Sie sind Gott unendlich wichtig! Er hat den höchsten Preis bezahlt, um Sie für sich zu gewinnen. Akzeptieren Sie Ihren Wert und gestatten Sie dem Heiligen Geist, jeden Raum Ihrer Persönlichkeit zu erneuern und mit Gottes Gegenwart zu erfüllen. Dadurch nimmt Gottes Herrlichkeit in Ihnen zu und fliesst durch Sie in Ihre Umwelt. So erfüllen sich die Worte Jesu: **"Ihr seid das Licht, das die Welt erhellt. Genauso soll euer Licht vor allen Menschen leuchten. An euren Taten sollen sie euren Vater im Himmel erkennen und ihn auch ehren"** (Matth. 5, 14 + 16).

Drücken Sie doch jetzt in einem Gebet Ihr Verlangen aus, noch besser erkennen zu können, wie wertvoll Sie in Gottes Augen sind. Sagen Sie Ihm täglich, dass es Ihr Wunsch ist, von Seinem Geist ganz erfüllt zu sein, um Jesus mit Ihrem ganzen Wesen zu verherrlichen. Sie werden tiefgreifende Veränderung erfahren. Ich wünsche Ihnen das von Herzen.

Kapitel 2

JEDER MENSCH BRAUCHT HALT

Ich verbrachte einmal einige Tage im Krankenhaus. Mir gegenüber lagen 2 Männer. Über ihren Betten hingen Maskottchen, kleine Stoffpuppen, die sie schützen und zu gutem Gelingen verhelfen sollten. In diesen Tagen gab es wertvolle Gespräche.

Diese beiden älteren Herren machten es wie Millionen andere. Weil sie keinen wirklichen Halt im Leben kennen, hängen sie sich, - zum Teil verstohlen, - an kleine Götzen. Sie setzen ihre Hoffnung auf Steine, in Meditation oder Riten. Wie kläglich sind doch diese kraftlosen Angebote. Sie gleichen den toten Götzen, welche die Menschen durch Jahrtausende angebetet haben. Die Folge war, dass sie den wirklichen, lebendigen, herrlichen Gott nicht sehen konnten.

Wo finden Sie Ihren Halt?

Jeder Mensch braucht Halt

Es beginnt schon in früher Kindheit. Wir suchten den Halt am Finger der Mutter oder des Vaters, als wir die ersten Schritte machten. Dann spielte vielleicht der Teddybär, der Hund oder die Katze eine wichtige Rolle. Sie waren wie Freunde und Tröster.

Wir brauchen Bezugspunkte, wo wir unsere Fragen stellen können, uns Nöte vom Herzen reden dürfen. Sind wir erst einmal Teenies oder Jugendliche geworden, stehen wir selbstverständlich auf eigenen Füssen - aber auch dann brauchen wir Halt. Wir suchen nach Idolen, Stars, Sportlern, mit denen wir uns identifizieren können, die uns als Leitbilder für unser Leben dienen.

Wo finden wir wirklich Halt?

Buddha sagte am Ende seines Lebens: "Ich suche die Wahrheit". Obwohl er von Millionen als Lehrer verehrt wird, war er selber noch ein Mann, der Halt suchte. Letztlich widerspiegeln sämtliche Religionen die Suche des Menschen nach einem geistigen Halt für das Leben. Aber findet der Mensch in Religionen die Sicherheit und Kraft, die er zum Leben und zum Sterben braucht?

Gott selber hat diese Suche in unsere Herzen gelegt und sagt in Seinem Wort: **"Das alles hat er getan, weil er wollte, dass die Menschen ihn suchen, damit sie ihn spüren und finden können. Und wirklich, er ist uns so nahe!“** (Apg. 17, 27).

Wenn Er in uns das Suchen gelegt hat und möchte, dass wir Ihn finden, dann gibt es offensichtlich eine Lösung für unsere Sehnsucht nach Halt, nach Sinn und Wert im Leben.

Wo wir "fündig" werden
Die Natur zeigt uns Gottes machtvolles, schöpferisches Handeln und Entfalten. Er selber aber wohnt nicht in Bäumen, Blättern oder Steinen. Er steht über allem und hat sich für uns Menschen fassbar, hörbar, sichtbar gezeigt, indem Er Seinen Sohn, Jesus Christus, vor 2000 Jahren auf die Erde sandte. Ihm waren Männer und Frauen vorausgegangen, die Gott als Propheten, als Priester, als Menschen des Glaubens im Alten Testament gesegnet und gebraucht hatte.

Niemand ist wie Er!
In Jesus begegnet Gott uns selber. Jesus ist aus Gott, dem Vater, hervorgegangen und widerspiegelt Sein Wesen, Seine Herrlichkeit und Seine Kraft. So sind die Wunder zu erklären, die Jesus während Seines Erdenlebens vollbrachte. So waren die Worte, die Er sprach, die Botschaft Gottes an jeden von uns. In Jesus beschenkt Gott die Welt mit Rettung von unseren Sünden, Vergebung unserer Schuld, Frieden mit Gott und völliger Annahme. Ja, Er macht uns durch Jesus sogar selber zu Kindern Gottes.

Ohne Jesus bleiben wir unser Leben lang auf der Suche. Unabhängig davon wie viele Gurus und menschliche Hilfen wir uns suchen, wie sehr wir auf uns selber, unsere Kräfte oder andere übersinnliche Dinge bauen. Wir sind verlorene, irrende, sündige Menschen und erreichen nicht das Ziel. Gott wusste das und kam darum in Jesus auf diese Erde, um uns in unserem "Abdriften" aufzufangen. Die ausgebreiteten Arme Jesu am Kreuz sind Gottes Umarmung für uns. Dort finden wir Halt, um nicht in unseren Sünden in ewige Nacht und Hölle abzurutschen. Dort ruft Gott uns zu: „STOPP!“ Zugleich öffnet Er uns in Jesus Christus die Tür zu einem neuen Leben der Gemeinschaft mit Ihm. Darum waren die Worte Jesu nicht vermessen als er sagte: **"Ich bin der Weg, ich bin die Wahrheit und ich bin das Leben! Ohne mich kann niemand zum Vater kommen"** (Joh. 14, 6).

Wer mit seiner Sünde zum Kreuz kommt und sein Leben unter Jesu Führung stellt, findet in Ihm den Halt, nach dem wir sonst unser Leben lang vergeblich suchen. Es spielt dabei keine Rolle, ob wir als Durchschnittsbürger lebten, religiöse Wurzeln in dieser oder jener Kirche hatten oder ob wir als Kriminelle in der Gefängniszelle die Knie beugten und zu Jesus um Rettung flehten. Bei Jesus, und nur bei Ihm, tut sich der Himmel für uns auf. Wer Jesus in sein Leben einlässt, bekommt Zugang zu ungeahnten Lebensdimensionen.

Ihnen tut sich eine Türe auf
Kürzlich machte ich ein Studium in der Bibel. Ich ging den Texten nach, die Aufschluss geben, was uns Gott in Jesus Christus schenkt. Noch immer bin ich von dem Inhalt überwältigt. Einiges davon war mir bereits klar. Aber im umfassenden Überblick entdeckte ich eine Dimension, die ich in dieser Tiefe vorher nicht gesehen hatte.

Sie wissen sicher was ein Generalschlüssel ist. Es gibt Firmen, die Schlüsselanlagen für grosse Bürohäuser, Industriekomplexe oder auch Wohnanlagen herstellen. Mit den einzelnen Schlüsseln hat man Zugang zu diesem oder jenem Raum, zur persönlichen Wohnung, zur Haustüre und vielleicht noch zum Briefkasten. Der Chef aber und die Vertrauenspersonen erhalten einen "Pass", einen Generalschlüssel, mit dem sie jede beliebige Tür öffnen können.

Nun zurück zu Jesus. *Er ist der „Generalschlüssel" Gottes für uns. Mit und durch Ihn öffnet sich jede himmlische Türe.* Es beginnt mit der *Vergebung unserer Schuld* und Annahme bei Gott. So sagt die Bibel: **"Denn Gott hat durch Christus Frieden mit der Welt geschlossen"** (2. Kor. 5, 19 a). Jesus ist aber auch der Geber von Kraft! Wie sehr benötigen wir Kraft zum Durchhalten, zum klaren Denken, um Ziele zu erreichen, mit Menschen zurechtzukommen und, und, und.... So sagt uns die Bibel: **"Denn Gott hat uns seinen Heiligen Geist gegeben. Und das ist kein Geist der Furcht, sondern ein Geist, der uns mit Kraft, Liebe und Selbstüberwindung erfüllt"** (2. Tim. 1, 7).

Vielleicht benötigen Sie Heilung oder Befreiung von einer Gebundenheit. Vielleicht suchen Sie Antwort auf brennende Fragen Ihres Lebens. Sie brauchen Wegweisung in einer wichtigen Entscheidung. All das ist in Jesus Christus für Sie zugänglich gemacht worden. Darum sagt die Bibel: **"Nur in Christus ist Gott wirklich zu finden, denn in ihm lebt er ganz und gar"** (Kol. 2, 9). Für Jesus gibt es nichts, das zu gross oder zu klein wäre, dass Er nicht Lösung und Hilfe dafür hätte. Er liebt die Kinder, die Senioren, die Alleinstehenden, die Eheleute und möchte in jedem Bereich ihres Lebens wirken, Seine Herrlichkeit zeigen.

Diesen Halt praktisch erleben!

Jesus berichtet in Luk. 18, 9-14 von 2 Männern, die in den Tempel gingen um zu beten. Der eine war ein Pharisäer, der etwa so betete: *„Gott, ich danke dir, dass ich nicht so bin wie die übrigen Menschen".* Und dann zählte er seine guten Seiten auf, sein Fasten, Beten usw. Unweit von ihm wagte ein Mann, der ein sündiges Leben hinter sich hatte, nicht seine Augen zu Gott empor zu heben. Er sagte schlicht: *„Gott, sei mir, dem Sünder, gnädig".* Das Urteil Jesu über diese beiden Männer öffnet uns die Augen. Es macht deutlich, dass nur der sündige Mann, der sich auf Gott ausrichtete, gerechtfertigt nach Hause ging.

Was war der entscheidende Unterschied? Der Pharisäer baute auf sich selber. Der Sünder setzte sein Vertrauen in Gott.

Wenn wir uns auf gewisse Leistungen stützen, auf einen Bibelvers oder auf Erfahrungen bauen, liegen wir verkehrt. Unsere Hoffnung, unser Halt ist einzig in der Person Jesus Christus. Das drückt sich in unserem Glauben und gewöhnlich auch in unserem Beten aus. Das Beten klingt dann so: *„Ach, Herr, Du weisst doch, wie ich* *mich für Dich einsetze. Wie lange ich schon um das und das bete. Wie ich doch Deinem Wort glaube....*" Oder so: *„Herr, Du bist meine Quelle. In Dir, Herr Jesus, ist meine Hilfe. Du schenkst mir Wegweisung. Du gibst mir Antwort. Du bist meine Hoffnung, meine Stärke, meine Hilfe.*"

Merken Sie den Unterschied? Wenn Sie sich auf Jesus ausrichten, auf Ihn vertrauen, dann gilt Ihnen das Wort der Bibel: **"Er ist der Herr über alle Mächte und Gewalten"** (Kol. 2, 10b). Was heisst das? Wer sich mit Jesus verbindet, wird von Gott als eine Einheit mit Seinem Sohn, Jesus, gesehen. Für solche Menschen gilt das Wort: **"Was ich habe, gehört auch dir"** (Luk. 15, 31).

Gehen Sie auf Entdeckungsreise. Während Sie die Bibel lesen, bitten Sie Gott, dass Er Ihnen zeigt, wer Jesus ist und was Jesus für Sie bereithält. Und dann nehmen Sie das für sich in Anspruch. Es wird sich Ihnen eine neue Glaubensdimension auftun. Ihre Sprache wird sich ändern, Ihr Blick wird immer wieder weg von Schwierigkeiten, Herausforderungen hin zu Jesus gelenkt und Sie werden neue, erstaunliche Erfahrungen machen. Sie finden Bestätigung, dass Sie in Jesus nicht nur Halt, sondern letztlich auch ein erfülltes Leben (Joh. 10, 10) haben. Das wünsche ich Ihnen von Herzen - in einem noch nicht gekannten Mass.

Kapitel 3

DER WEG ZU GOTT

Jesus Christus persönlich in unser Leben aufzunehmen oder einen Mitmenschen zu Jesus zu führen, gehört sicher zu den schönsten Augenblicken unseres Daseins. Aber, wie macht man das? Wie kann man diesen Schritt persönlich vollziehen oder seinem Ehepartner, seinem Kind oder einem Freund den Weg zu Jesus verständlich erklären? - Aus vielen seelsorgerlichen Gesprächen haben wir eine leicht verständliche Anleitung entwickelt, die ich Ihnen nachstehend zeigen möchte.

I. Schöpfung und Sündenfall

Erläuterung:

1): Das Dreieck will uns auf die Gottheit, bestehend aus Gott, dem Vater, dem Sohn und dem Heiligen Geist, hinweisen. Die Strahlen, die davon ausgehen, sollen von der Liebe, dem Licht, der Herrlichkeit, der Kraft, dem Leben, der Güte und der Heiligkeit Gottes zeugen.

2): Dieser wunderbare Gott schuf den Menschen zum Leben in der Gemeinschaft mit Ihm und stellte ihn in das Paradies. Mit allem versorgt und in schönster Umgebung, lebte der Mensch in ungetrübter Verbindung mit Gott. An einem einzigen Gebot sollte er sich für oder gegen Gott entscheiden können. Darum befand sich im Paradies der Baum "der Erkenntnis des Guten und des Bösen". Der Mensch glaubte der Schlange (Satan) mehr als Gott, griff nach der verbotenen Frucht und zerbrach die liebende Gemeinschaft zu Ihm. Der Mensch musste den Garten Eden verlassen.

3): Seit diesem Zeitpunkt lebt der Mensch mit dem Gepäck seiner Sünde und Schuld, mit Krankheit, Leid, Beschwernis und Angst.

4): Unzählige Versuche des Menschen, sich selber einen Weg zurück in das Paradies zu verschaffen, sind gescheitert. Die vielen Religionen sind ein Beweis für die ungestillte Suche des Menschen. Sie führen aber nicht zum Ziel.

II. Die Erlösung

Erläuterung:
5): Gott litt unsagbar unter der Trennung. Er ging uns nach und gab Seinen Sohn zu unserer Errettung (Joh. 3, 16). Jesus beugte sich über die Menschen in ihren Sünden, Nöten und Verirrungen. Er belehrte sie über das Reich Gottes, heilte die Kranken und machte die Gebundenen frei (Apg. 10, 38).

6): Dann ging Jesus an das Kreuz. Er erlitt unsere Strafe und starb für unsere Sünden (1. Petr. 2, 24). Damit vollbrachte Er eine völlige Erlösung für alle Menschen, die sich Ihm zuwenden und Ihn als Herrn und Erlöser in ihr Leben aufnehmen.

III. Umkehr und neues Leben

Erläuterung:
7): Nun bietet Gott jedem Menschen Vergebung und Versöhnung an. Er ruft uns auf, von unseren eigenen Wegen umzukehren und Jesus als Retter und Herrn anzunehmen (Apg. 3, 19).

8): Bei Ihm dürfen wir unser ganzes schweres Lebensgepäck loswerden. Wenn wir unsere Sünden bekennen, ist Er treu und gerecht und vergibt uns unsere Sünden und reinigt uns von aller Ungerechtigkeit (1. Joh. 1, 9).

9): Jesus ist die Tür, die in das Reich Gottes führt. Wer hindurchgeht, wird in das Reich Gottes versetzt (Joh. 10, 9; 11+6). So wird das Kreuz Jesu zur Türe in ein mit Gott versöhntes Leben im Reich Gottes.

10): Wir dürfen in Christus sein und empfangen Gottes Geist (2. Kor. 5, 17). Die drei unterschiedlich grossen Personen deuten das Wachstum an, um das es dann im Glauben geht.

Eine persönliche Frage an Sie
"Finden Sie sich in dieser Skizze wieder? Stehen Sie mit Ihren Lasten noch vor dem Kreuz oder befinden Sie sich auf der anderen Seite, im Reich Gottes? Wachsen Sie in der Gemeinschaft mit Jesus?" - Nehmen Sie sich jetzt Zeit darüber sorgfältig nachzudenken. Geben Sie Gott selber die Antwort.

Wenn Ihnen bewusst wird, dass Sie den Schritt durch die Türe noch nie ganz bewusst und eindeutig vollzogen haben, was hindert Sie, das jetzt zu tun? Möchten Sie, dass Jesus Ihre Schuld vergibt? Ist es Ihr Wunsch, dass Gottes Geist Ihr Leben leitet? Erkennen Sie, dass Sie ein Sünder sind und Jesus für Ihre Sünden am Kreuz starb? Dann dürfen Sie das nachfolgende Gebet zu Ihrem eigenen machen und im Glauben jetzt durch die Türe hindurchgehen:

"Herr Jesus Christus, ich komme jetzt im Glauben zu Dir und bringe Dir mein sündiges Leben. Bitte vergib mir meine Schuld. Reinige mich mit Deinem wunderbaren Blut. Ich nehme Dich als meinen Herrn und Erlöser in mein Leben auf. Im Glauben gehe ich jetzt durch die Türe ins Reich Gottes. Übernimm Du von heute an die Führung in meinem Leben und mache mich zu der Person, wie Du mich haben willst. Ich danke Dir, dass Du mein Gebet erhört hast. Amen."

Wenn Sie das von Herzen gebetet haben, trifft das Versprechen Gottes, das Sie in Joh. 1, 12 lesen, nun auf Ihr Leben zu.

„Die ihn aber aufnahmen und an ihn glaubten, denen gab er das Recht, Kinder Gottes zu sein.“

Auf dieser „Übersicht“ können Sie erkennen, dass Sie durch Ihre Hinkehr zu Jesus wieder in die Nähe Gottes gefunden haben und jetzt nichts Trennendes mehr zwischen Ihnen und Gott steht, sondern Sie in Seiner liebenden Gegenwart geborgen sein dürfen!

Kapitel 4

BEGEGNUNG MIT DER GRÖSSTEN LIEBE

Jeder Mensch will geliebt werden. Jeder hat das Bedürfnis, sich anzulehnen, sich sicher und geborgen zu fühlen. In den nachfolgenden Zeilen werden Sie lesen, warum jeder Mensch diese Liebe nur in Jesus Christus finden kann.

Es hat im Lauf der Geschichte viele Menschen gegeben, die bereit waren, für ihre Vision ihr Leben zu opfern. Das Leiden und das Sterben Jesu aber sind weitreichender; unvergleichbar mit jeder anderen heroischen Tat.

Warum musste Jesus sterben?

Als Jesus das letzte Mal nach Jerusalem kam, wusste Er, was Ihm bevorstand. Auch der laute Jubel bei Seinem Einzug konnte ihn nicht darüber hinweg täuschen, dass die schwersten Tage Seines irdischen Daseins vor Ihm lagen. Denn schon nach wenigen Tagen schlug die Begeisterung der Masse um. Sie jubelten nicht mehr sondern schrien: **„Kreuzigt, kreuzigt ihn!"** Der Neid der Hohepriester und Schriftgelehrten wurde so gross, dass sie Jesus nach dem Leben trachteten.

Das alles hatte Gott vorausgesehen, es gehörte mit zu Seinem Plan. Denn Jesus war gekommen, um zu leiden und zu sterben. Das war der einzige Weg um Ihnen und mir Hilfe für das grösste Problem unseres Lebens zu bringen.

Begleiten wir Jesus nun durch die letzten Stunden Seines irdischen Daseins. Lernen wir zu begreifen, was Er wirklich für uns tat.

Warum Gethsemane?

Bevor man Jesus gefangen genommen hatte, durchlebte Er im Garten Gethsemane die schwersten Stunden Seines bisherigen Lebens. Er rang mit dem Tod. In diesen Stunden in Gethsemane wurde unsere Last der Dunkelheit, Schwermut, Depression und Verfinsterung auf den Sohn Gottes gelegt. Jesus ertrug das, um für jeden, der sich an Ihn wendet, Befreiung schaffen zu können. Welch ein wunderbares Werk Gottes!

Warum wurde Jesus gegeisselt?

Nur mit einem Vers erwähnen die Evangelien jenen furchtbaren Moment, in dem Jesus gegeisselt wurde. Gemäss geschichtlicher Überlieferung überlebte von 10 Gegeisselten gewöhnlich nur einer diese grausame Tortur. Der Betroffene wurde an den Handgelenken an einen Pfahl gebunden und in die Höhe gezogen. Dort wurden meistens 39 Geisselhiebe auf seinen blanken Rücken geschlagen. Häufig waren die Peitschen mit Knochen- oder Metallsplittern durchsetzt, so dass jeder Schlag Haut und

Gewebe aufriss. Es entstanden tiefe Wunden. Warum musste Jesus das erleiden? Hatte Sein Vater im Himmel die Kontrolle verloren? Nein! Jesus hätte sich all dem entziehen können, aber Er nahm Ihre und meine Krankheiten auf sich. Jesus wurde geschlagen und verwundet, um uns von Verletzungen, Verwundungen und Krankheiten heilen zu können. Leiden, die durch den Sündenfall und manchmal auch durch persönliche Schuld in unser Leben kamen. In Jes. 53, 4 sagt die Bibel: **„Dabei war es unsere Krankheit, die er auf sich nahm; er erlitt die Schmerzen, die wir hätten ertragen müssen. Wir aber dachten, diese Leiden seien Gottes gerechte Strafe für ihn. Wir glaubten, dass Gott ihn schlug und leiden liess, weil er es verdient hatte.“**

Millionen von Menschen haben durch Jesus Christus Heilung von inneren Verletzungen erlebt, nachdem sie ihre Nöte und Beschwernisse vor Gott ausgebreitet hatten und auf Gottes Hilfe vertrauten. Unzählige haben aber auch körperliche Besserung oder Heilung erfahren. Wissen Sie, dass Sie sich an den Herrn Jesus wenden dürfen, wenn Sie oder Ihre Angehörigen krank werden? Es ist Hilfe und Heilung bei Jesus Christus! Ich persönlich glaube, dass auch jede medizinische Hilfe nur da Erfolg hat, wo Gott Heilung schenkt – aus den Wunden Jesu.

Warum die Dornenkrone?

Nachdem man Jesus gefangen genommen hatte, wurde Er verhört und auch verhöhnt. Die römischen Soldaten flochten eine Krone aus Dornen und pressten sie auf das Haupt Jesu. Wir wissen, dass unsere Kopfhaut ganz besonders empfindlich ist. Welch unsäglicher Schmerz traf Jesus, als diese spitzen Dornen Seine Kopfhaut durchbohrten. Blut strömte durch die Haare und über das Gesicht Jesu.

Als ich mich betend vor Gott fragte: „Herr, warum hast du das erduldet?“, gab Gott mir einen inneren Eindruck, den ich nie mehr vergessen werde. Es war mir, als ob der Heilige Geist sagte: „Sieh, die Sünden eurer Gedankenwelt, eurer Phantasien, Wünsche und Strebungen und falschen Entscheidungen wurden hier auf den Sohn Gottes gelegt. Er litt um dieser Schuld willen solche Qualen". In 2. Kor. 5, 21 sagt die Bibel: **„Denn Gott hat Christus, der ohne jede Sünde war, mit all unserer Schuld beladen und verurteilt, damit wir von dieser Schuld frei sind und Menschen werden, die Gott gefallen.“**

Mir wurde aber noch etwas deutlich: Das Blut, das aus den Wunden Jesu floss, reinigt Sie und mich von allen bösen, unreinen und sündigen Gedanken, Vorstellungen und Phantasien. In 1. Joh. 1, 7b steht: **„Und das Blut, das sein Sohn Jesus Christus für uns vergossen hat, befreit uns von aller Schuld.“** So furchtbar die Dornenkrone für Jesus war, so unentbehrlich ist sie für Sie und mich. Das vergossene Blut reinigt uns von unseren Sünden.

Warum wurden die Hände Jesu durchbohrt?
Als ich über diese Frage nachsann, liess Gott mich erkennen, dass Jesus diese Qualen durchlitt, um uns von den schrecklichen Sünden, die wir mit unseren Händen begehen, zu reinigen; uns zu vergeben. Wieviel Böses geschieht doch durch die Hände der Menschen: Schläge aller Art, Diebstahl, der Griff nach Suchtmitteln, ja sogar Mord – auch in Form von Abtreibung – und vieles mehr. So werden andere in den Schmutz gezogen, falsche Lehren verbreitet, aufgehetzt und Bitterkeit gefördert. Diese schmerzliche Tatsache ist der Grund, warum die heiligen Hände Jesu, die Er so oft auf Kranke und Leidende legte und heilte, durchbohrt wurden. Aus diesen Händen kam das Blut, durch das wir Vergebung von diesen Sünden erhalten dürfen.

Der Apostel Paulus schreibt in 1. Tim. 2, 8: **„Ich will, dass die Männer in allen Gemeinden beten (wörtlich „Hände erheben"), mit reinem Gewissen, ohne Zorn und Zweifel."** Wie könnten wir unsere Hände zu Gott erheben, wenn sie nicht durch das Blut Jesu gereinigt worden wären? Haben Sie, lieber Leser, sich das im Glauben schenken lassen?

Warum wurden die Füsse Jesu durchbohrt?
Auch auf diese Frage gab Gottes Geist mir eine Antwort, die mich bis ins Innerste getroffen hat. Jesu Füsse wurden ans Kreuz genagelt und durchbohrt, um der furchtbaren Sünden willen, die wir auf den falschen Wegen unseres Lebens begangen haben. Wie oft haben uns unsere Füsse zu einem Platz getragen, der nicht nach Gottes Willen für unser Leben war. Wir haben uns auf Wege begeben, die zum Ehebruch führten, andere verletzt, gedemütigt, belastet und beleidigt haben, auf Wege des Ungehorsams und des Eigensinns. Mit eigener Anstrengung könnten wir das, was wir angerichtet haben, nie wieder gut machen. Aber das Blut, das aus den Wunden der durchbohrten Füsse tropfte, macht Sie und mich rein von unseren sündigen Wegen. Darum sagt die Bibel: **„Jeder ging seinen eigenen Weg. Der Herr aber lud alle unsere Schuld auf ihn"** (Jes. 53, 6b).

Liebe Leser, begegnen wir hier nicht der grössten Liebe, die es im gesamten Kosmos gibt: der Liebe unseres Schöpfers zu uns gefallenen Geschöpfen?

Warum wurde Seine Seite durchbohrt?
Als Jesus bereits Seinen Geist in die Hände des Vaters befohlen hatte, kamen die römischen Soldaten, um Seinen Tod festzustellen. Darum stach einer mit seiner Lanze in die Seite Jesu. Es floss Blut und Wasser aus dieser Wunde. Sie mögen sich fragen, was hat diese siebte Wunde am Körper Jesu noch zu bedeuten?

Sehen Sie, die Bibel bezeichnet das „Herz" des Menschen als unsere Persönlichkeit, als Sitz unseres wirklichen Seins. Mit dem Stich in die Seite Jesu wurde symbolisch Sein „Herz" getroffen. Die Bibel sagt uns, dass aus unseren Herzen sündige Gedanken kommen, wie Lüge, Ehebruch, Neid und Mord. Das Blut, das aus dieser letzten Wunde floss, bringt Reinigung und Befreiung von unserer sündigen Natur, unserem gefallenen Sein.

Welch eine umfassende, unergründliche Erlösung hat Jesus durch Sein Leiden und Sterben für uns vollbracht! Darum sagt die Bibel, dass wir durch das Blut Jesu Gott nahe gekommen sind und nun den Zutritt zu Ihm, dem Heiligen haben, ohne weiter unter Schuld und Verdammnis stehen zu müssen (s. Hebräer 10,19-20). Der Weg in Seine Gegenwart ist frei! Unser altes, schmutziges Leben kann uns nicht mehr verdammen und belasten, denn Jesus nahm unsere Sünden hinweg und versöhnte uns durch Seinen Tod mit Gott (Römer 8,1).

Glauben Sie das, liebe Leser? Dann beginnen Sie, Gott von Herzen zu danken, weil das auch Ihnen gilt. Alle Menschen, die Jesus als ihren Erlöser und Herrn akzeptieren, werden in dieses Werk der Versöhnung eingeschlossen. Gott nimmt auch Sie augenblicklich an. Er tilgt all Ihre Schuld und erklärt Sie zu Seinem Kind. Freude darf Ihr Herz erfüllen, denn damit gehören Sie zu Jesus Christus; der grossartigsten Liebe; und das nicht nur für einen Augenblick, sondern für immer und ewig!

Teil 2

MIT GOTT LEBEN

Kapitel 5

WAS GOTT IHNEN SCHENKEN WILL

Gott schuf den Menschen für eine besondere Bestimmung. Durch das Abwenden des Menschen von seinem Schöpfer wurden die guten Pläne Gottes durchkreuzt. Der Mensch kam unter die Herrschaft des Bösen.

Gott hat Seinen Plan mit uns nie aufgegeben. Durch das Leben Seines Sohnes, Jesus Christus, wird uns gezeigt, was unsere Bestimmung ist. Lesen Sie die nachfolgenden Zeilen und entdecken Sie Gottes wunderbaren Plan für Ihr Leben.

Ein atemberaubendes Ziel

Beim Lesen der Bibel können wir entdecken, welch grandiose Absichten Gott mit uns hat. In Römer 8, 29 lesen wir: **"Wen Gott nämlich auserwählt hat, der ist nach seinem Willen auch dazu bestimmt, seinem Sohn ähnlich zu werden, dem ersten unter vielen Brüdern."** Hier sagt doch die Bibel tatsächlich: Gott will uns so verändern und umgestalten, dass wir Seinem Sohn Jesus gleichförmig werden sollen. Vielleicht denken Sie: *„Aber doch nicht mit mir. Ich bin viel zu fehlerhaft!"* Trotzdem, dies ist Gottes Ziel mit unserem Leben! Müssten wir das aus eigener Kraft bewältigen, so wäre das Ganze zum Scheitern verurteilt. Aber Gott verspricht, dass Er das Wollen und Vollbringen wirkt.

Gottes Modell für Ihr Leben

Der erste Adam versagte. Durch ihn wurden alle nachfolgenden Generationen - bis in unsere heutige Zeit - mit Sünde und Tod infiziert (Römer 5, 12). Gott sandte darum einen neuen Menschen (Adam). Sein eigener Sohn wurde Mensch. Sein irdenes Leben ist eine Art Modell für unser Leben. Jesus ist gewissermassen der Prototyp. Jesus ähnlicher werden ist das Ziel für alle, die an die Erlösungstat glauben. Durch Seinen Tod am Kreuz hat Jesus alle nötigen Voraussetzungen geschaffen:

● ***Sohnesstellung***

Wer Jesus Christus als seinen Erlöser aufnimmt, erhält von Gott das Recht, ein Kind Gottes zu sein (Johannes 1, 12).

● ***Er schenkt uns Seinen Geist***

Weil wir Söhne und Töchter Gottes geworden sind, hat Gott den Geist Seines Sohnes in unsere Herzen gesandt (Galater 4, 6 + 7; 2. Korinther 6, 18).

● ***Er hat uns dazu bestimmt, Ihm gleich zu werden*** *(Röm. 8, 29; 1. Johannes 3, 1-3)*
Wir brauchen die Welt nicht noch einmal zu erlösen, am Kreuz für die Sünden zu sterben. Das hat Jesus für uns getan. Wir sollen vielmehr Seinem Wesen ähnlich, ja gleich werden und die Rechte der Sohnesstellung einnehmen, in der geschenkten Autorität reden und handeln. Wir sollen mit Gott zusammenarbeiten, Sein Reich auf dieser Erde fördern und die Werke tun, die Gott für uns vorgesehen hat.

Was Gott Ihnen dazu schenkt
Nun möchte ich Ihnen zeigen, was Gott durch Seinen Geist in Ihrem Leben wirkt. Es ist ein Gnadengeschenk und setzt Wollen voraus, - und selbst da hilft Gott. Der Heilige Geist möchte Sie fördern und gesund wachsen lassen. Und noch einmal: Nicht Sie können das hervorbringen. Gott wirkt die folgenden fünf Merkmale in Ihrem Leben, wenn Sie Gemeinschaft mit Ihm pflegen, lernen Ihm zu vertrauen, sich vom Heiligen Geist führen lassen.

1. Ein von der Liebe geprägtes Leben
Im eigenen Elternhaus, in der Schule und in unserer Ausbildung werden wir vom Denken dieser Welt geprägt. Es lautet: Kannst Du etwas, leistest Du etwas, dann bist Du jemand, dann steht Dir Anerkennung, Lohn und Beachtung zu.

Gott geht nach einem anderen Prinzip vor. Wie beglückend ist das:
Ich wende Dir, o Mensch, meine Gnade zu, erlöse Dich aus Deinem sündigen Wesen und schaffe in Dir ein neues Herz. Ich beschenke Dich und mache aus Dir die Person, die Du werden sollst. Ich liebe Dich und achte Dich, ohne dass Du etwas dafür tust.

Diese Liebe soll unser Leben in drei Bereichen verändern:

a) Das Verhältnis zu mir selbst
Je mehr wir unser Herz für die Worte Gottes öffnen und glauben, was wir lesen, geschieht Heilung. So lesen wir zum Beispiel, dass Er Sie und mich unendlich liebt trotz Schwächen und Fehlern. Sobald wir dies innerlich erfassen, wird unser Leben – bis in die Tiefen unseres Seins - grundlegend verändert. In 2. Korinther 3, 18 lesen wir, dass wir durch das Anschauen der Herrlichkeit Gottes Stück für Stück in Sein Bild umgewandelt werden. Wie lange habe ich gebraucht, bis ich glauben konnte, dass Gott mich - trotz meiner Schwächen und Fehler - vorbehaltlos liebt.

b) Meine Beziehung zu Gott
Nicht Pflichterfüllung oder Leistungsdenken sollen meine Beziehung zu Ihm prägen, sondern Liebe. Meine Liebe ist wie das Echo aus den Bergen: *"Weil Du mich so überströmend liebst, liebe auch ich Dich von ganzem Herzen."*

Vielleicht wagen Sie sich noch nicht, das so uneingeschränkt zu formulieren. Dann beten Sie doch täglich: *"Herr, ich möchte Dich lieben mit der ganzen Liebe meines Herzens."* Der Heilige Geist wird Ihnen dabei helfen!

c) Unsere Beziehungen zu unseren Mitmenschen

Wie wohltuend ist es für uns selber, Menschen zu begegnen, die uns nicht an unseren Fehlern messen, sondern vorbehaltlos annehmen. Sie geben uns Zuspruch, Ermutigung und Hilfe. So möchte Gott, dass wir miteinander umgehen. Aber zu oft werden wir verletzt durch andere und verletzen wiederum unsere Mitmenschen.

Darum sagt Gott: **"Streitet nicht miteinander, und seid bereit, einander zu vergeben, selbst wenn ihr glaubt, im Recht zu sein. Denn auch Christus hat euch vergeben. Das Wichtigste ist die Liebe. Wenn ihr sie habt, wird euch nichts fehlen"** (Kolosser 3, 13-14). Beziehungen, wie Gott sie für uns Menschen bestimmt hat, sind nicht von Vorurteilen, Ablehnung und pessimistischer Einschätzung geprägt, sondern von selbstloser Liebe. Diese Liebe sucht das Wohl des anderen, baut ihn auf und hilft ihm zu Recht. Wollen Sie sich von dieser Liebe erfüllen lassen? Dann bringen Sie Gott alle Bitterkeit, Enttäuschungen und jeden negativen Gedanken gegenüber Mitmenschen. Er wird alles Schlechte aus Ihrem Herzen nehmen. Diese negativen Kräfte sind durch Seinen Kreuzestod besiegt. Wachen Sie darum konstant über Ihre Gedanken und stoppen Sie sofort Überlegungen, die andere geringschätzen oder verurteilen.

2. Ein vom Glauben geprägtes Leben

Gottes Prinzip der Zusammenarbeit beruht auf Glauben und Vertrauen. Die eigentliche Sünde ist der Vertrauensbruch zwischen Menschen und Gott. Da wo wir Gott nicht mehr glauben, blockieren wir Sein Handeln. Seine Lebensfülle und Liebe kann uns nicht mehr erreichen. Aber ein vom Glauben geprägtes Leben zeigt drei Schwerpunkte:

a) Glaube, dass Gott Sie wirklich liebt

Sie verlassen sich darauf, dass Sie von Ihm angenommen, geliebt und versorgt werden. Sie sprechen sich das täglich zu. Ihre Seele braucht täglich diese Information, ja besser gesagt "Ernährung".

b) Glaube, dass Sie Gott völlig vertrauen können

Er lässt Sie nie im Stich. Alles dient uns zum Besten (Römer 8, 28) und muss uns auf dem Weg zum Ziel förderlich sein. Auch dann, wenn düstere Wolken über uns hinweg ziehen, leuchtet Gottes strahlendes Licht über uns. Er ist da.

c) Glaube, dass Gott an Ihnen handelt

Sie glauben Gott, dass Er für Sie handelt und Sie glauben Ihm, dass Er durch Sie handelt. Das wird Sie ruhig und getrost machen! Denn das sind Tatsachen, nicht Einbildungen. Je mehr unser Denken und unsere innerste Haltung von der Liebe Gottes geprägt sind, desto stärker erfahren wir Erfüllung.

Es ist atemberaubend, welche Absichten Gott mit unserem Leben hat. Lassen wir Gott so an uns wirken. Sein Plan mit unserem Leben wird sich erfüllen: Er wird uns dem Ebenbild Seines Sohnes ähnlich machen. Wo das geschieht, treten bestimmte Merkmale auf, die wir auch im Leben Jesu sehen. Liebe bestimmt immer mehr unser Dasein und Glaube setzt Gottes Handeln frei.

3. Ein vom Heiligen Geist geführtes Leben

Gott hat die Liebesabsicht, an unserem Leben teilzuhaben. Er ist interessiert an allen Belangen unsres Lebens – ob klein oder gross. Er handelt immer liebevoll und fürsorglich. Er tut das durch den Beistand, den Helfer, den Heiligen Geist. Im Leben Jesu, der Apostel, der ersten Christen und aller bedeutenden Männer und Frauen im Reiche Gottes spielte der Heilige Geist eine wichtige Rolle. Er wirkt auf drei Ebenen.

a) Er erleuchtet unseren Geist für Gottes Wesen und Herrlichkeit

Die Bibel sagt: **"Auch kann keiner von Herzen bekennen: „Jesus ist der Herr!“, wenn er nicht den Heiligen Geist hat“** (1. Kor. 12, 3b).

Wollen Sie wirklich in der Tiefe Ihres Herzens erkennen und verstehen, dass Gott Sie vorbehaltlos liebt und mit Ihnen ist? Das kann Ihnen nur der Heilige Geist vermitteln. Bitten Sie Gott darum, Er tut das.

b) Er gibt Einsicht in Gottes Absichten

Wir Menschen haben viele Pläne. Wie sprühte ich am Anfang meines Dienstes von Ideen. Ich stellte mir vor, was ich für Gott alles unternehmen wollte. Aber da war so viel Menschliches, Eigenwilliges dabei. Einzig der Heilige Geist kann und will unserem Herzen erschliessen, was Gott eigentlich will. Wie beglückend ist es doch, dass Gottes Geist zu unserem Herzen redet und mit uns kommuniziert. Er macht uns einsichtig und leitet uns auf den Wegen Gottes. In Gottes gutem, wohlgefälligen und vollkommenen Willen zu leben, bringt Friede, der jedes menschliche Verstehen übersteigt.

c) Der Heilige Geist nimmt uns mit in Sein Wirken und Handeln

Unzählige Male kam es mir in besonderen Situationen vor, als stünde ich daneben und dürfte zuschauen, was Gott wirkt. Und doch sind wir in solchen Momenten nicht unbeteiligt. Gott nimmt uns mit hinein in die Verwirklichung Seiner Pläne. Wäre

Mose nicht nach Ägypten zurückgekehrt und hätte dem Volk die frohe Botschaft überbracht, dass es aus der Sklaverei frei werden sollte, hätte sich für Israel nichts geändert. Es wäre in der Sklaverei geblieben. Aber letztlich war es nicht Mose, der sie erlöste, sondern Gott. Mose liess sich aber von Gott in Sein Handeln mit hinein nehmen. So will der Heilige Geist durch Sie sprechen, Menschen lieben, Jesus gross machen und bezeugen. Er hat Sie zum Dienst berufen und bevollmächtigt Sie dazu.

4. Ein von der Herrschaft Jesu geprägtes Leben

Durch den Heiligen Geist soll uns die Hoheit und Herrlichkeit Jesu gross werden. Wie oft sind wir von negativen Dingen so gefangen genommen, dass wir innerlich wie gelähmt sind. Gott will uns die Augen öffnen. Wir sollen erkennen, dass Jesus über allem steht. Er ist Herr über jede feindliche Macht. Gott legt Seinem Sohn Jesus alle Feinde Stück für Stück zu Seinen Füssen (1. Korinther 15, 25-28). Vierzig Jahre regierte im Osten ein atheistischer Kommunismus. Er schien übermächtig, unbezwingbar. Wir haben in den letzten Jahren gesehen, wie Gott diese auf Lüge aufgebaute Ideologie zu Fall brachte. So wird auch jede andere widergöttliche Macht vor der Hoheit und Herrlichkeit Jesu zu Boden gehen. Es ist nur eine Frage der Zeit. Lassen Sie Ihre innere Schau von folgenden drei Einsichten über die Herrschaft Jesu prägen:

a) Jesus ist der Herr im Himmel und auf Erden (Matthäus 28, 18).

In der unsichtbaren und sichtbaren Welt gibt es nichts, was Jesus auf die Dauer widerstehen könnte. Das soll Sie getrost und zuversichtlich machen, jeden Tag neu.

b) Lassen Sie Ihr Herz und Ihre Lippen zunehmend ein Instrument werden, das Jesu Hoheit und Herrlichkeit in Liedern und Lobgesängen preist (Epheser 4, 18-20).

c) Stellen Sie Ihr persönliches Leben in Ehe, Familie, Beruf und Alltag uneingeschränkt unter die Herrschaft Jesu (Kolosser 3, 17).

5. Ein von Freude geprägtes Leben

Weil Gott selber ein freudiger Gott ist und Freude ausstrahlt vor allen Engelsfürsten und allen Seinen Dienern, sollen auch Seine Kinder an dieser Freude teilhaben (1. Chronik 16, 27; Phil. 4, 4). Erweckte Christen brechen nicht unter der Last der Welt zusammen. Sie wissen, dass ein anderer diese Last getragen hat. Sie kommen mit dem, was sie selber beschwert und was sie in ihrer Umwelt an Sorge, Not und Elend sehen, vor diesen grossen Herrn und trauen Ihm wirkliche Veränderungen zu. Ihr Leben soll zunehmend von der Freude Gottes geprägt sein, denn:

a) die Freude Gottes ist unsere Stärke

In Nehemia 8,10 lesen wir: "Und seid nicht bekümmert, denn die Freude des Herrn ist eure Stärke." Menschen, die fröhlich leben, leben kraftvoller.

b) die Freude des Herrn wird Ihr Leben motivieren

Haben Sie schon einmal miterlebt, wie müde Leute durch eine frohe Nachricht munter werden? Der Gedanke "heute fahren wir in Urlaub" kann solche Kräfte mobilisieren, dass wir uns trotz einer zu kurzen Nacht und körperlicher Müdigkeit frisch und fröhlich an die Reisevorbereitungen machen. Es hat mich einmal sehr beeindruckt, als ich in Hebräer 12, 2 las, dass Jesus, der Gottes Vorbild und Modell für unser Leben ist, wegen der vor Ihm liegenden Freude die Schande nicht achtete und das Kreuz erduldete. Mit anderen Worten: Die Vorfreude auf das, was durch Seinen Tod und Seine Auferstehung für die Welt hervorgebracht werden würde, wirkte die durchtragende Kraft, die Jesus das Leiden erdulden liess.

Wie kommen wir zu einem von Freude geprägten Leben?

a) Durch den Blick in das Vaterherz Gottes.

Gott ist ein freudiger Gott. Beschäftigen wir uns mit Ihm. Wenn wir Ihn anschauen, dann springt der Funke Seiner Freude auf uns über. Seine Freude gewinnt Raum in uns.

b) Das tiefe Wissen des „Angenommen seins".

Der Vater, der Sohn und der Heilige Geist haben uns angenommen und überreich beschenkt. Gott ist mit uns jeden Tag und in jeder Situation. Das löst Freude aus!

c) Das Wissen, dass Enttäuschung, Leid und Schmerz nicht Endstation sind, sondern Durchgangserfahrungen, in denen Gott uns nicht allein lässt.

Er steht uns dann mit einer besonderen Kraft zur Seite. Dieses Wissen und die konkrete Erfahrung liessen Menschen sogar auf dem Scheiterhaufen singen! Gottes Herrlichkeit vor Augen lässt uns auch in Leiden und Verfolgung noch Freude erleben. Ja, Jesus sagt wörtlich: **"Wenn ihr verachtet, verfolgt und zu Unrecht verleumdet werdet, weil ihr mir nachfolgt, dann könnt ihr darüber glücklich sein. Ja, freut euch, denn im Himmel werdet ihr dafür belohnt werden. Genauso haben sie die Propheten früher auch verfolgt“** (Matthäus 5, 11-12).

Erlauben Sie Gott, dass Er diese Merkmale in Ihrem Leben hervorbringen darf? Dann wird Ihr Leben dem Leben Jesu immer ähnlicher. So sind Ihre Herzen erweckt und Erweckung breitet sich durch Sie aus. Das ist für mich selber das grösste Herzensanliegen, und das erbitte ich auch für Sie von Gott.

Kapitel 6

MÖCHTEN SIE GOTT HEUTE ERFAHREN?

Erwarten Sie, dass ein Bügeleisen warm wird, wenn das Elektrokabel nicht mit der Steckdose verbunden ist? - Nein - Wir alle wissen, dass elektrische Geräte von der Energiezufuhr abhängig sind; ohne Stromzufuhr sind sie "tot", auch wenn sie intakt sind.

So ähnlich ist es zwischen uns Menschen und Gott. Wenn eine lebendige Verbindung zwischen uns und Ihm besteht, fliesst Seine Kraft. Fehlt sie, bleiben wir "leblos".

"Das Glaubenskabel"

So wie das Kabel dem Elektrogerät Energie zuführt, fliesst über den Glauben an Jesus Christus Gottes Kraft in unser Leben. Hören Sie, was die Bibel dazu sagt: **"Freude kann Gott aber nur an jemandem haben, der ihm fest vertraut. Ohne Glauben ist das unmöglich. Wer nämlich zu Gott kommen will, muss darauf vertrauen, dass es ihn gibt, und dass er alle belohnen wird, die ihn suchen und nach seinem Willen fragen"** (Hebr. 11, 6).

Hier wird der Glaube als Voraussetzung genannt, um Gott zu gefallen. Gleichzeitig werden wir aufgefordert, etwas von Gott zu erwarten, wenn wir uns Ihm nahen. Wir dürfen - ja - wir sollen mit *Berechnung* zu Gott kommen.

Lassen Sie mich einen herausfordernden Vergleich anbringen: Sie bestellen eine Ware, bezahlen diese im Voraus und erwarten dann die Lieferung. Sie wären verwundert, wenn die Ware nicht eintreffen würde. Gott zeigt uns, dass wir so kühn und erwartungsvoll zu Ihm kommen sollen. Menschen, die das praktizieren, erleben Gottes Wirken.

Wie empfange ich lebendigen Glauben?

Zunächst einmal hat Gott jeden Menschen mit *natürlichem Glauben* ausgestattet. Das heisst, alle Menschen haben die Fähigkeit, vertrauen zu können. Das beweisen wir tagtäglich. Wir glauben dem Kursbuch der Bahn, wir vertrauen der telefonischen Auskunft, der Zeitung, dem Mann auf der Strasse. Wir setzen unser Vertrauen in technische Einrichtungen und anderes. Gott fordert uns in der Bibel auf, mit diesem natürlichen Vertrauen zu Ihm zu kommen. Als der Gefängnisaufseher in Philippi Paulus und Silas fragte: **"Was muss ich tun, um gerettet zu werden?"**, antworteten sie: **"Glaube an den Herrn Jesus, dann wirst du mit deiner Familie gerettet"** (Apg. 16, 30+31). Ist ein Mensch bereit, auf das Evangelium zu hören und sein Vertrauen auf Jesus Christus zu setzen, der seine Sünden ans Kreuz trug und für ihn stellvertretend in den Tod ging und auferstand, dann empfängt er durch diesen schlichten Glauben das grösste aller Wunder. Er wird neu geboren; er wird ein Kind Gottes! In Joh. 1, 12 sagt die Bibel: **"Die ihn *(Jesus)* aber aufnahmen und an ihn glaubten, denen gab er das Recht, Kinder Gottes zu sein."**

So treten wir durch natürlichen Glauben mit dem übernatürlichen Gott durch Jesus Christus in eine lebendige Verbindung. Auf diese Weise wirkt Er dann in unser Leben.

Glauben kann man auch missbrauchen

Jeder Mensch hat die Fähigkeit zu glauben. Er hat aber auch die Freiheit, das Evangelium abzulehnen und seine Hoffnung auf seine eigenen Leistungen, seine Kirche, die Wissenschaft, die Technik oder ähnliches setzen. Das heisst, den Glauben zu missbrauchen. Denn im Blick auf unsere Rettung und Versöhnung mit Gott gibt es nur einen einzigen Weg. Dieser heisst: **„Jesus Christus"**. Darum sagt der Herr. **"Ich bin der Weg, ich bin die Wahrheit, und ich bin das Leben! Ohne mich kann niemand zum Vater kommen"** (Joh. 14, 6).

Missbrauch des Glaubens geschieht auch da, wo sich Menschen durch Geistheiler oder über Zauberei, Spiritismus oder andere okkulte Praktiken Hilfe oder Heilung verschaffen wollen. Hier kommt der Mensch mit einer anderen Kraft durch Glauben in Berührung. Hier wirkt nicht der lebendige Gott, Sein Sohn Jesus Christus, der Heilige Geist, sondern gefallene Geister. Dämonen und der Gott dieser Welt, Satan, wirken dann im Leben des Betroffenen. Machen Sie ihm die Türe zu! Stecken Sie den Stecker Ihres Glaubens in die richtige Quelle, vertrauen Sie Jesus Christus! Dann müssen Sie sich nicht fürchten. Von Ihm kommt Leben, Friede und Freude durch den Heiligen Geist. Glaube an Jesus Christus macht frei, macht froh. Glaube an Geister und magische Kräfte dagegen bringt Unfriede, Angst und Gefangenschaft.

Göttlicher Glaube - was ist das?

Wenn wir unser Vertrauen auf Jesus Christus setzen, auf das, was Er vor 2000 Jahren für uns getan hat und darauf, dass Er heute derselbe ist, nämlich Herr über jede Not, jede Krankheit, jede Situation, dann wirkt der Heilige Geist in unserem Herzen *den Glauben Gottes*. Was ist damit gemeint? Wer sich mit seinem natürlichen Glauben, mag er noch so klein sein, ehrlich zu Jesus wendet, empfängt durch den Heiligen Geist Errettung und Gewissheit. Gottes Geist gibt unserem Geist das Zeugnis, ein Kind Gottes zu sein (Röm. 8, 17) und Er wirkt die Gewissheit, dass Gott uns alle unsere Sünden vergeben hat! Wenn wir sterben, werden wir Jesus Christus schauen und für immer bei Ihm sein.

Wie geht das vor sich?
Der Heilige Geist benutzt das Wort Gottes (die Bibel). Wahrheiten der Bibel werden im Inneren lebendig. Es ist wie ein Samenkorn, das ins Herz hinein fällt, dort aufgeht und seine Frucht bringt. Darum sagte Jesus auch: **"Mein Wort ist Geist und Leben"**. Durch den Glauben empfangen wir also Gewissheiten, die uns Furcht nehmen, Kühnheit verleihen und Erkenntnis schenken. Wir sind gewiss, dass Gott uns liebt, auf uns hört, uns führt und auf unsere Gebete antwortet. Wenn wir dem Wort Gottes (der Bibel) glauben, legt Gott Seinen Glauben, d.h. Seine Überzeugungen, Gewissheiten und Tatsachen in unsere Herzen. Auf diese Weise erhalten wir den GLAUBEN GOTTES!

Das ist eine gewaltige Kraft!
Hören wir auf das Wort Gottes mit aufrichtigem Herzen, so macht es der Heilige Geist in uns lebendig. Er pflanzt diesen wunderbaren Samen in unsere Herzen. Er hat eine enorme Kraft. Wo Gott Seine Gewissheiten ins Herz legt, müssen Berge weichen; da kann Satan nicht standhalten. Gottes Kraft wird freigesetzt und erfahren. Darum sagt Jesus: **"Denn das ist sicher: Wenn ihr glaubt und nicht im Geringsten zweifelt, könnt ihr zu diesem Berg hier sagen: `Hebe dich von der Stelle und stürze dich ins Meer!`, und es wird geschehen"** (Mk. 11, 23).

Wie oft fühlen wir uns von Bergen umgeben, stehen vor Widerständen. Wir sehen nicht klar. Hier darf dieser Glaube zum Zug kommen: Wir tragen die Nöte und Schwierigkeiten im Gebet zu Gott und beginnen Ihm zu danken, dass Er Wendung und Veränderung schafft! Wir loben und ehren Ihn. Wir besingen Seinen Namen und danken Ihm für Seine Grösse, Herrlichkeit und Liebe. Dann wandelt sich die Stimmung unseres Herzens. Verzagtheit weicht, Mut und Erwartung wachsen! Gott ist immer grösser! Auf diesem Weg schafft Gott Veränderung. Der Glaube erweist sich als Kabel, durch das Gottes Kraft in unser persönliches Leben und in unsere Umwelt kommt.

Gott heute erfahren!
So empfängt unser Herz immer wieder neue Freude an Gott. Wir machen aber auch im Alltag konkrete Erfahrungen, die auf das Wirken Gottes zurückgehen. Gott möchte das. Er will uns beschenken. Wir sollen "schmecken und sehen", wie freundlich der Herr ist.

Auch wenn heute noch manches dunkel und unüberwindlich scheint, sollen wir in unseren Herzen eine Sicht haben für die Grösse Gottes und für Lösungen in schwierigen Umständen: Sei es in unserer Familie, der Gemeinde und der Welt, in der wir leben. Glaube macht "sehend". Weil wir mit Gott rechnen, dürfen wir uns heute schon neue Zustände bzw. die Erhörung vor Augen malen. Ja, unser Auge sieht schon in der Ferne den wiederkommenden König, Sein Reich weltweit.

Liebe Leser, von Herzen wünsche ich Ihnen, dass Ihr Glaube wächst und Sie immer wieder neue, ermutigende Erfahrungen mit unserem grossen Gott machen!

Kapitel 7

KEINER WIE JESUS!

Keine andere Botschaft dieser Welt hat solch eine allumfassend rettende Kraft wie das Evangelium von Jesus Christus. Unzählige Male habe ich in den verschiedensten Ländern erlebt, wie Hindus, Moslems, Buddhisten und Namenchristen beim Hören des Evangeliums im Innersten von Gott getroffen wurden. Ihnen wurde klar: Jesus ist der Sohn Gottes. Er berührt mein Herz - Er bietet mir Seine Liebe an - ich möchte IHN aufnehmen. Die Einzigartigkeit Jesu erreicht Menschen dann, wenn das Evangelium in der Kraft des Heiligen Geistes verkündigt wird. Warum ist das so?

Die Erklärung ist einfach. Im Gegensatz zu allen anderen Religionen, deren Gründer tot sind, lebt Jesus Christus. Er wirkt, Er liebt und stellt Menschen wieder her.

Nicht Märchen, sondern Fakten

Hinter der Bibel steht der lebendige Gott. Er hat über deren Entstehung gewacht. Darum können atheistisch geprägte Stürme der Bibel nichts anhaben. Je mehr man versuchte, die Bibel auszurotten, desto stärker wurde ihre Verbreitung. In ihr spricht der lebendige Gott zu uns. Vor allem durch Seinen Sohn, Jesus Christus, den Er als Retter und Arzt für unsere sündenkranke Menschheit gesandt hat.

Liebe Leser, kennen Sie Jesus wirklich? In den nachfolgenden Zeilen möchte ich einige Gründe nennen, warum Sie ganz gewiss sein können, dass niemand so ist wie Jesus. Ihm können Sie sich ganz anvertrauen. Auf Ihn können Sie Ihr Leben und Ihre Zukunft bauen. Sie folgen dann keinem Märchen sondern Fakten.

1. Seine ungewöhnliche Geburt

Alle Menschen die je gelebt haben oder irgendwann noch das Licht der Welt erblicken werden, haben einen irdischen Vater und eine irdische Mutter.

Bei Jesus war das anders. Als ER geboren wurde, kam eine „200-prozentige“ Persönlichkeit zur Welt. Gott war Sein Vater. Somit war er 100 Prozent Gott. Maria, eine Jungfrau, war Seine Mutter. Somit war Jesus zugleich 100 Prozent Mensch. Niemand vor und nach Jesus ist so gewesen wie Er.

Aber noch viele andere Tatsachen lassen erkennen, dass Jesus Gottes Sohn ist. Über einen Zeitraum von mehr als 1000 Jahren hatte Gott bereits prophetisch über den kommenden Retter gesprochen. Wir finden im Alten Testament viele Voraussagen auf Jesus. So zum Beispiel:

- Der Ort Seiner Geburt wurde vorhergesagt.

- Seine Mutter würde eine Jungfrau sein.
- Er würde eines Tages aus Ägypten nach Israel zurückkehren.
- Aussagen über Sein Leben, Sein Leiden, Sein Sterben, Sein Auferstehen.
- Seine Zeugung war übernatürlich.
- Engelerscheinungen und von Gott gewirkte Träume prägten die Zeit der Schwangerschaft und Geburt.

Als Jesus dann in Bethlehem geboren wurde, verherrlichte ein majestätischer Engelchor über Bethlehem die Ankunft des Retters. Phänomene der Natur, wie der Stern von Bethlehem, deuteten die ausserordentliche Stunde der Geschichte an. Kein anderer Mensch auf Erden hatte je solche Begleiterscheinungen bei seiner Geburt wie Jesus.

2. Sein Leben ohne Sünde

Wir alle müssen im rauen Alltag immer wieder feststellen, wie anfällig wir in Versuchungen und Herausforderungen sind. Unzählige Male versündigen wir uns gegen Gott, gegen unsere Mitmenschen und gegen uns selber. Bei Jesus war das anders. Von der frühesten Kindheit bis zu Seinem qualvollen Tod am Kreuz hatte Er nie eine Verfehlung begangen.

In dem harten Test, nach 40 Tagen Fasten, brachte es Satan nicht fertig, Jesus gegenüber Seinem Vater in Zweifel zu bringen oder zu Eigenmächtigkeit zu verleiten. Den grössten Verlockungen hielt Er stand, und weder mit Seinen Gedanken noch Seinen Worten oder Taten liess Er sich je zu etwas hinreissen, was gegen Gottes Willen verstossen hätte.

Wie armselig stehen alle menschlichen Religionsstifter, Gurus und selbstgemachten Götter neben Jesus Christus da. Darum können Sie sich IHM gänzlich anvertrauen. Wer an Jesus glaubt, glaubt der Wahrheit und wird von dieser Wahrheit frei gemacht und wieder hergestellt.

3. Seine Werke sind unübertroffen

Autorität gepaart mit Liebe, Macht, begleitet von Barmherzigkeit, sind die Kennzeichen der wunderbaren Wohltaten, die Jesus mit jedem Schritt und Tritt vollbrachte.

Er heilte die Kranken, erlöste Menschen aus der Knechtschaft satanischer Unterdrückung. Er half Menschen aus Verlegenheit und schwerwiegendsten Problemen. Er speiste die Hungrigen, tröstete die Trauernden, weckte Tote auf und lief auf dem Wasser.

Er stand, - obwohl in äusserer Schwachheit wie jeder Mensch, - in einer Autorität, die nicht von dieser Erde, sondern vom Himmel war. Er behielt diese Macht aber nicht für sich alleine, sondern gab sie weiter an Menschen, die IHM glaubten.

4. Er überbrachte die wichtigste und beste Nachricht aller Zeiten.
Jesus schrieb nie ein Buch, Er baute keine Häuser, verfertigte keine Biographie über Sein Leben. Und doch sind Seine Worte in weit über 1000 Sprachen millionenfach gedruckt worden. Sie haben nahezu alle Länder der Erde erreicht. Warum?

Niemand hat so gesprochen wie Er! Seine Botschaft besteht nicht aus frommen Sprüchen, guten Lehrmeinungen und netten Äusserungen, sondern aus Worten der Vollmacht, die Menschen retten und total verändern. Seine Botschaft war nicht erfunden; Jesus sprach aus, was Er vom Vater empfangen hatte (Joh. 3, 34; 14, 10). Er übermittelte Gottes Botschaft an die Welt.

So wie Gott in Seinem Herzen denkt, wie Er Seinem Wesen nach ist, das teilte Jesus uns Menschen mit.

Durch Ihn leuchtete die Liebe und Autorität des himmlischen Vaters, darum sagte Jesus: **..."Wer mich gesehen hat, hat auch den Vater gesehen"...** (Joh. 14, 9).

Die Botschaft Jesu hat Millionen Menschen erfasst. Ihre Widerstände sind geschmolzen. Sie erkannten die Wahrheit. Die Worte Jesu haben Vergebung, Hilfe und Hoffnung in ihr Leben gebracht. Wer diese Botschaft hört und mit offenem Herzen aufnimmt, wird gewiss, dass er der Wahrheit gegenüber steht. Etwas, tief im Herzen, bezeugt: **In Jesus spricht Gott zu mir.**

5. Sein Tod bringt Leben
Durch Kriege, Folter und furchtbare Krankheiten erleiden Menschen Unsägliches. Aber niemand ist so qualvoll gestorben wie Jesus. Im Garten Gethsemane trat das Blut aus Seinen Poren. Das hätte eigentlich bereits zum Tod führen müssen. Auf Seinem Haupt lag eine Dornenkrone, die unbeschreibliche Schmerzen hervorrief. Sein Rücken war zerschlagen, wund gegeisselt, blutüberströmt. Danach ging's zum Kreuz.

Dort hing Er mit durchbohrten Händen und Füssen, mitten in der sengenden Hitze des Tages, verhöhnt von den geistlichen Führern, verspottet von den Soldaten, umringt von Schaulustigen und geschmäht von zwei Verbrechern. Unvorstellbar! Aber das war noch nicht alles.

Danach kam der qualvollste Augenblick.

Gott, der himmlische Vater, wandte Sein liebendes Angesicht von Seinem Sohn ab. Er legte die Schuld aller Menschen auf Ihn. Er opferte Ihn für unsere Sünden. Es wurde Nacht. Nicht nur äusserlich, durch die Sonnenfinsternis; viel mehr noch im Innern Jesu! Was der laute Schrei am Kreuz: **"Mein Gott! Mein Gott! Warum hast du mich verlassen?"** (Matth. 27, 46) in Wirklichkeit für Jesus bedeutete, können wir nur im Entferntesten ahnen, aber nie in der ganzen Tiefe verstehen.

Trotzdem kam kein Fluch über Seine Lippen; da war kein Schrei der Empörung zu hören, keine Anklage noch Bitterkeit in Seinem Herzen. Liebe, und noch einmal Liebe, triumphierte in diesen qualvollsten Stunden. Er beauftragte Seinen Jünger Johannes, von nun an für Maria, Seine Mutter, zu sorgen. Er vergab dem einen Verbrecher neben sich, als dieser Jesus um Erbarmen anrief.

Am Ende dieser qualvollen Stunden rief Jesus den königlichen Satz: "ES IST VOLLBRACHT!" Er befahl Seinen Geist in die Hände des Vaters und starb.

Kein Wunder, dass jener römische Hauptmann, der schon viele Menschen hatte qualvoll sterben sehen, ausrief: **"Dieser Mann ist wirklich Gottes Sohn gewesen"** (Mark. 15, 39). So ist das Leiden und Sterben Jesu ein weiteres, unübersehbares Zeichen Seiner Gottessohnschaft.

Wir können dafür die Augen verschliessen und in unseren eigenen Sünden sterben; oder wir können sie öffnen, und uns nach der Gnade Jesu ausstrecken und Vergebung erlangen.

6. Der Tod konnte Ihn nicht halten

Bereits zu Seinen Lebzeiten hatte Jesus Seinen engsten Freunden erklärt, dass Er für die Sünden der Welt sterben werde und dann von den Toten auferstehen würde. Wäre ich damals ein Jünger Jesu gewesen, hätte ich mit Sicherheit genauso ungläubig auf diese Worte reagiert wie Seine Begleiter.

Aber dann war es soweit. Am dritten Tag nach Seinem Tod kamen aufgeregte Frauen zu den Jüngern und teilten mit, dass sie Jesus lebend gesehen hätten. "Unmöglich! Das gibt es nicht"! So die spontane Reaktion der Jünger. Sie liefen hin zum Grab. Sie wollten das mit eigenen Augen prüfen. Und dann erschien ihnen Jesus! Sie konnten es nicht fassen. Bildeten sie sich nicht etwas ein?

Hatte der ganze Schmerz der vergangenen Tage sie so verwirrt, dass sie sich jetzt in Utopien hineinsteigerten? Nein. Da stand Jesus wirklich! Seine Hände wiesen noch immer die Wundmale auf. An Seiner Seite war der Einstich der Lanze sichtbar. Aber Er lebte! Er war auferstanden von den Toten! Er sprach mit Seinen Jüngern und erklärte ihnen, was Sein Tod und Seine Auferstehung für die Welt bedeuten. Er bereitete sie für ihre zukünftige Aufgabe vor und verwies sie auf den in Kürze kommenden Heiligen Geist.

Da verblassen doch alle Gurus und Götzen, die die Menschen erfunden haben. Jesus ist einzigartig. Er war da, bevor die Erde geschaffen wurde. Er ist Mitschöpfer und Erhalter dieser Welt. Er teilt mit Seinem Vater alle Autorität im Himmel und auf Erden und wird in alle Ewigkeit herrschen.

7. Was Er aus schwachen Menschen macht

Ein weiterer Beweis für die Gottessohnschaft Jesu ist die Gemeinde, die sich kurz nach Seiner Himmelfahrt bildete und innert weniger Jahrzehnte die damals bekannte Welt durchdrang. Aus einem schwankenden Petrus, einem feigen Johannes, einem zweifelnden Thomas waren Männer geworden, die die Welt bewegten.

Ein Erzverfolger der Gemeinde, Saulus von Tarsus, wurde durch die Begegnung mit dem Auferstandenen so nachhaltig verwandelt, dass er bereit wurde, Leiden über Leiden für Jesus auf sich zu nehmen und die Botschaft der Erlösung in die verschiedensten Länder, Städte und Dörfer zu tragen (Apg. 9, 15). Er scheute keine Mühe, kein Opfer. Soweit ihn seine Füsse trugen, ging er, um die Botschaft und Kraft seines Herrn andern zu verkündigen.

Junge Menschen, Väter und Mütter wurden so erfasst von der Herrlichkeit Jesu, dass sie - selbst unter dem Druck tödlicher Verfolgung - sich durch nichts von Jesus trennen liessen. Mit Lobgesängen auf den Lippen starben Märtyrer in Flammen, unter Schwertern oder in den Händen ihrer Folterer.

Die Kraft Jesu Christi in ihnen war grösser als alle Macht und Gewalt von aussen. Ihre Liebe, ihre Überzeugung, ihr verändertes Leben brachten wiederum viele ihrer Peiniger auf die Knie. Unter Tränen weihten sie ihr Leben diesem wunderbaren Jesus.

Liebe Freunde, nicht die Gewalt von Staatsmännern hat letzten Endes die christliche Botschaft in so viele Herzen gebracht. Die Christianisierung mit staatlicher Macht hat mehr Schaden als Segen angerichtet.

Aber der Auferstandene hat alle Generationen bis heute überdauert. Da, wo Er Raum in den Herzen von jungen und älteren Menschen fand, nahm Er Wohnung durch Seinen Geist. Ihr Leben kam unter Seinen liebenden, kraftvollen Einfluss und sie wurden über die Jahrhunderte Zeugen der Realität Jesu.

8. Jesus lebt und wirkt heute!

In unzähligen Büchern, Filmen, und persönlichen Zeugnissen berichteten und berichten Menschen aus allen Kontinenten, dass Jesus in ihrem Leben wirkt. Sie folgen nicht einer trockenen Theologie, die sie von ihren Eltern übernommen haben.

Nein, sie selber haben Jesus gefunden. Er hat mit Seiner Kraft ihr Leben verändert, sie aus Schuld und Angst befreit. Mächtige Erweckungen finden in verschiedenen Teilen der Welt statt. Gott wirkt Zeichen und Wunder.

Jeder von uns kann täglich, auch in kleinen Dingen, Jesu Gegenwart und Liebe erfahren. Er lebt! Er wirkt! Da wo wir Ihm unsere Herzen öffnen, IHM unser Leben, unsere Ehe, Familie, Arbeit anvertrauen.

Wer an Ihn glaubt, wird nicht zuschanden!

Liebe Leser, gehören Sie zu den Menschen, die erkannt haben: "Keiner ist wie Jesus"? Sind Sie sich Ihrer Beziehung zu Ihm noch nicht so sicher? Dann vertrauen Sie sich im Gebet Jesus doch gerade jetzt an. Dann werden Sie Seine Kraft erfahren, denn wer Ihn aufnimmt, empfängt von Gott Macht, Sein Kind zu werden (Joh. 1, 12).

Kapitel 8

DIE 3 WICHTIGSTEN FRAGEN

Drei Fragen beschäftigen jedes menschliche Herz:

- **Woher komme ich?**
- **Wozu lebe ich?**
- **Wohin gehe ich?**

Forscher, Denker und Philosophen haben versucht, Antworten auf diese Fragen zu finden. Ihre Antworten sind vielfach unbefriedigend und haben viele in Verzweiflung gestürzt. Wer keine eindeutige Antwort auf die Frage nach seiner Herkunft findet, hat auch keine Perspektive für die Zukunft und sein Heute ist voller Rätsel.

Einzig ein Buch - *das* Buch - die Bibel, beantwortet die Fragen unseres Herzens überzeugend. Millionen haben durch sie Ruhe und Zuversicht gefunden. Rätsel haben sich gelöst. Freude im Heute und Hoffnung für die Zukunft sind ihnen beim Lesen und Verstehen des Wortes Gottes zuteil geworden.

Woher kommen wir?

Lange bevor wir Menschen erschaffen wurden, ja, sogar ehe diese Erde und unser bekanntes Planetensystem existierte, war Gott. Der strahlende Gott, der Vater, Sein Sohn, der Heilige Geist und eine himmlische Welt von Engelfürsten und Engeln. So berichtet es uns Gottes Wort, - die Bibel.

Im Gegensatz zu den mächtigen Engelwesen, welche Geschöpfe Gottes sind, hat Gott einen Sohn - Jesus. Er ist nicht Geschöpf, sondern Gott hat Ihn aus sich selber hervorgebracht. Die Bibel sagt: **"Zu welchem Engel hätte Gott wohl jemals gesagt: ‚Du bist mein Sohn. Heute setze ich dich zum König ein'?“** (Heb. 1, 5). So ist Gott, der Vater, Ursprung alles Existierenden in der unsichtbaren und sichtbaren Welt. Ehe unsere Erde und das uns bekannte Universum geschaffen wurden, hatte Gott einen Plan für diese Welt und setzte ihn in einem grossartigen Schöpfungswerk um. So sagt uns die Bibel: **"Am Anfang schuf Gott Himmel und Erde"** (1. Mose 1, 1). In weiteren Schöpfungsschritten brachte Er Licht, die Einrichtung von Tag und Nacht, das Hervorkommen von Pflanzen und Tieren zustande.

Alle diese Dinge rief Gott durch Sein Wort in die Existenz. Im Gegensatz zu uns Menschen, die wir immer irgendeine Art von Rohmaterial brauchen, um daraus etwas herzustellen, hat Gott die Fähigkeit, das in Existenz zu rufen, was Er will.

Das vollbringt Er durch Sein kraftvolles Wort. Unser kleiner Verstand vermag diese Dimensionen nicht zu erfassen. In Hebräer 11, 3a lesen wir: **"Weil wir an Gott glauben, wissen wir, dass die ganze Welt durch sein Wort geschaffen wurde".**

Dann kam Gottes krönendes Werk auf der Erde: Er formte den Menschen und blies ihm Seinen Odem ein. Gottes Geist und Leben erfüllte dieses einmalige Wesen, das nun seine Augen zu seinem Schöpfer erhob und ein Stück Seiner Herrlichkeit widerspiegelte. Die Schönheit der ursprünglichen Welt, und besonders des Menschen, war so überwältigend, dass Gott darüber in Seinem Wort sagt: **"Dann betrachtete Gott alles, was er geschaffen hatte, und es war sehr gut!"** (1. Mose 1, 31 a).

Der Mensch in strahlender Schönheit

Ohne Makel, ohne Fältchen, in vollendeter Schönheit stand der Mensch vor seinem Schöpfer.

Ein wunderbarer Auftrag wurde ihm zuteil, über diese Erde zu herrschen und den Garten Eden zu bebauen und zu bewahren. Gott segnete Mann und Frau und gab ihnen den königlichen Auftrag, selber schöpferisch tätig zu sein, sich zu vermehren und die Erde mit ihresgleichen zu füllen.

Der Mensch besass zu jenem Zeitpunkt eine solche Herrlichkeit, dass die Bibel über ihn sagt: **"Wie klein ist da der Mensch! Und doch beachtest du ihn! Winzig ist er, und doch kümmerst du dich um ihn! Du hast ihn zur Krone der Schöpfung erhoben und ihn mit hoher Würde bekleidet. Nur du stehst über ihm! Du hast ihm den Auftrag gegeben, über deine Geschöpfe zu herrschen. Alles hast du ihm zu Füssen gelegt“** (Psalm 8, 5-7).

Wozu hat Gott uns erschaffen?

Der hauptsächliche Grund, warum Gott die Erde, und im Besonderen den Menschen erschaffen hatte, lag nicht darin, einen botanischen Garten mit einem guten Gärtner zu versehen. Gottes Verlangen war, mit diesem Wesen Mensch in eine enge Beziehung zu treten. Der Schöpfer wollte Seinem Geschöpf Seine Liebe zuwenden. Der Mensch sollte innerlich heranreifen und ein Freund, ein Partner Gottes werden.

Als Antwort auf all die Herrlichkeit, die Gott dem Menschen anvertraut hatte, erwartete Er nur eines von Seinem Geschöpf: *Vertrauen.* So gab Gott den Menschen eine Gelegenheit dieses Vertrauen zu beweisen. Im Paradies hatte Gott, neben dem Baum des Lebens, den Baum der Erkenntnis des Guten und Bösen wachsen lassen. Alle Früchte waren dem Menschen zugänglich. Einzig von diesem einen Baum sollte der Mensch nicht essen, da er sonst sterben würde.

Ich gehe davon aus, dass der Mensch diesen Baum über einen längeren Zeitraum überhaupt nicht sonderlich beachtete, sondern sich der Gegenwart Gottes und den Privilegien, die ihm zuteil geworden waren, erfreute.

Wir müssen uns entscheiden!

Dann kam eines Tages der Test. Satan nahte sich dem Menschen in Gestalt einer

Schlange und sprach ihn an. Sein Ziel war, Eva dahin zu bringen, an Gottes Aussagen zu zweifeln. Er versprach dem Menschen, er würde werden wie Gott, wenn er nur von dieser verbotenen Frucht essen würde.

Nun hatte der Mensch zu entscheiden: "Will ich meinem Schöpfer glauben und in der Abhängigkeit zu Ihm weiterleben oder entziehe ich Ihm mein Vertrauen und versuche unabhängig zu sein, bzw. selber Gott sein zu wollen?“

Gott konnte dem Menschen diese Entscheidung nicht ersparen, denn Er hatte den Menschen nicht als Roboter, sondern als Geschöpf mit einem freien Willen ins Leben gerufen. Er war nicht an einem Sklaven interessiert, sondern an einem Menschen, der sich aus freien Stücken zum Vertrauen und damit zur Liebe Gott gegenüber entscheiden würde.

Sich von Gott lösen, führt in die Katastrophe

Eva, und anschliessend Adam, trafen eine verhängnisvolle Entscheidung: Sie lösten sich aus der Liebesbeziehung, die Gott zu ihnen hatte, indem sie ihre Hände nach der verbotenen Frucht ausstreckten. Kaum hatten sie die Frucht verzehrt, geschah etwas Schreckliches. Die wunderbare, bewahrende und schützende Gegenwart Gottes wich von ihnen. Sofort fühlten sie sich nackt, entblösst und ungeborgen. Der Gedanke, dem strahlenden, liebenden Angesicht Gottes begegnen zu müssen, war nun für sie unerträglich. Bisher löste jede Begegnung mit Gott Jubel und überwältigende Freude aus. Innere Freude, Kraft und Sicherheit waren ihnen mit einem Schlag genommen. Stattdessen klagte sie ihr Gewissen heftig an. Sie fürchteten sich vor Gott. Als Er wieder ihre Gemeinschaft suchte, versteckten sie sich im Garten.

Schmerzvoll erklang Gottes Stimme an jenem Tag: **"Adam, wo bist Du?"** Eine beklemmende Stille hatte sich auf die gesamte Schöpfung, Tier- und Pflanzenwelt gelegt. Der Beherrscher der Erde war zum Beherrschten geworden. In der anschliessenden Begegnung mit Gott wird der furchtbare Verlust deutlich, den der Mensch nach dem Vertrauensbruch zu tragen hatte.

Die schwerwiegenden Verluste

Verluste auf acht Ebenen unseres menschlichen Seins zeichneten sich jetzt als Folgen der Sünde ab und beraubten die Menschen der Herrlichkeit, die Gott ihnen zuvor geschenkt hatte.

1. Verlust der Geborgenheit

Wie bereits beschrieben, hatte der Entzug ihres Vertrauens zu Gott den Verlust des Geistes Gottes und Seiner bergenden Sicherheit zur Folge. Der Mensch fühlte sich nackt und entblösst.

2. Verlust der Freude an Gott

Wie wir bereits sahen, versteckte sich der Mensch vor dem Angesicht Gottes. Der Höhepunkt seines Lebens: Das Zusammensein, das Gespräch, die Gemeinschaft mit dem Schöpfer, waren zerbrochen. Gott war für sie nicht mehr Auslöser von Freude, sondern von Angst.

3. Verlust der Unschuld

Adam und Eva mussten nun eingestehen, dass sie beide Gottes Gebote übertreten hatten, gegen Ihn gesündigt hatten und damit Schuld auf ihrem Leben lastete. Die Freundschaft war zerbrochen. Der Mensch hatte sich als Feind Gottes dargestellt.

4. Verlust der Überlegenheit über Satan

Die Unterredung zwischen Gott und den Menschen (1. Mose 3, 15) zeigt auf, dass nun Feindschaft zwischen den Menschen und Satan und zwischen Satan und den Menschen herrschen würde. Machtkämpfe würden sich abspielen. Gewalt würde eindringen, Blut würde fliessen. – Wie viele Male ist das in der Geschichte der Menschheit geschehen und quält uns bis in die heutige Zeit. Durch das Hören und Vertrauen auf das, was die Schlange, Satan, gesagt hatte, kam der Mensch unter den Einfluss und die Herrschaft des Teufels. Dessen Gedanken konnten nun ungehinderten Zugang zu den Herzen der Menschen finden. Er knechtete sie von innen und machte sie zu Werkzeugen des Bösen. Damit spielte der Mensch die geistliche Herrschaft über die Erde in die Hände des Teufels.

5. Verlust der Gesundheit und körperlicher Unantastbarkeit

Der Mensch hatte sich von Gott abgewandt, indem er der Schlange mehr Vertrauen schenkte als Gott. Der Mensch übertrat das Gebot Gottes, er fiel in Sünde. Was wir glauben, beeinflusst unser Leben. Sünde hat als Konsequenz: Schuld. Schuld wiederum ruft Gericht und Strafe hervor. Gott liess den Menschen wissen, dass von nun an nicht nur Geist und Seele, sondern auch sein Körper unter den Folgen der Sünde zu leiden hätte. In 1. Mose 3, 16 lesen wir: **"Du wirst viel Mühe haben in der Schwangerschaft. Unter Schmerzen wirst du deine Kinder zur Welt bringen"** (Wörtlich: „Überaus zahlreich werde ich deine Beschwerden in deiner Schwangerschaft machen"). Wie sehr hat die Menschheit bis heute unter Schmerzen, Krankheiten und Beschwerden zu leiden gehabt.

6. Verlust der Harmonie zwischen Mann und Frau (Ehe)

Wenn über 50 Prozent aller Ehen geschieden werden, dann zeigt das, welch verheerende Folge die Sünde auch in unsere Beziehungen gebracht hat. Selbst in der engsten Zelle menschlicher Gemeinschaft, der Ehe, hat sich die Abkehr von Gott verhängnisvoll ausgewirkt. Menschen, die sich eigentlich lieben, einander vertrauen und helfen wollen, werden oft zu Feinden und machen sich das Leben zur Hölle. Die wirklichen Ursachen liegen letztlich nicht in Äusserlichkeiten, sondern, - wie die Bibel uns berichtet, - in der Macht der Sünde, die in unseren Herzen wirksam ist.

Gott sagt in 1. Mose 3, 16 b: **"Du wirst dich nach deinem Mann sehnen, aber er wird dein Herr sein!“** Wie viele Enttäuschungen sind in der Tatsache begründet, dass wir innerste Erfüllung durch den Partner erhoffen, statt sie in Gott zu suchen.

7. Verlust der Mühelosigkeit der Arbeit

Die Erde streckt uns ihre Produkte nicht mehr in reicher Fülle entgegen, wie es vor dem Sündenfall war. Wir müssen um unsere Existenz kämpfen. Wir sind dem Schul-, Berufs- und Alltagsstress ausgeliefert. Statt Herrscher zu sein, sind wir Beherrschte geworden (1. Mose 3, 17-19).

8. Verlust der Liebesbeziehung

Die letzte und schwerwiegendste Folge der Sünde besteht darin, dass das Band der Liebe Gottes zu uns durch Sünde zerstört wurde. Der Mensch konnte Gottes strahlendes Angesicht nicht mehr ertragen und Gott schickte den Menschen aus dem Paradies hinaus (1. Mose 3, 23). Das ist Verloren sein; das ist Tod bei lebendigem Leibe. Durch die Sünde hatte sich der Mensch von der Lebens- und Liebeszufuhr Gottes abgeschnitten. Wir gleichen einem blühenden Ast, der vom Baum getrennt, zwar eine Zeit lang noch blüht, dann aber verwelkt. So ist der Mensch ohne eine lebendige Liebesbeziehung zu Gott innerlich schon tot, auch wenn er noch Jahre oder Jahrzehnte auf dieser Erde verbringt.

Eine Botschaft der Hoffnung

Ehe Gott den Menschen aus Seiner Gemeinschaft im Paradies entliess, bekleidete Er ihn mit Röcken von Fell. Das war ein erstes Signal der Hoffnung auf Gottes Begnadigung. Denn das Blut jenes Tieres, das sein Leben für den Menschen lassen musste, war ein Bild auf das Blut, das Jesus später zur Vergebung unserer Sünden vergiessen würde. Das Fell, mit welchem der Mensch seine Blösse zudecken konnte, war ein Zeichen auf die Gerechtigkeit, die uns durch den Erlöser Jesus Christus gebracht werden sollte.

Gott versprach dem Menschen, dass eines Tages jemand geboren würde, der der Schlange (dem Teufel) die Herrschaft über den Menschen entreissen würde (1. Mose 3, 15).

So leuchtet schon mitten in die Tragik der Sünde Gottes Licht der Liebe und Gnade hinein. Gott säte einen Samen der Hoffnung in die Herzen. Dieser würde zu seiner Zeit aufgehen und ein neues Kapitel der Menschheit begründen.

Menschen finden zu Gott zurück

Das Alte Testament berichtet uns, wie Männer und Frauen in ihrer Suche nach Gott belohnt wurden. Indem sie Ihm ihr Vertrauen entgegenbrachten, erfuhren sie Gottes Gnade und Annahme. Unter ihnen sind: **Abel**, dessen Opfer Gott gnädig annahm (1. Mose 4, 4). **Henoch**, der mit Gott wandelte und zu Gott entrückt wurde. **Noah**, der Gott vertraute und in einer Arche über den Wassern der Sintflut bewahrt blieb (1. Mose 6-9). **Abraham**, der Gott glaubte und darum gerecht gesprochen wurde. **Mose**, der unter der Führung Gottes ein ganzes Volk aus der Sklaverei in die Freiheit führte. Schliesslich Männer wie **David** und **Salomo**, unter deren Führung Gott Seine Herrlichkeit über Seinem Volk aufleuchten liess,- solange sie im Vertrauen und Gehorsam zu ihm lebten.

Vorboten von Gottes Herrlichkeit

All diese Erfahrungen von Männern und Frauen im Alten Testament sind aber Vorboten dessen, was Gott nicht nur einzelnen Menschen, sondern Tausenden, Millionen schenken möchte. Die Wolkensäule, die am Tag das Volk Israel in der Wüste mit Schatten versorgte, sich nachts in eine Feuersäule verwandelte und Licht, Schutz und Wärme verbreitete, war eigentlich ein Bild auf die Persönlichkeit, die Gott später in diese Welt senden würde, um den Menschen neues Leben, Gemeinschaft mit Gott und Gnade in Fülle zu bringen: Jesus Christus. Weil der Opfertod Jesu jedoch damals noch nicht stattgefunden hatte, war eine enge Beziehung zwischen Mensch und Gott im Alten Testament nur wenigen vorbehalten (Priestern, Propheten, Königen, u.a.). Gottes Plan aber war schon damals, den Menschen, die nach Ihm verlangen, zu begegnen durch Seinen Geist, der in ihren Herzen Wohnung nehmen würde.

Die Opfer, die die Menschen im Alten Testament für ihre Sünden darbringen mussten, waren nicht in der Lage, sie von der Macht der Sünde zu erlösen und die Herrschaft des Teufels in ihrem Leben völlig zu brechen. Das konnte nur einer, der Kommende: **J E S U S**

Rettung kommt

Mit der Geburt Jesu Christi, vor über 2000 Jahren, hat Gott ein neues Kapitel für die Menschheit aufgeschlagen. Darum finden wir diese Geschichte auch im zweiten Teil unserer Bibel, dem Neuen Testament. Mit der Geburt Seines Sohnes reicht Gott dem sündigen, gefallenen, von Ihm getrennten Menschen neu Seine Hand. Er lädt ihn in Seine Familie ein. Er will uns Vater, wir sollen Seine Kinder werden. Darum jubelten die Engel über den Fluren Bethlehems, als ein Engel Gottes den Hirten verkündigte:

"Fürchtet euch nicht! Ich bringe euch die grösste Freude für alle Menschen: Heute ist für euch in der Stadt, in der schon David geboren wurde, der

lang ersehnte Retter zur Welt gekommen. Es ist Christus, der Herr" (Luk. 2, 10 + 11).

Menschen, die dem Jesuskind begegneten, verspürten, dass eine neue Zeit anbrach. Gottes Gegenwart und Liebe kamen ihnen in unbeschreiblicher Art entgegen. Für die Welt begann ein neues Kapitel.

Das Leben Jesu Christi, Seine Botschaft, Seine Wunder und Zeichen, bezeugten dies. Die Grundlage aber für einen Neuanfang unserer Beziehung zu Gott legte Jesus Christus, als Er für uns am Kreuz litt und starb.

Kapitel 9

GOTT KENNEN IST LEBEN!

Wissen Sie, dass Ihr Leben nachhaltig von Ihrem Gottesbild beeinflusst wird? Menschen, die Gott in der Ferne vermuten, kämpfen sich allein durchs Leben und fühlen sich oft einsam und verlassen. Solche, die in Gott hauptsächlich den Richter sehen, fühlen sich beobachtet und werden vom schlechten Gewissen geplagt. Wer Gott mit einem älteren, lieblichen Opa verwechselt, wird weder Seine mächtige Kraft noch Seine wahre Liebe kennenlernen. Gott recht zu kennen, bringt zunehmend Geborgenheit, Sicherheit und Kraft. Das veranlasste Leo Tolstoi zu der Aussage: „Gott kennen ist Leben".

Unsere Götter und Götzen helfen uns nicht!

Ganz am Anfang der Bibel lesen wir, dass wir zwei Wege zu Gott wählen können. Der eine Weg führt allerdings in die Irre. Kain und Abel lieferten dafür einen deutlichen Beweis. Den ersten beiden Menschen, Adam und Eva, hatte Gott nach ihrem Schritt in die Sünde einen Weg gezeigt, wie man bei Gott Gnade und Vergebung empfangen kann. An ihrer Stelle liess Gott zwei Tiere töten und bedeckte ihre Schuld mit diesem Opfer und ihre Blösse mit den Fellen.

Als Abel dann opferte, um mit Gott in persönlichen Kontakt zu treten, richtete er sich nach dieser Botschaft Gottes. Er brachte ein Lamm als Opfer dar. Gott sah ihn gnädig an und wandte sich ihm in Barmherzigkeit zu.

Kain verachtete diese Botschaft und war überzeugt, den besseren Weg zu wissen. Er brachte etliche seiner mühsam erarbeiteten Früchte zu Gott. Aber er hatte keinen Erfolg. Der Himmel blieb verschlossen. Kain hatte seinen eigenen Weg gewählt. Er wurde zum schlechten Vorbild für all die Menschen, die sich später ihre eigenen Götter und Götzen gemacht haben. Doch weder Schreie noch aufwändige Opfer für die selbstgemachten Götter bringen Erhörung, Frieden und Vergebung.

Auch die modernen Götter, Gurus und Geistestechniken führen uns nicht aus der inneren Einsamkeit und Schuld.

Wir erfahren Gott nur durch den Glauben. Wir Menschen sind glaubensfähig, wir vermögen uns auf alles Mögliche einzulassen. Aber Glaube kann in die Irre führen, kann krank machen, wenn er falsche Inhalte hat, wenn er nicht auf Wahrheit beruht. Wer in Steine, auf Horoskope, Sternbilder oder auf die Natur sein Vertrauen setzt, wird früher oder später stranden. Materie ist nicht Gott. Er hat Materie geschaffen und ihr Gestalt gegeben. Aber Er selbst ist eine Persönlichkeit und wohnt nicht in der Materie.

Wie kann man Gott kennenlernen?
Eigentlich ist das sehr einfach! Gott selber hat die Initiative ergriffen. Er kam in Jesus Christus auf diese Erde, wohnte unter uns, liess sich sehen, hören, sprechen und berühren. Ja, noch mehr, Er liess sich annehmen und schenkte denen, die Ihm glaubten, eine gewaltige Begegnung mit den Lebenskräften Gottes. Er schenkte Vergebung, Befreiung aus Dunkelheit und Gefangenschaften. Er rührte die Kranken an und heilte sie. Er weckte selbst Tote auf und war Herr über die Natur.

Den grössten Beweis, dass Jesus Gottes Sohn war, lieferte Er durch Seinen selbstlosen Tod am Kreuz für unsere Schuld und durch Seine unnachahmliche Auferstehung von den Toten. Er zeigte sich mehreren hundert Personen nach Seiner Auferstehung und räumte dadurch Zweifel und Ängste aus.

Jesus kennenlernen führt in die Begegnung mit Gott.
Wer uns näher kennenlernt und unser Privatleben unter die Lupe nehmen kann, stellt oft fest, wie sehr wir doch "menschlich" sind. Bei Jesus war das umgekehrt. Wer Ihn hinter den Kulissen erlebte, kam zu der tiefen Überzeugung: Dieser ist Gottes Sohn! Zeugnisse dieser Art finden wir an verschiedenen Stellen des Neuen Testamentes (Joh. 1, 43-49; Mat. 16, 13-17a).

Auch wenn Jesus heute nicht mehr sichtbar und greifbar über die Erde geht, finden wir in Ihm noch immer den Schlüssel zur Wirklichkeit Gottes. Wer Seinen Namen anruft, wird ein anderer Mensch. Wer seine Schuld vor Jesus Christus ausschüttet, erlebt unbeschreibliche Vergebung und Frieden. Wann immer Männer und Frauen, junge Menschen mit schweren Schicksalsschlägen sich an Jesus gewandt haben, hat sich - durch alle Jahrhunderte hindurch - immer wieder das gleiche ereignet. Jesus begann ihre Wunden zu heilen, ihnen neue Perspektiven für das Leben zu zeigen und sie so zu verändern, dass sie neuen Lebenssinn, Inhalt und Kraft fanden.

Auch Atheisten und Spötter, die Jesu Namen verhöhnt hatten, dann aber ihre Schuld und Blindheit eingestanden, fanden Vergebung und Frieden. Das erlebte jener Verbrecher, der neben Jesus gekreuzigt wurde und sich in den letzten Minuten seines Lebens Jesus Christus zuwandte (Luk. 23, 42-43).

Jesus <u>richtig</u> kennen!
Nie werde ich jenen Tag vergessen, als ich tränenüberströmt in meinem Büro sass, überwältigt von der Herrlichkeit und Liebe Jesu.

Für einige Zeit hatte ich die Evangelien mit der Bitte zu Gott gelesen: *"Herr, öffne mir die Augen, und zeige mir, wer Jesus wirklich ist"*. Beim Lesen unternahm ich den Versuch, mich in die damalige Zeit zurückzuversetzen und unter die Zuhörer Jesu zu mischen. Als ich aus dieser Perspektive die Texte las und mir vorstellte, mit welchem Tonfall Jesus Seine Worte sprach, wurde ich überwältigt von Seiner Herrlichkeit und Liebe. Es war mir, als sähe ich in Sein lachendes Angesicht, als Er die kleinen Kinder in den Armen hielt und sie segnete (Mark. 10, 13-16). Es schien mir, als hörte ich den warmen, freundschaftlichen Ton, mit dem Jesus einem Blinden sagte: **"Warum hast du nach mir gerufen?"** (Mark. 10, 51).

Ich begann Jesus in einem ganz neuen Licht zu sehen.

Manchmal verwechseln wir Worte, die Jesus zu Scheinheiligen und Heuchlern gesprochen hat, mit Aussagen, die Er an kaputte, suchende, verlorene Menschen richtete. Wir brauchen wirklich die Hilfe des Heiligen Geistes, um die richtige Schau von Gott für Jesus Christus zu erhalten. Gott hat das brennende Verlangen, dass wir Ihn richtig kennenlernen, darum hat Er Jesus gesandt. An unserer Herzenshaltung liegt es, ob wir das helle Licht der Herrlichkeit Gottes durch Jesus Christus in unser Inneres hinein und unsere Sicht von Gott prägen lassen. Oder ob wir meinen, mit der Streichholzflamme unseres kleinen Gehirns, Gottes Unendlichkeit und Grösse selber entdecken zu können. Dann bleiben wir letztlich im Dunkeln, im Irrtum und an unseren eigenen Gottesvorstellungen hängen. Sie bringen kein Leben.

Möchten Sie Gott <u>wirklich</u> kennenlernen?

Das geschieht einmal durch eine fundamentale Begegnung mit Ihm, dann aber auch in einem wachstümlichen Prozess. Der Apostel Paulus, der die meisten Briefe im Neuen Testament schrieb, hat beides erfahren. Auf dem Weg nach Damaskus begegnete Jesus ihm in Form eines hellen Lichts. Damals noch unter dem Namen Saulus, brach er innerlich zusammen und erkannte, dass er seinen eigenen Gottesvorstellungen gefolgt war und in Sünde und Verlorenheit lebte. Er bat Jesus um Vergebung und stellte sein Leben unter Seine Herrschaft mit den Worten: ***"Herr, was willst du, dass ich tun soll"?*** Dann bekam er klare Anweisungen. Saulus bekehrte sich, liess sich taufen und wurde mit dem Heiligen Geist erfüllt. Damit begann eine völlig neue Wegstrecke seines Lebens. In seinem Herzen war Gottes Licht aufgegangen und neues Leben pulsierte in ihm. Jetzt kannte Saulus keinen anderen Wunsch mehr, als diesen Jesus, von dessen Liebe er überwältigt war, mit seinem ganzen Leben zu verherrlichen, Ihm zu dienen und Ihn immer besser kennenzulernen. Er machte die wunderbarsten Erfahrungen mit Gott. Und selbst inmitten von Anfeindung und Leiden um Jesu Willen, lernte er Gottes Herrlichkeit und Grösse in Jesus Christus immer besser kennen. Gegen Ende seines Lebens formulierte er seinen grössten Herzenswunsch: Jesus noch mehr zu erkennen (Phil. 3, 7-12).

Wer ist Jesus für Sie?

Löst der Gedanke an Jesus in Ihrem Herzen Freude aus oder verkrampft sich etwas in Ihnen? Erklingen in Ihrem Herzen Lieder des Lobes zu Gott, oder ist Gott für Sie mit vielen Fragezeichen versehen?

Sie sind einzigartig, ein unnachahmliches Geschöpf Gottes, nach dem sich Gottes Herz sehnt. Sie dürfen Ihn suchen. Er will sich Ihnen offenbaren. So, dass alle Angst weicht. So, dass Lasten von Ihnen fallen. Er will Ihr persönlicher Gott und Freund werden. Nah, kraftvoll und hilfreich. Ja, Er will solch ein Bild von sich in Ihrem Herzen verankern, dass Sie Sein leuchtendes Angesicht sehen und aus der Beziehung mit Ihm Ihre Lebenskraft, Dynamik und Kreativität beziehen.

Bitten Sie Gott, dass Er Sie von aller toten Religion erlöst. Auch von jeder Gleichgültigkeit Ihm gegenüber. Vielleicht verdunkelt Ihnen auch Sünde Sein leuchtendes Angesicht von Zeit zu Zeit, wie der Mond das Licht der Sonne. Dann bekennen Sie Ihm das (Jes. 59, 2). Lassen Sie es jetzt zu Ihrem Gebet werden und zu einem täglichen Verlangen: "*Herr, lass mich Dich kennenlernen, wie Du wirklich bist!*" Erstaunliches wird daraufhin geschehen.

Teil 3

SICHER WERDEN IM GLAUBEN

Kapitel 10

GOTT PERSÖNLICH ERLEBEN

Ob Ihr Christsein von häufigem "Auf und Ab" gekennzeichnet ist oder von zunehmender Stabilität und Freude, hängt wesentlich davon ab, ob Sie verstanden haben, was das Reich Gottes für Sie ganz persönlich bedeuten kann. Lesen Sie darum die folgenden Zeilen aufmerksam durch. Sie werden Wichtiges für Ihr Leben entdecken.

Ich muss zugeben, dass ich selber lange Zeit mit dem Begriff "Reich Gottes" Schwierigkeiten hatte. Nun da ich den Inhalt zu verstehen beginne, mache ich wunderbare Entdeckungen. Was meinte Jesus, als Er sagte: **"Jetzt ist Gottes Stunde gekommen. Seine Königsherrschaft wird nun aufgerichtet. Ändert euch von Grund auf! Kehrt um zu Gott und nehmt seine Heilsbotschaft im Glauben an!"** (Mk. 1, 15)? Zum Verständnis hilft vielleicht folgende Illustration: Bis die Sklaverei in Amerika abgeschafft wurde, befanden sich Tausende Schwarze unter der Knechtschaft ihrer Herren. Mit dem Gesetz über die Abschaffung der Sklaverei begann für sie aber ein Neubeginn. Rechte und Privilegien, die ihnen bis dato verwehrt waren, wurden ihnen zuteil. Freiheit war kein "heimlicher" Traum mehr, sondern wurde Wirklichkeit. Die alten, oft despotischen Herren mussten sie freigeben.

So ähnlich ist es mit dem Kommen des Reiches Gottes, das Jesus in die Welt brachte. Sein Tod am Kreuz und Seine Auferstehung von den Toten haben uns Erlösung aus Satans Gewalt, Vergebung unserer Schuld und Versöhnung mit Gott geschenkt. Wo diese Botschaft verkündet und geglaubt wird, bricht das Reich Gottes im Menschen an. Satans Herrschaft hat ein Ende. Gott schenkt uns Rechte und Privilegien, die es nun zu entdecken und in Besitz zu nehmen gilt. Unterdrückung, zerstörerische Süchte und die Herrschaft Satans sind für diese Menschen vorbei, - wenn sie ihre Freiheit im Glauben erkennen und beanspruchen. Durch die empfangene Liebe und Kraft Gottes sollen Freude, Friede und Gerechtigkeit in ihrem Herzen, in ihren Beziehungen und in ihrer Umwelt Wirklichkeit werden.

Wie man ins Reich Gottes hineinkommt

Gottes Reich ist nicht in einem Kirchen- oder Versammlungsgebäude. Sie können mitten in einem Gottesdienst sitzen und doch leer, unberührt nach Hause gehen. Andererseits können Sie mit einem Menschen ein Gespräch führen, mit ihm beten und plötzlich merken, wie das feine Wirken des Heiligen Geistes Ihr Herz erreicht und Sie beschenkt werden. Jesus sagt: **"Das Reich Gottes ist schon jetzt da – mitten unter euch"** (Luk. 17, 21b).

Eines Tages, so berichtet uns das Wort Gottes, wird die ganze Erde erfüllt sein von Jesu Gegenwart und Führung. Zum jetzigen Zeitpunkt aber erleben wir das Reich

Gottes in unserem Innern und da, wo Menschen durch die Liebe Gottes nach aussen wirken. *Das Reich Gottes ist nämlich da, wo Gott gegenwärtig ist,* wo wir Ihm Raum geben, wo Er Herr sein kann. Weiter ist das Reich Gottes da, *wo Gott unmittelbar am Wirken ist,* wo Er handelt, wo wir Ihm im Glauben Herrschaft einräumen. Und schliesslich ist das Reich Gottes da, *wo es nach dem Willen Gottes zugeht.* Wo Menschen sich auf Ihn ausrichten, nach Seinen Absichten fragen und danach handeln. Da wird in ihnen und durch sie ein Stück Reich Gottes erfahrbar. Schauen Sie in das Neue Testament hinein. Dort sehen Sie Gott in Seinem Sohn - und durch die ersten Christen - am Wirken und Handeln. Dort verkörpert sich das Reich Gottes. So ist es bis heute.

Nun kann man sich aber nicht in das Reich Gottes "hineinarbeiten". Man empfängt es in seinem Herzen. Nicht durch eine äussere Religiosität, sondern so wie Jesus es in Joh. 3 sagt: **"Wir brauchen eine Geburt von oben".** Es muss vom Himmel her in uns einbrechen. Wo wir unseren Mangel, unsere Sündhaftigkeit und Verlorenheit vor Gott eingestehen, wo jemand Jesus als seinen Erlöser in sein Herz aufnimmt und sein Leben unter Seine Führung stellt, da wirkt Gott diese Neugeburt. Sie ist ein Geschenk, kein Verdienst. Sie geschieht aus Gnade, aus Liebe und Erbarmen zu uns. Der erste Schritt ist die Wiedergeburt, der Durchbruch der Gegenwart Gottes in unserem Leben; danach geht es darum zu leben und zu wachsen im Reich Gottes. Das ist eine tägliche Angelegenheit. Lassen Sie mich Ihnen in sieben konkreten Punkten erklären, was Gottes Gegenwart und Wirken für Sie persönlich bedeuten kann.

1. Das Reich Gottes bedeutet: Satan hat seine Herrschaft über uns verloren!

Die Bibel sagt: **"Er hat uns aus der Gewalt der Finsternis befreit, und nun leben wir unter der Herrschaft seines geliebten Sohnes Jesus Christus. Durch ihn sind wir erlöst, unsere Sünden sind vergeben"** (Kol. 1, 13-14). Bis zum Moment, in welchem ein Mensch Jesus als Herrn und Erlöser in sein Leben aufnimmt und sich Seiner Führung unterstellt, hat ein anderer, Satan, Herrschaft über ihn! Das mag uns erschrecken. Die Bibel lässt keinen Zweifel daran (Eph. 2, 1-3). Durch den Sündenfall und die persönliche Schuld stehen wir unter Satans Herrschaft. Die Sünde macht uns zu Sklaven. Immer wieder müssen wir Dinge tun, unter denen wir und andere leiden. Unser Denken und Fühlen werden vergiftet und stehen oft in Anklage und Rebellion gegen Gott. Falsche Ansichten und Lebenshaltungen führen zu Zerstörung, Sünde und Schuld. Durch die Begegnung mit Jesus und Herrschaftsübergabe an Ihn wird dieser Gegenspieler entthront; er verliert seine Herrschaft über uns. Er mag uns noch drohen, einschüchtern und zu Fall bringen wollen, aber die Bibel sagt: **„Wer nun zu Jesus Christus gehört, wird der Verurteilung durch Gott entgehen; er wird leben“** (Röm. 8, 1). Ergreifen Sie das im Glauben. Das gilt für jeden, der sich der Führung Jesu unterstellt.

2. *Das Reich Gottes - ein Leben, in dem Gott uns mit Seiner Liebe beschenkt*

In dem bereits erwähnten Text Kol. 1, 13 erfuhren wir, dass Gott uns in das Reich Seines Sohnes versetzt hat; das Reich der Liebe Gottes. Gott will uns mit Liebe überschütten. Er liebt uns nicht ab und zu, sondern Er ist Liebe. Beständig schaut der Vater im Himmel Seine Kinder mit liebevollen Augen und einem hingebungsvollen, gnädigen Herzen an. Er möchte beschenken, wohltun, helfen, heilen. Lassen Sie sich nicht länger von Satan den Blick dafür trüben. Gott liebt Sie mit der ganzen Liebe Seines Herzens. Gottes Liebe zu uns ist nicht an Bedingungen geknüpft, sondern gilt sogar dem, der noch in der Sünde lebt.

Gottes Liebe und Güte hat ein Ziel: *Dass wir zu Ihm umkehren, mit Ihm durch Jesus Christus Verbindung aufnehmen. Wir sollen durch Seine Liebe reich beschenkt werden.* Auch wenn Sie versagen, liebt Gott Sie. Sünde bringt immer Unruhe, Turbulenz und Zerstörung. Doch sobald wir Gott um Vergebung bitten und umkehren, sind wir wieder im Bereich Seiner Liebe, Barmherzigkeit und Güte. Gottes Absicht ist, dass wir darin leben, uns erfreuen und beschenken lassen.

Ich möchte Sie ermutigen, sich in Ihrem Herzen ein neues Bild von Jesus Christus und Gott, dem Vater, zu "malen". Stellen Sie sich Gottes strahlendes, liebevolles Angesicht vor - wie Er Ihnen zugewandt ist, Ihnen Seine Hände entgegenstreckt und an Ihrem ganzen Leben Anteil nimmt. Bauen Sie auf diese Liebe. Sie werden in ihr verändert und heil werden.

3. *Reich Gottes - ein Leben in der Liebe zu Gott*

Solange wir einen zürnenden, strafenden und fordernden Gott vor unserem inneren Auge haben, fällt es uns schwer, Gott zu lieben. Sehen wir aber Seine Herrlichkeit und erkennen wir, dass dieser liebende Vater Seinen Sohn am Kreuz für uns sterben liess, um uns zurückzugewinnen und mit Seinem Reichtum zu beschenken, dann wird unser Herz empfänglicher für diese Liebe. Wir beginnen Gott mehr und mehr zu lieben. Er ist liebens*würdig,* liebens*wert!* Ihm gebührt Ehre, Dank, Lobpreis, Anerkennung und Verherrlichung in Ewigkeit. Wenn Sie dieses neue Bild von Gott in Ihrem Herzen pflegen, wird es Ihnen zunehmend ein Bedürfnis, Ihm Lieder des Lobes und des Dankes zu singen und Ihn häufig auch am Tag still im Herzen zu preisen und zu verherrlichen. Sie werden die Zeit des Gebetes *mehr* schätzen, - ob allein mit Gott oder zusammen mit anderen Christen.

Von der Erweckung in Argentinien las ich einmal, dass die Christen bezeugten: *"Beten macht uns Spass, es bereitet uns viel Freude."* Ich frage nicht meine Gefühle, ob sie im Moment Gott lieben, sondern ich male mir willentlich Seine Herrlichkeit vor Augen, vertraue Seinem Wort und beginne mit Lobpreis. Bald kommt Liebe und Bewunderung aus dem Herzen. Die Bibel sagt in 1. Joh. 4, 19: **"Wir wollen lieben, weil Gott uns zuerst geliebt hat".**

4. Reich Gottes – ein Leben in der Liebe untereinander

Wer sich wirklich von Gott geliebt weiss, trotz seiner Fehler und Schwächen, der kann auf Dauer nicht andere Menschen verachten, ihnen Schuld nachtragen oder sie ablehnen. Gott liebt Menschen wie Sie und mich; Er nimmt uns bedingungslos an. Verpflichtet uns das nicht auch zu gegenseitiger Vergebung? Können wir da noch anderen Unrecht nachtragen? Selbst wenn sie uns verletzt oder gekränkt haben? Wir wollen vergeben, wie Gott vergibt, erlassen, wie Er uns erlassen hat, segnen, wie Er uns segnet. Das ist die Haltung, die im Reich Gottes gilt, darum sagte Jesus zu Seinen Jüngern: **"Heute gebe ich euch ein neues Gebot: Ihr sollt einander lieben, so wie ich euch geliebt habe. An eurer Liebe füreinander wird die Welt erkennen, dass ihr meine Jünger seid"** (Joh. 13, 33b-35). Wenn wir lieben, erfüllen wir das Gesetz. Da wo wir aus der Liebe Gottes einander annehmen, vergeben und segnen, erfüllen wir den Willen Gottes. Interessant ist auch, dass Minderwertigkeitsgefühle und Selbstverdammnis mehr und mehr nachlassen, je stärker wir uns von Gott geliebt wissen und einander lieben. Diese Lebensqualität entsteht nicht aus eigenen Frömmigkeits-Anstrengungen, sondern sie ist da, wo das Reich Gottes sich ausbreitet.

Lassen Sie mich das in einem kleinen Vergleich veranschaulichen. Der Lebensraum für uns Menschen befindet sich nicht unter dem Wasserspiegel. Wir können zwar für kurze Zeit tauchen, unter Wasser schwimmen, aber es ist nicht unser eigentlicher Lebensraum. Wir brauchen Land und Luft. Nur so sind wir lebensfähig, können wir atmen und wachsen. Der "unerlöste" oder auch der "fleischliche" Christ gleicht einem Menschen unter Wasser. Ihm geht die Luft aus und er kommt unter Druck. Es ist häufig dunkel in seinem Leben. Leben im Reich Gottes, in der liebenden Verbundenheit mit Gott, ist Leben über der Wasseroberfläche. Da ist Luft, Freiheit, Licht und Wärme. Das ist der Normalzustand.

Viele Christen leben öfters notdürftig. Sie lassen es zu, dass Satan sie herunterzieht durch negative Gedanken, Verbitterung und Anklage. Sie fühlen sich wie unter einer Eisdecke. Lieber Leser, durch das Kreuz Christi hat Gott einen Durchbruch geschaffen. Wir dürfen aus dem kalten, dunklen Wasser heraustreten, ans Licht der Gegenwart Gottes kommen, atmen und frei werden. Darum sagt die Bibel: **"Das Reich Gottes ist Gerechtigkeit, Friede und Freude im Heiligen Geist"** (Röm. 14, 7).

5. Reich Gottes – ein Leben in den Rechten der Gotteskindschaft

Nachdem wir Jesus Christus als unseren Herrn und Erlöser in unser Leben aufgenommen haben, ist Grossartiges geschehen. Gott hat uns Vollmacht, Autorität und das Recht gegeben, ein Kind Gottes zu sein. So lesen wir es in Johannes 1, Vers 12: **"Die ihn aber aufnahmen und an ihn glaubten, denen gab er das Recht, Kinder Gottes zu sein".** Das ist eine grossartige Zusage. Gott gibt Seinen Kindern nämlich Rechte und Privilegien, die uns immer wieder ins Staunen versetzen. Als Jesus über die Bedeutung des anhaltenden Gebetes sprach, benutzte Er ein Beispiel (bitte lesen sie Luk. 18, 1-8). Dann fährt Er fort: **"Meint ihr, Gott wird seine Kinder übersehen und ihnen ihr Recht versagen, wenn sie ihm Tag und Nacht keine Ruhe lassen? Ich versichere euch: Er wird ihnen schnellstens helfen".** Mit anderen Worten: *Gott stellt sich zu Seinen Kindern*. Was heisst das praktisch?

Gott kennt uns mit Namen. Wir sind wertvoll in Seinen Augen. Er nimmt Anteil an unserem Leben. Selbst die Haare auf unserem Haupt sind gezählt. Alles, was an uns herantritt, muss uns zum Segen dienen. Wir haben das Recht, alle Zeit im Gebet vor Sein Angesicht zu kommen, mit Ihm über alles zu sprechen und Sein Eingreifen zu erbitten und zu empfangen. Er verspricht uns Vergebung, wo wir fallen. Er schenkt uns Seinen Geist. Er heilt uns. Er errettet uns aus Nöten. Er erhört unsere Gebete gerne. Rechte und Privilegien hat Gott uns aber auch über die Elemente dieser Welt gegeben. Was bedeutet das? In Kol. 2, 20 lesen wir: **"Wenn ihr euch nun als Christen vom Wesen dieser Welt und ihren Mächten losgesagt habt, weshalb unterwerft ihr euch dann von neuem ihren Forderungen und lebt so, als wäre diese Welt für euch massgebend?".** Dann fährt der Apostel Paulus fort und zeigt auf, dass wir uns nicht mehr von den vielen Geboten und Verboten, den Zwängen religiöser Art dirigieren lassen brauchen. Wie zum Beispiel im Blick auf Essen und Trinken, bestimmte Feste, den Sabbat oder andere äusserliche Frömmigkeitsformen (vgl. Kol. 2, 8-23). Vielmehr geht es jetzt darum, in liebender Gemeinschaft zu Gott, in herzlicher Liebe zu unseren Mitmenschen und unter der Führung des Heiligen Geistes zu leben. Wer darin wandelt, ist Gott wohlgefällig (Gal. 5, 13-26). Zu den Rechten der Kinder Gottes gehört u.a. auch die Autorität über die Mächte der Finsternis (Luk. 10, 17-20). Wir müssen uns vor Satan und den Dämonen nicht mehr fürchten. Jesus hat sie besiegt und durch Seine Innewohnung in unserem Herzen sind wir stärker als sie (1. Joh. 4, 4).

6. Reich Gottes – ein Leben nach neuen Prinzipien

In der Bergpredigt (Mat. 5 - 7) macht uns Jesus deutlich, dass mit Seinem Kommen Neues begonnen hat; eine neue Form der Gerechtigkeit. Im Alten Testament hatte Gott Seine Ordnungen und Anweisungen an die Situation des unerlösten, gefallenen Menschen angepasst. Durch die Erlösung durch Jesus Christus ist ein neuer Gerechtigkeitsstand vor Gott möglich geworden. Gerechtigkeit kommt aus Glauben. Dies lesen wir in der Bergpredigt. Gerecht werden kann niemand aus eigener Kraft. Alles eigene, religiöse Bemühen ist zum Scheitern verurteilt, denn Jesus macht deutlich: Gerechtigkeit oder Sündhaftigkeit ist nicht eine Frage von Taten, sondern von Haltung, von unserer Herzenseinstellung. Weil Gott uns in der Wiedergeburt ein neues Herz und einen neuen Geist geschenkt hat, ist es möglich, nach neuen Prinzipien zu leben. Wir dürfen die alte Denk- und Lebensweise, die vor Gott unrein und unwürdig ist, erkennen, ablegen und uns in der Gemeinschaft mit Jesus immer mehr Seine Art zu Denken, Reden und Handeln aneignen (s. Kol. 3). Das ist ein Wachstumsprozess. Auch wenn wir öfters noch versagen, lässt Gott uns nicht fallen. Er möchte uns lehren, nicht auf uns selber, sondern auf die Kraft Seines Geistes in uns zu bauen. Jünger Jesu zu sein, bedeutet nicht, sich qualvoll selber zu verbessern, sondern grundsätzlich einzusehen: Ich kann das Leben, das Gott verherrlicht und ehrt, nie aus eigener Kraft schaffen. Ich lasse mich aber täglich neu mit dem Heiligen Geist beschenken und vertraue, dass Er mir hilft, Sünde zu überwinden, den alten Menschen im Tod zu lassen und die neuen Wesens- und Charakterzüge Jesu aufzunehmen und auszuleben. Das ist ein Leben in Freiheit aus Freude an Gott.

7. Reich Gottes – ein Leben mit einer lebendigen Hoffnung und neuen Zielen

Wer zu Jesus Christus gehört, braucht sich vor der Zukunft nicht zu fürchten. Aus der Bibel wissen wir um die grosse Trübsal, die kommen wird. Wir wissen um eine endzeitliche Verführung durch den Antichristen. Aber viel mehr wissen wir: Das Schönste kommt noch! Jesus kommt wieder! Er wird Herr über Himmel und Erde sein. Ja, Er ist es heute schon. Auch wenn Satan noch spürbar sein Wesen treibt. Wir erkennen in unserer Zeit, wie Gesetzlosigkeit zunimmt, Ordnungen Gottes durchbrochen werden und viele an Gott desinteressiert und ungläubig vorbeigehen. Wir erleben Vorboten des Gerichtes kommender Katastrophen. Das alles braucht uns aber nicht zu erschüttern. Das Reich Gottes ist ein siegendes Reich. Wer darin lebt, ist geborgen in alle Ewigkeit. Jesus wird wiederkommen. Er wird das Reich des Antichristen zunichte machen und wird Seine Herrschaft weltweit aufrichten.

Weil wir das alles wissen und die Überlegenheit unseres Herrn kennen, setzen wir neue Ziele. Wir möchten Unerretteten den Weg zu diesem Leben, den Weg ins Reich Gottes zeigen. Wir möchten unseren Mitmenschen mit der Gegenwart, Kraft und Liebe Gottes begegnen. Wir bringen verzagten und zerbrochenen Herzen Hoffnung, Mut und Zuversicht. Wir vermitteln Heilung, Zuspruch und Hilfe denen, die leiden. Wir wollen lieben und nicht hassen. Lieber ertragen als vergelten. Unser Wunsch ist zu vergeben und wohl zu tun.

Wer begriffen hat, wie gross die Liebe Gottes zu ihm selber ist, wie reich Er uns mit Seinem Erbarmen trotz unserer Fehlerhaftigkeit täglich neu beschenkt, der setzt neue Prioritäten für sein Leben: ***Gott verherrlichen und Ihn lieben, seine Mitmenschen annehmen, sie lieben und ihnen dienen.***

Wenn Sie nicht sicher sind, lieber Leser, ob Sie wirklich im Reich Gottes sind oder anders ausgedrückt, das Reich Gottes in Ihrem Herz angekommen ist, dann bitten Sie doch gerade jetzt Jesus, dass Er in Ihrem Herzen Wohnung macht und von heute an die Führung Ihres Lebens übernimmt. Er wartet darauf, Sein Reich in Ihrem Herzen und durch Ihr Leben aufzurichten.

Kapitel 11

BETEN – DAS GRÖSSTE PRIVILEG

Anders als in vielen Religionen der Welt, in denen Beten eine Pflichtübung ist, ist Beten im Evangelium eine Möglichkeit, persönlich Zugang zum liebenden Gott durch Jesus zu pflegen. Beim Beten geht es nicht darum, sich vor Gott etwas zu verdienen, sondern das, was Jesus Christus erworben hat, in Empfang zu nehmen.

Die Jünger beobachteten, dass die Gebete Jesu auf Ihn selber und die unsichtbare und sichtbare Welt positive Auswirkungen zeigten. Darum kamen sie eines Tages mit der Bitte zu Ihm: **"Herr, sage uns doch, wie wir richtig beten sollen"** (Lk 11, 1). Dann lehrte Jesus die Jünger beten. Zunächst sprach Er über die äusseren Voraussetzungen:

"Wenn du beten willst, gehe in dein Zimmer, schliesse die Tür hinter dir zu, und bete zu deinem Vater" (Mt. 6, 6).

Jeder von uns braucht Abstand vom Telefon, vom Fernseher, von den Ablenkungen des Tages. Das tut uns nicht nur psychisch wohl, sondern es ermöglicht, unsere inneren Augen auf Gottes Schönheit und Herrlichkeit zu richten, Seine Gemeinschaft zu geniessen, unsere Bürden bei Ihm abzuladen und glaubensvoll Seine Zusagen in Anspruch zu nehmen.

"Leiere deine Gebete nicht herunter wie Leute, die Gott nicht kennen" (Matthäus 6, 7).

Das steckt tief in uns allen drin. Ja, Menschen werden sogar aufgefordert, fünf, zehn oder noch öfter das "Vaterunser" zu beten. Jesus lehnt dies strikt ab. Nicht die Menge der Worte bestimmt die Wirkung unseres Gebetes, sondern unser Glaube.

Beten ist liebende Gemeinschaft

Wer Jesus Christus persönlich als Retter und Herrn in sein Leben aufgenommen hat, ist nicht einfach eine Nummer unter Milliarden von Menschen, sondern Gottes gewünschtes, geliebtes Kind. Darum dürfen wir beten: **"Unser Vater im Himmel".** Die Tür in den Thronsaal Gottes ist durch Jesus geöffnet. Der himmlische Vater schaut Sie durch Jesus Christus mit liebendem Blick an und streckt Ihnen Seine Hand entgegen.

Durch Seine eigene Gebetspraxis lehrte Jesus die Jünger den nächsten Schritt kraftvollen Betens:

Anbetung Gottes

Wer der liebenden Einladung Gottes folgt, kann nicht anders, als staunend seinen himmlischen Vater zu bewundern und Ihn zu preisen. Das ist viel wichtiger, als unsere Anliegen und Nöte vor Gott zu bringen. Natürlich hat das auch seinen Platz, aber eben zur rechten Zeit. Zuerst sollen wir die Freundschaft Gottes erleben, neu den Blick geweitet bekommen für Seine Herrlichkeit und Unbegrenztheit. Dabei wächst unser Glaube. Mit Mut und Zuversicht beten wir danach anders.

Beten heisst, sich mit Gottes Zielen eins zu machen

"Denn dir gehören Herrschaft, Macht und Ehre für alle Zeiten." Wenn uns einmal klar geworden ist, wie gut es in Gottes Gegenwart ist, welche Harmonie und Herrlichkeit im Himmel herrschen, dann wünschen wir, dass dieses Klima auch auf dieser Erde mehr und mehr Gestalt gewinnt. Uns wird klar, wenn dieser Geist, der den Himmel regiert, mehr in unseren Herzen und in denen unserer Mitmenschen Platz findet, ändern sich auch die Verhältnisse zum Guten. Ehen werden heil, Familien finden zueinander, Menschen versöhnen sich, Heilung findet statt. Wir dürfen konkret bitten.

Beten heisst, unsere Bedürfnisse vor Gott auszusprechen

Haben wir uns mit Gott eins gemacht, in dem was Er für uns geplant hat, dann fällt es uns leicht, mit Ihm erwartungsvoll auch über unsere eigenen Belange zu sprechen: Über das tägliche Brot, die Arbeitsstelle, die Prüfung, eine Wohnung usw. Uns ist dann klar geworden: ***Gott ist ein liebender, fürsorglicher Vater. Er hört uns, er achtet auf uns, er streckt Seine Hand aus, um uns zu beschenken.*** Was wir in Gottes Hände legen, übernimmt Er, so dass wir vertrauensvoll zu Ihm sagen können: *"Vater, ich danke dir, dass du mich erhört hast".*

Beten heisst, das Leben zu bereinigen

"Vergib uns unsere Schuld, wie wir denen vergeben, die uns Unrecht getan haben". Manche unserer Verfehlungen sind uns sonnenklar. Wir merken, dass wir gesündigt haben und bitten Gott um Vergebung. **"Und das Blut, das sein Sohn Jesus Christus für uns vergossen hat, befreit uns von aller Schuld"** (1. Joh 1, 7b). Vieles bleibt uns aber lange Zeit verborgen. Da sind z.B. negative Haltungen, Unglaube, Eigenwille. Wie wunderbar, dass Gott uns wegen dieser Dinge nicht verwirft, sondern uns vergibt, wenn wir darum bitten. Er reinigt uns bis in die Tiefe unseres Herzens.

Aber nicht nur wir selber brauchen Vergebung, sondern auch Menschen um uns: Die eigenen Angehörigen, Nachbarn, Mitschüler, Kollegen. So wie wir an Gott schuldig werden, werden auch sie an uns schuldig. Was jetzt?

Wir wünschen Vergebung von Gott und sind nicht bereit unseren Mitmenschen ihre Vergehen gegen uns zu vergeben? Nein! Weil Gott vergibt, unsere Schuld löscht, sollen auch wir barmherzig miteinander umgehen. Geben wir doch den Groll, den

Ärger, die Bitterkeit auf. Sprechen wir unseren Mitmenschen Vergebung zu und erlassen wir ihnen ihre Sünden.

Das setzt uns frei und vergrössert den Raum in unserem Innern für die Gegenwart des Heiligen Geistes.

Beten heisst, in Gottes Schutzzone zu treten
"Bewahre uns davor, dass wir dir untreu werden, und befreie uns vom Bösen".
Wir müssen nicht von jeder Infektion heimgesucht werden, die unsere Umgebung überfällt. Vertrauensvoll dürfen wir uns in die Hände Gottes geben, samt unseren Familien. Das Übel muss an unseren Türen stoppen. Ich meine damit nicht, dass dem Christen jedes Übel und jede Schwierigkeit erspart bleiben. Nein, aber das, was uns trifft, steht unter göttlicher Kontrolle und muss zu unserem Besten mitwirken.

Entdecken Sie Ihr Vorrecht
Solange wir noch sagen: "Ich ***muss*** beten", haben wir das Entscheidende nicht verstanden. Sie ***dürfen*** beten. Niemand zwingt Sie, aber Sie werden dazu eingeladen von der höchsten, liebevollsten, intelligentesten Persönlichkeit des ganzen Universums.

Kapitel 12

SO SPRICHT GOTT ZU IHNEN!

Nie werde ich jenen Tag vergessen. Ich hielt das Neue Testament in meinen Händen und betete: *"Herr Jesus, so habe ich dich noch nie gesehen - wie wunderbar bist du!"*.

Was war geschehen? Gottes Geist hatte mich ermutigt, die Evangelien mehrere Male zu lesen und mich dabei in die damalige Zeit zu versetzen; so, als wäre ich mit Jesus unterwegs und könnte Seine Heilungen beobachten und Seine Stimme hören.

Während ich also versuchte, in dieser Haltung mir schon längst vertraute Texte aufzunehmen, wurden die Inhalte lebendig wie nie zuvor. Die Schicksale der Menschen, der Umgang Jesu mit ihnen und Seine Worte ergriffen mich in der Tiefe meines Herzens, so dass ich vor staunender Freude zu weinen begann. Damals wurde mir Folgendes klar:

1. Den Autor erkennen!

Wer die Bibel nur liest, um sich zu informieren oder zwischen Recht und Unrecht zu unterscheiden, der wird das Entscheidende verpassen. Vielmehr müssen wir den erkennen, der hinter diesem Wort steht. Jesus sagt: **"Denn der Buchstabe tötet, der Geist aber macht lebendig"** (2. Kor. 3, 6) und in Joh. 6, 63 lesen wir: **"Gottes Geist allein schafft Leben. Ihr selber könnt es nicht. Die Worte aber, die ich euch gesagt habe, sind aus Gottes Geist; deshalb bringen sie euch das Leben".**

Ich erinnere mich an den Rat eines erfahrenen Diener Gottes. Er sagte: *„Erich, lies die Bibel nicht um Predigten zu finden oder mehr Wissen über die Bibel zu bekommen, sondern um Gott kennen zu lernen."* Das habe ich nie mehr vergessen!

Wie wäre es, wenn Sie, bevor Sie die Bibel aufschlagen, ein kurzes Gebet zu Gott sprechen würden: *"Lieber Vater im Himmel, schliesse mir durch den Heiligen Geist Dein Wort auf und zeige mir, wer Du wirklich bist."* Danach wird Gottes Wort anders zu Ihrem Herzen sprechen. Der Autor, Gott, der Vater, der Sohn und der Heilige Geist werden sich Ihnen mehr und mehr zu erkennen geben. Das aber bringt wirklichen Gewinn, denn: **Gott kennen ist Leben!** (Joh. 17, 3).

2. Die richtige Haltung

Wie kommt es, dass es so viele Lehrmeinungen über die Bibel gibt? Lässt sich mit der Bibel nicht alles beweisen? Die vielen Lehrmeinungen und Auffassungen, die Menschen von der Bibel ableiten, sind letztlich auf eine falsche Haltung zur Bibel zurückzuführen. Darum haben Menschen sich nicht gescheut, im Namen Gottes andere zu unterdrücken und zu verfolgen. Auch heute bekämpfen sich Christen manchmal untereinander; - und jeder beruft sich auf die Bibel. Was ist hier falsch?

Wir sollten von der Frage wegkommen: *"Was meine ich über die Bibel?"* sondern uns vielmehr der Frage stellen: *"Was sagt die Bibel über mich?"* Anders ausgedrückt: Menschen, die die Kraft des Wortes an sich erleben möchten, sind nicht Leute die **auf** der Bibel stehen, sondern solche, die sich **unter** die Bibel stellen. Damit meine ich Folgendes: Lese ich das Wort Gottes oder höre ich eine Predigt mit der Einstellung: *"Ach, das kenne ich ja schon, das weiss ich doch schon alles"*, dann werde ich kaum in meinem Herzen betroffen werden. Lese oder höre ich das Wort Gottes aber mit der Haltung: *"Herr, sprich du zu meinem Herzen, präge Du mein Denken und meine Haltung durch Dein Wort"*, dann wird es für den Heiligen Geist einfach, Gottes Wort in meinem Herzen lebendig zu machen, so dass es in mir wirken kann.

Leute, die gerne "auf der Bibel stehen", haben sich meistens längst ihre Meinungen über die Bibel und bestimmte biblische Themen gebildet. Menschen aber, die sich "unter das Wort Gottes stellen", sind veränderungsbereit. Sie möchten sich erneuern lassen in ihrem Denken; sie sind willig, Neues dazu zu lernen (Röm. 12, 2). Das ist die Haltung, die Gott gefällt.

3. Gottes Wort glauben

Die Einstellung meines Herzens entscheidet darüber, ob Gottes Wort in meinem Leben seine volle Wirksamkeit entfalten kann oder nicht. Wichtig ist die Entscheidung: ***"Ich will Gott von Herzen glauben!"***

In den Tagen Jesu hörten viele Menschen Seine Botschaften, sie sahen sogar Seine Wunder und Zeichen mit eigenen Augen und blieben doch ungläubig. Das heisst, in der Tiefe ihres Herzens blieb alles beim Alten. Sie hatten ihre Meinung über sich, über Gott und die Welt längst gemacht und waren nicht bereit, davon abzurücken. Sie hielten sich an ihre Traditionen, an ihre Überzeugungen und ihre Erfahrungen. Darum ist kindliche Glaubensbereitschaft so wichtig. Nicht umsonst stellte Jesus eines Tages ein Kind in die Mitte Seiner Jünger und sagte: **"Wenn ihr euch nicht ändert und so werdet wie die Kinder, kommt ihr nie in das Reich Gottes"** (Mat. 18, 2).

Das erinnert mich an eine der eindrucksvollsten Evangelisationen, die ich je erlebt habe. Ein kleiner Kreis von Betern traf sich jeweils im Anschluss an Bibelstunden oder Abendgottesdienste im Haus des Gemeindeleiters, um miteinander zu beten und sich von Gottes Geist prägen und leiten zu lassen. Eines Tages zeigte Gott ihnen, sie sollten evangelisieren. Das hatten sie schon oft getan, aber nachdem sie entdeckt hatten, wie schön und beglückend es ist, sich auch in kleinen Dingen der Leitung Gottes anzuvertrauen, baten sie Ihn, ihnen doch die weiteren Schritte zu zeigen. Und Gott antwortete auf diese Gebete in eindrucksvoller Art. Er gab ihnen den Namen eines Evangelisten aufs Herz. Durch eine Vision zeigte Er ihnen „wann“ und durch ein Bild von einem Zelt „die Art und Weise“ wie sie evangelisieren sollten.

Was dann in dieser Evangelisation geschah, übertraf alle Erwartungen. Obwohl die beiden mitarbeitenden Gemeinden zusammen nur etwa 150 Mitglieder zählten, waren am ersten Abend 420 Besucher im Zelt. Am Schlussabend waren es sogar 920 Personen, so dass jüngere Zuhörer nur noch auf einem ausgebreiteten Teppich Platz finden konnten. Es gab eindrucksvolle Bekehrungen und Berührungen mit der Kraft Gottes.

Glauben wir an Jesus? Glauben wir Seinen Worten und stellen wir uns mit ganzem Herzen darunter? Nur dann geschehen Wunder in unserem Leben. Jesus sagte, dass es keinen grossen Glauben braucht. Bereits Glaube, der nur so gross ist wie ein Senfkorn, ist in der Lage, Berge zu versetzen, das heisst: Gottes Macht in Bewegung zu bringen (aus Mat. 17, 20).

4. Handeln Sie nach Gottes Wort

Wie viele Christen haben physische Heilung erfahren, indem sie schlicht auf Gottes Wort hin gehandelt haben. Ich denke da an Menschen, die aufgrund einer ärztlichen Untersuchung und Prognose nur noch eine kurze Lebenszeit zu erwarten hatten. In Jakobus 5, Vers 14-15, entdeckten sie jedoch die Anweisung:

"Wenn jemand von euch krank ist, soll er die Ältesten der Gemeinde zu sich rufen, damit sie für ihn beten, ihn im Namen des Herrn segnen und ihn mit Öl salben. Wenn sie im festen Vertrauen beten, wird Gott den Kranken heilen. Er wird ihn aufrichten und ihm vergeben, wenn er gesündigt hat."

Das erinnert mich an ein Ehepaar, dessen Gast ich einmal sein durfte. Sie erzählten mir, dass sie sich selbstständig gemacht und ein Geschäft begonnen hatten. Die vielen Investitionen hatten sie nun aber in die roten Zahlen gebracht.

Eines Tages hörte der Gastgeber auf einer Konferenz eine Predigt über Gottes Anleitung im Alten Testament, den Zehnten in das Kornhaus Gottes zu bringen. Von dort rief er seine Frau an und forderte sie auf, der Bank einen Dauerauftrag zu geben und einen bestimmten Betrag für das Reich Gottes zu überweisen. Als sie mir diese Geschichte erzählten, fügten sie hinzu: "Das war der Zeitpunkt, von dem an wir von den roten in die schwarzen Zahlen überwechseln durften!".

Lesen wir das Wort Gottes mit der Bereitschaft, Gott kennen zu lernen, uns unter Sein Wort zu stellen und davon unser Denken und unsere Haltung prägen zu lassen? Lesen wir die Bibel mit einem gläubigen Herzen und sind wir bereit, das in die Praxis umzusetzen, was Gott uns zeigt? Dann lesen wir die Bibel wirklich mit Gewinn!

Es wird nicht lange dauern, liebe Leser, dann wird die Bibel, Gottes Wort, Ihnen das kostbarste Buch Ihres Lebens sein, denn es hat segensreiche Auswirkungen auf Ihr Leben; - und durch Ihr Leben zu anderen. Das wünsche ich Ihnen von Herzen!

Kapitel 13

JESUS LÄSST SIE NICHT IM STICH!

Wissen Sie, was in Ihrem Leben am meisten umkämpft ist? Das ist Ihr Glaube, Ihr Vertrauen in Gottes Liebe und Seine Gnade für Ihr Leben! - Unser Glaube ist wie die Nabelschnur zwischen einer Mutter und ihrem werdenden Kind. Durch diese Verbindung empfängt der Embryo alles, was er zum Leben braucht.

Satan weiss, dass, wenn es ihm gelingt unseren Glauben zu schwächen oder gar zu zerstören, er ein leichtes Spiel hat. Wir werden dann schwach und sterben geistlich. Gott aber ist sehr daran interessiert, uns im Glauben zu stärken und durch den Glauben reich zu beschenken.

Ein gefährlicher Anschlag

Die Taktiken des Teufels werden uns im Neuen Testament vor Augen geführt. Als Jesus das letzte Mal nach Jerusalem ging, verfolgte der Teufel die Absicht, Ihn durch den Tod unschädlich zu machen. Zugleich wollte er Jesu Jünger in ihrem Glauben zuschanden werden lassen. Jesus wusste das. Im Blick auf Sein eigenes Leben war Ihm vom Vater offenbart worden, dass der Tod am Kreuz nicht eine Niederlage, sondern der grösste Sieg werden würde, der je hier auf Erden errungen wurde. Darum ging Jesus willig in den Tod um unserer Sünden und Übertretungen willen. Im Blick aber auf Seine Jünger sprach Jesus zu Petrus sehr deutliche Worte: **"Simon, Simon! Der Satan ist hinter euch her, die Spreu vom Weizen zu trennen. Aber ich habe für dich gebetet, damit du den Glauben nicht verlierst“** (Lk. 22, 31-32a).

Mit diesen Worten machte Jesus Simon deutlich, dass der Teufel einen gefährlichen Anschlag auf ihn plante. In den folgenden Tagen würden die Ereignisse so heftig und dicht werden, dass die Jünger regelrecht durchgerüttelt und durchgeschüttelt werden sollten. Damit verfolgte der Teufel die Absicht, sie derart durcheinander zu bringen, dass ihr Glaube - auch der eines Simon Petrus - wankend und, wenn möglich, zerstört würde. Jesus wusste, wenn Satan damit Erfolg hätte, würde das furchtbare Folgen haben. Wer würde dann die Botschaft der Erlösung in die Welt hinaustragen? Darum trat Jesus im Gebet für die Jünger ein. Trotz der heftigen Angriffe des Feindes, - die Versagen der Jünger und Verleumdung durch Simon Petrus zur Folge hatten, - erlitten die Jünger nicht Schiffbruch. Sie wurden von Jesus wieder aufgerichtet, in ihrem Glauben gestärkt und gingen bewährt aus der Situation hervor.

Auch Ihr Glaube wird getestet

Nicht anders ergeht es Ihnen und mir. Haben Sie sich vielleicht schon einmal gefragt, warum auch Sie hin und her geschüttelt wurden? Vielleicht haben Sie erst kürzlich ein solches Erlebnis gehabt oder Sie befinden sich gerade jetzt darin. Es ist nicht Gott, der uns durcheinander wirbelt. Dahinter stehen feindliche Anschläge auf unser Vertrauen in Gott (1. Petr. 5, 8-9).

Was will Satan erreichen? Wir sollen gestresst, genervt, ja sogar entwurzelt werden. Wir sollen die innere Ruhe und den Halt verlieren und ins Wanken geraten. Die eigentliche Absicht des Feindes besteht darin, uns einzuflüstern: "Siehst Du, Dein Gott hilft Dir ja doch nicht. Das Problem ist nicht lösbar. Du hast zu sehr versagt, als dass Gott noch mit Dir sein könnte."

Vielfältig sind die Angriffe und Anklagen. Eines haben sie aber alle zur Folge: Wir werden auf ein Problem oder unser Versagen derart fixiert, dass wir Gott, Seine Liebe und Seine Zusagen förmlich aus den Augen verlieren. - Haben Sie solche Momente schon erlebt?

Eine gewiefte Taktik

Der Feind bedient sich besonders dreier Arten von Anklagen, um uns zu verunsichern und den Boden unter den Füssen weg zu ziehen.

1. Anklage gegen die Umstände

Wir stehen in einer heftigen Herausforderung. Das können Schwierigkeiten mit Mitmenschen sein, finanzielle Probleme, Nöte am Arbeitsplatz, in der Familie oder der Gemeinde. Wir werden von den Problemen förmlich in Beschlag genommen. Um sie drehen sich all unsere Gedanken und unsere Gefühle sind aufgewühlt. *"Warum musste mir das passieren?" "Warum verhält sich diese Person so?"* Leicht wird dann aus dem Klagen über das Problem eine Anklage gegen Menschen oder Gott.

2. Anklage gegen uns selber

Eine weitere Taktik des Feindes ist die Selbstanklage, besonders dann, wenn wir spüren, dass das Problem etwas mit unseren Entscheidungen oder unserem Verhalten zu tun hat. Können Sie sich vorstellen, wie heftig diese Anklage im Herzen eines Simon Petrus' war, nachdem er Jesus verleugnet hatte? Da brechen Gedanken auf wie: *„Jetzt ist alles vorbei." „So nimmt Gott mich nicht mehr an." „Ich habe total versagt."* In solchen Momenten fühlen wir uns dem Schicksal ausgeliefert. Es scheint, als ob Gott uns nicht mehr vergeben könnte. Es ist dunkel um uns her.

3. Anklagen gegen Gott

Bei der dritten Taktik versucht der Feind in unserem Herzen Anklagen gegen Gott aufzubauen. „Gott hätte das doch verhindern können! Wo ist Er jetzt? Warum hilft Er nicht? Die Bibel stimmt doch überhaupt nicht. Er lässt mich völlig allein!"

Wie damit umgehen?

Fragen wir uns einmal ganz ehrlich: Bringen uns solche Anklagen gegen Umstände, gegen uns selber, gegen Gott, weiter? Nein! Sie führen uns entweder in eine Hoffnungslosigkeit und Verzweiflung oder aber treiben uns zu Dingen an, die wir später bereuen. Was wir losgelöst von Gott, in eigener Kraft, ausführen, bringt oft nur noch mehr Probleme.

Die richtige Lösung sieht anders aus. Etwas ganz Hoffnungsvolles darf ich Ihnen sagen: ***Jesus Christus ist auch in der dicksten Krise gegenwärtig. Ob sie durch uns selber oder durch andere verursacht wurde. Auch bei jedem Anschlag des Feindes gilt: Jesus ist da! Er lässt Sie nicht im Stich!***

Welche Zusage hatte Jesus Simon Petrus gegeben? **"Ich habe für dich gebetet, damit du den Glauben nicht verlierst“.** Das tut Jesus als der grosse Hohepriester auch heute für Sie und für mich (Hebr. 7, 25). Sein Geist, der in uns, den Kindern Gottes lebt, spürt, wenn der Feind Anschläge auf uns plant und Jesus tritt mit einem vollmächtigen Gebet für uns ein. Die Auswirkungen bestehen darin, dass - mitten in einer Krise - feine Gedanken der Hoffnung und Zuversicht unsere Herzen erfüllen. Wir werden an Segnungen der Vergangenheit, Gebetserhörungen und Hilfen Gottes erinnert. In unserem Herzen ist ein feiner Appell, das Problem Gott zu übergeben und Ihm auch jetzt zu vertrauen. Durch Sein sanftes Reden erinnert uns der Heilige Geist daran, dass Jesus da ist, dass Er grösser als die Situation, grösser als unsere Schuld ist. Er lädt uns ein, mit den Schwierigkeiten zu Ihm zu kommen, Vergebung und Friede zu empfangen und aufs Neue zu erleben: Jesus lässt uns nicht im Stich!

Gut hinhören!

Nun ist es oft so, dass die äusseren Schwierigkeiten so bedrängend, bzw. die Anklagen im Innern so lautstark sind, dass wir diese sanfte Stimme Jesu leicht überhören. Darum heisst es: „Gut hinhören!"

Eine wichtige Hilfe dabei ist, dass Sie sich diese sanfte Stimme in Ihrem Herzen bewusst merken. Nehmen Sie die Worte des Trostes und der Ermutigung, der Einladung Jesu wahr. Im Moment mögen noch alle Ihre Gefühle aufgewühlt und durcheinander sein. Sprechen Sie trotzdem diese feinen Worte von Jesus laut aus und bringen Sie sie zu Papier. Erinnern Sie Ihre Seele an Worte der Bibel, die in die gleiche Richtung gehen und machen Sie daraus ein Gebet des Glaubens. Halten Sie das auch dem Feind entgegen, z.B. mit den Worten: ***"Und Jesus ist grösser als dieses Problem. Ich gebe es jetzt bewusst in Seine Hände! Er wird das Beste daraus machen und die Sache zum Guten wenden".*** Und bei Selbstanklagen sprechen Sie aus: ***"Herr, ich bekenne Dir meine Sünden, meine Verfehlung und ich rufe Dich als den an, der auch dafür am Kreuz gestorben ist. Ich nehme Dein teures Blut als reinigende Kraft in Anspruch und danke Dir, dass Du mein Vergehen jetzt ausgelöscht hast.***

Du hast mir vergeben. Ich darf mich Dir wieder nahen". Statt Gott anzuklagen, sprechen Sie aus: ***"Herr, im ganzen Durcheinander hast Du gute Absichten. Ich will Dir schon jetzt dafür danken. Aus dieser Misere wird etwas hervorkommen zu Deiner Ehre. Ich werde Dich noch preisen"*** (Röm. 8, 28).

Auf diesem Weg verstärken Sie das Wirken des Heiligen Geistes in Ihrem Herzen und machen sich mit Ihm eins. So empfängt Ihr Herz wieder Zuversicht, wird im Glauben gestärkt und Sie sehen die Situation mit anderen Augen. In der Praxis erleben Sie: Jesus lässt Sie nicht im Stich. Satans Angriff hat fehlgeschlagen.

Kapitel 14

10 RATSCHLÄGE FÜR EIN GLÜCKLICHES LEBEN!

Gibt es in dieser Welt überhaupt ein glückliches Leben?

Fast täglich lesen wir in unseren Tageszeitungen von Verbrechen, Gewalttaten, Unfällen, Auseinandersetzungen und anderen Problemen. Diese Nöte haben ihre Ursache im getrennt Sein von Gott!

PASCAL sagte: „Das Glück ist nicht ausser uns, und nicht in uns, sondern in Gott. Und wenn wir Ihn gefunden haben, ist es überall."

Wie Recht hat dieser Mann. Tiefe Geborgenheit, Friede, Sinnerfüllung und innere Freude kann der Mensch nur in Gott finden, unabhängig von seiner äusseren Situation. Das ist eines der grossen Geheimnisse des Lebens.

Liebe Leser, haben Sie Gott schon gefunden - oder anders gesagt: „Haben Sie sich von Ihm schon finden lassen?"

Gott finden heisst - das Glück finden!

Finden kann man Gott - und damit „glückliches und erfülltes Leben" - nur, wenn man sich Ihm direkt zuwendet. Da wir Menschen aber schuldig und begrenzt sind, hat Gott Seinen Sohn in diese Welt gesandt. Jesus Christus hat durch Seinen Tod am Kreuz unsere Schuld hinweg getragen und eine „Brücke" zum lebendigen Gott gebaut. Es gibt keinen anderen Weg über die Kluft, die zwischen uns und Gott besteht, als Jesus Christus! Er möchte Sie mit Gott versöhnen; Sie durch Sein Blut von aller Sünde und Unreinheit befreien. Dieses Angebot persönlich im Glauben anzunehmen, bedeutet, den ersten wirklichen Schritt in ein glückliches Leben zu tun.

So oft habe ich bei der Bekehrung junger und älterer Menschen miterleben dürfen, wie ihr Angesicht nach der Übergabe strahlte; wie Menschen bezeugten: *„Jetzt ist es mir so leicht geworden." „Jetzt weiss ich, dass meine Sünden vergeben sind." „Ich habe die Gewissheit, mit Gott versöhnt zu sein."*

Anschliessend gebe ich jeweils einige Tipps, die meines Erachtens ganz wichtig sind, wenn man beständig aus der Freude und dem Glück leben möchte, das Jesus Christus gibt.

Lesen Sie täglich in Gottes Wort!

Wer jeden Tag - möglichst schon am Morgen - fortlaufend einen längeren Abschnitt in der Bibel liest, wird eine interessante Feststellung machen: Der Tag verläuft anders! Weil unser neuer Geist durch das Lesen des Wortes Gottes ernährt wird, kommt Kraft, Widerstandsfähigkeit und auch tieferes Verständnis über Gott in unser Leben. Das brauchen wir täglich neu! In Kolosser 3,16a sagt die Bibel: **„Lasst das Wort**

Christi seinen ganzen Reichtum bei euch entfalten". Gott hat uns Sein Wort gegeben, damit wir Ihn und Seinen Willen für unser Leben kennenlernen. Bitten Sie also den Geist Gottes, dass Er Ihnen Gottes Wort lebendig macht.

Führen Sie ein Gebetsleben!

Nachdem Sie einen Abschnitt aus der Bibel gelesen haben, werden Sie still darüber im Gebet. An erster Stelle sollte der Lobpreis, die Verherrlichung Gottes stehen. Beginnen Sie Ihr Gebet nicht mit Bitten und Anliegen, sondern mit einem Lobpreis zu Gott! Verherrlichen Sie Seinen Namen! Preisen Sie Ihn mit Ihren Worten! Sie können auch Ihre Hände zu Ihm erheben und damit ausdrücken, dass Sie Ihm Lob, Dank, Ehre und Anerkennung entgegenbringen. So haben Menschen der Bibel oft gebetet. Sie können auch Lieder singen, Chorusse, Lobgesänge. Das braucht nicht schön zu klingen. Wichtig ist, dass Sie sich auf Gott ausrichten. Lesen Sie dazu Psalm 100.

Nennen Sie Gott Ihre Anliegen!

Nachdem Sie durch den Lobpreis in Gottes Gegenwart getreten sind, bringen Sie Ihm auch Ihre Bitten, Fürbitten und Anliegen. Die Bibel sagt: **"Macht euch keine Sorgen! Ihr dürft Gott um alles bitten. Sagt ihm, was euch fehlt, und dankt ihm! Gott wird euch seinen Frieden schenken, den Frieden, der all unser Verstehen, all unsere Vernunft übersteigt, der unsere Herzen und Gedanken im Glauben an Jesus Christus bewahrt"** (Phil. 4, 6+7). Hier sehen wir, dass die Bibel kein unrealistisches Buch ist. Gott weiss um die Probleme, die in so vielfältiger Form an uns herantreten. Er fordert uns auf, unsere Sorgen bei Ihm abzuladen; konkret, offen und klar über die Dinge zu sprechen, die uns beschweren, belasten oder niederdrücken. Er will sie in Seine Hand nehmen und uns durch Sein Wort und den Heiligen Geist klarmachen, wie wir uns verhalten sollen. Ist das nicht wunderbar, dass Gott an den grossen und kleinen Sorgen unseres Lebens direkt Anteil nimmt und uns die Verheissung Seines Handelns schenkt?

Bekennen Sie Ihre Schuld!

Wie kann ich ein glückliches Leben führen, wenn ich doch noch so oft versage? Diese Frage habe ich mir selber gestellt und sie aus dem Munde vieler zu hören bekommen. Die Bibel gibt die Antwort: **„Wenn wir aber unsere Sünden bereuen und sie bekennen, dann dürfen wir darauf vertrauen, dass Gott seine Zusage treu und gerecht erfüllt: Er wird unsere Sünden vergeben und uns von allem Bösen reinigen"** (1. Joh. 1, 9). Gott hat uns völlig angenommen, auch mit allen Schwächen und Fehlern, die noch an uns sind. Wenn wir bereit sind, unsere Fehler sofort vor Gott auszusprechen und um Vergebung zu bitten, wirkt sich das Blut Jesu Christi in unserem Leben augenblicklich in Seiner ganzen Kraft aus. Die Sünde wird vergeben und es bleibt kein Rest zurück. Wie herrlich ist das!

Erteilen Sie Vergebung!

Jeder Mensch möchte, dass Gott ihm die Schuld vergibt. Wenn es darum geht, dass auch wir unseren Mitmenschen von Herzen vergeben, dann finden wir immer wieder neue Entschuldigungen, wie: *"Aber der hat mich doch so beleidigt!" "Wenn Sie wüssten, was der mir angetan hat!"* usw. Das dürfen wir nicht gelten lassen, denn wer anderen nicht vergibt, erfährt auch bei Gott keine Vergebung. Wir können sogar körperlich krank werden, wenn wir Groll, Verbitterung, Hader in unserem Herzen festhalten. Lassen Sie doch alle Anklagen - auch wenn sie berechtigt sind - gegen Ihre Eltern, Geschwister, Nachbarn fallen und vergeben Sie Ihren Mitmenschen wie Gott Ihnen vergibt. In Kol. 3, 13 sagt die Bibel: **"Streitet nicht miteinander, und seid bereit, einander zu vergeben, selbst wenn ihr glaubt, im Recht zu sein. Denn auch Christus hat euch vergeben".** Welche Lasten fallen doch ab, wenn Menschen einander vergeben und sich die Hand der Versöhnung reichen. Ehen werden erneuert, Beziehungen wieder hergestellt, Familien werden wieder heil, da wo Vergebung durchbricht.

Praktizieren Sie Gemeinschaft!

Ein wesentlicher Punkt zu einem glücklichen Leben besteht darin, dass wir mit anderen gläubigen Christen beständige Gemeinschaft praktizieren. Deutlich zeigt uns die Bibel, dass Gott uns zur Gemeinschaft mit Seinem Volk berufen hat. Gemeinschaft ist mehr als sich am Sonntag in der Kirche zu begrüssen und eventuell das neue Kleid zu bestaunen. Gemeinschaft heisst: Aneinander Anteil nehmen, miteinander teilen, sich gegenseitig tragen, fördern und helfen. Wer die Gemeinschaft mit anderen Christen vernachlässigt, vernachlässigt auch Gott. Sagt nicht Jesus in Matth. 18, 20: **"Denn wo zwei oder drei in meinem Namen zusammenkommen, bin ich in ihrer Mitte"?** In der Gemeinschaft mit anderen Christen können Sie die Kraft Gottes stärker erfahren. Nicht nur Sie brauchen die Gemeinschaft, auch andere brauchen die Gemeinschaft mit Ihnen. Praktizieren Sie diesen Schritt ständig in den Gottesdiensten, in Gebetsstunden, Hauskreisen und in persönlichen Kontakten.

Sprechen Sie mit anderen Menschen über Gott!

In Luk. 9, 26 sagt Jesus: **"Das steht fest: Wer sich schämt, sich zu mir und meinen Worten zu bekennen, für den wird auch der Menschensohn nicht eintreten, wenn er in seiner Macht und in der Herrlichkeit des Vaters und der heiligen Engel wiederkommen wird".** Sie bereiten Gott Freude und ehren Ihn, wenn Sie den Mitmenschen von Gottes Liebe, Güte, Gerechtigkeit und Weisheit erzählen. Jeder von uns, der Christus angehört, hat Ihn nur darum gefunden, weil andere von Jesus berichteten. Das ist nicht nur den Verkündigern vorbehalten. Jeder von uns darf ein Zeuge Jesu Christi sein. Beseitigen Sie Missverständnisse über Gott und führen Sie andere in die liebenden Arme Gottes. Das geschieht durch die Ausstrahlung unseres Lebens, durch unser Verhalten, durch unsere Taten, aber auch durch offene Worte über Gottes Güte und Liebe.

Gott hat uns zur Freude aufgefordert, und wir haben allen Grund, uns zu freuen: Jesus lebt und Er liebt uns.

Leben Sie aus der Fülle Gottes!

Im Gleichnis vom Weinstock und den Reben (Joh. 15) macht Jesus deutlich, dass niemand von uns aus eigener Kraft Gott dienen und „fruchtbar“ sein kann. Gott will uns beschenken! Wie beim Weinstock der Saft in die Reben fliesst und sie so zum Wachsen und Frucht Bringen stimuliert, so dürfen auch wir, - indem wir täglich „an Jesus angeschlossen leben,“ - von Ihm genährt, gestärkt und zur Fruchtbarkeit geführt werden. Ist das nicht wunderbar? Wie unterscheidet sich wirkliches Christsein doch von allen anderen Religionen dieser Erde! Nicht menschliche Anstrengungen und religiöse Übungen machen uns zu lebendigen Christen, sondern eine Beziehung im kindlichen Vertrauen zu Christus. So macht Er aus uns Zeugen Seiner Liebe, Kraft und Heiligkeit. Dabei kommt Ihnen der Heilige Geist täglich zu Hilfe. Lernen Sie Ihn kennen, indem Sie ganz bewusst um das erfüllt Sein mit dem Heiligen Geist beten und den Geist Gottes Ihr Leben und die Alltagssituationen bestimmen lassen.

Lassen Sie den Faden nicht abreissen!

Wer sich morgens zu Gott hin auftut im Lesen Seines Wortes, im Lobpreis, in der Bitte und Fürbitte, kann trotzdem am Tag eine Niederlage erleben, wenn er nicht lernt, in die beständige Gemeinschaft mit Gott hineinzufinden. Nehmen Sie Jesus mit in den Alltag! Durch den Heiligen Geist wohnt Er in Ihnen. Sobald Sie in eine Krise kommen, vor eine Entscheidung gestellt werden, etwas zu überwinden haben, nehmen Sie Seine Hilfe in Anspruch! Ich mache das z.B. so: Jemand kommt und möchte einen Rat haben. Nun versuche ich nicht aus meinem Intellekt die Antwort zu finden, sondern bete während des Gesprächs still in meinem Herzen: *"Herr Jesus, komm Du mir zu Hilfe!"* Ich erwarte, dass Er mir die rechten Gedanken gibt. Ich strenge mich gar nicht sonderlich an, sondern gebe den Rat weiter, der mir nach dem Gebet ins Herz kommt. So habe ich schon grossartige Dinge erleben dürfen. Das beglückt immer wieder neu! So entdecken wir das Leben aus der Kraft des Heiligen Geistes.

Mir haben diese zehn Schritte zu einem glücklichen Leben verholfen und ich entdecke immer wieder neu, wie bedeutsam sie sind. Darum wollte ich sie gerne mit Ihnen teilen.

Kapitel 15

HABEN CHRISTEN AUCH PROBLEME?

Müssten echte Christen nicht mit lächelnder Miene durchs Leben gehen? Dürften sie überhaupt noch Probleme haben?

Manchmal wird das Evangelium so kommuniziert, als würden mit dem Tag der Bekehrung alle Schwierigkeiten im Leben aufhören. - Dem ist aber nicht so. - Im Gegenteil! Die Bibel spricht davon, dass Christen "einen Kampf" zu kämpfen haben. Manchmal stellen sich ihnen härtere Herausforderungen als jenen, die mit der Masse mitschwimmen. Woher kommen solche Kämpfe und wie können wir sie überwinden?

Warum haben Christen Kämpfe?

Obwohl Jesus sich völlig von Seinem Vater geführt wusste und sich Seiner Gegenwart in jeder Situation sicher war, stand Er oft schwierigen Situationen gegenüber. Er wurde hart bedrängt, verkannt, kritisiert. Sein Leben war durchaus kein Spaziergang. Aber mitten in all diesen Herausforderungen blieb Jesus in einem tiefen inneren Frieden. Er konnte jubeln. Er konnte aber auch weinen.

Nicht anders ergeht es den Menschen, die Ihm nachfolgen.

Die Bibel sagt uns deutlich, warum wir oft in Kämpfe verwickelt werden. In Eph. 6, 12 heisst es: **"Denn wir kämpfen nicht gegen Menschen, sondern gegen Mächte und Gewalten des Bösen, die über diese gottlose Welt herrschen und im Unsichtbaren ihr unheilvolles Wesen treiben"**. Hier wird also ersichtlich: Wir stehen in einer geistlichen Auseinandersetzung. Nicht die Menschen sind unsere Gegner, auch wenn wir vielleicht von ihnen verkannt oder als Christen belächelt werden. Wir haben es mit einer "unsichtbaren Gegnerschaft" zu tun. Wir stehen einer dunklen, geistigen Machtstruktur gegenüber, der wir von uns aus eigentlich gar nicht gewachsen sind. Gott gibt uns aber von Seiner Kraft. Darum konnte der Apostel Johannes schreiben: **"Denn das Leben, das Gott uns gegeben hat, ist mächtiger als alle Verlockungen dieser Welt. Wir können sie durch den Glauben besiegen"** (1. Johannes 5, 4).

Ein Kampf in 3 Richtungen

1. Einflüsse dieser Welt

Christen leben noch in dieser Welt. Jesus sagte einmal: **„Ich sende Euch wie Schafe unter Wölfe"** (Matth. 10,16). Leute, die an Jesus glauben, spüren die Einflüsse und Überzeugungen, die unsere Zeit beherrschen. Was unsere Gesellschaft bestimmt, - z.B. der Wunsch nach Macht, Reichtum, schneller Lusterfüllung - geht auch an Christen nicht spurlos vorbei. Der moralische Zerfall um uns bringt eine Vielzahl von

Verlockungen und Versuchungen mit sich. Auch jeder Gläubige ist dem ausgesetzt. Nun können wir einfach mit dem Strom mitschwimmen, die Warnungen der Bibel zur Seite tun und uns von dem Geist dieser Welt mitreissen lassen. Das aber bringt Belastung, Trauer und Zerstörung mit sich. Es entfremdet uns von Gott und bringt letztlich den Tod. Hier gilt es, sich dem Kampf zu stellen und "die Welt" zu überwinden. Mit dem Begriff "Welt" ist nicht Gottes wunderbare Schöpfung gemeint. Es geht um sündige Haltungen. Die Bibel sagt in 1. Joh. 2, 16: **„Was gehört nun zum Wesen dieser Welt? Menschliche Leidenschaften, die Gier nach Besitz und Macht, überhaupt ein Leben voller Selbstgefälligkeit und Hochmut. All dies kommt nicht von Gott, unserem Vater, sondern gehört zur Welt“.** Diese Dinge gilt es zu überwinden. Nicht in einer frommen Askese, sondern in einer engen Gemeinschaft mit dem Heiligen Geist. Er schenkt uns tiefere, bessere, beglückendere Werte und vermittelt uns Kraft, diese destruktiven Strömungen zu durchschauen und zu überwinden.

2. Einflüsse aus unserem Innern

Als der König David eines Tages auf seinem Dach spazierte, erblickte er in einem Innenhof eine sehr schöne Frau beim Baden. Lust meldete sich in seinem Innern. Und, obwohl er ein so gesegneter Mann Gottes und Gesalbter war, liess er sich zum Ehebruch und schliesslich zum Mord an dem Mann dieser Frau verleiten. Das zeigt uns, dass es nicht nur Einflüsse von aussen gibt, sondern auch gefährliche Gedanken, Wünsche und Begierden, die in unserem Innern lauern (Jak 1, 13-15). Das erleben wir, auch wenn wir zu Jesus gehören.

Was hätte David tun sollen? Was rät die Bibel uns, wenn in uns negative, unreine, hässliche Gedanken aufsteigen und unsere Zustimmung wollen? ***Es gilt zu überwinden!*** Indem wir solchen Gedanken - möglichst schon beim Aufkeimen - widerstehen, sie von uns weisen. Dann wenden wir uns an Jesus und werden uns Seiner Gegenwart bewusst und preisen Ihn. So wird die Macht gebrochen und wir überwinden die Sünde.

Wir alle tragen im Innern Fehlprägungen, falsche Überzeugungen und Ansichten; ein gefährliches Potential. Es gibt z.B. Menschen, die haben eine Persönlichkeitsstruktur, die dazu führt, dass sie sehr rasch und heftig auf äussere Umstände reagieren. Schnell und oft wird kritisiert, verletzt und viel Schaden angerichtet. Andere wiederum machen es sich zur Gewohnheit, Schwierigkeiten aus dem Weg zu gehen und den Dingen einfach ihren Lauf zu lassen. Dadurch kommt es oft hinterher zu mannigfaltigen Schwierigkeiten, die sie oder andere dann ausbaden müssen. Es gibt Menschen, die unter einem starken Minderwertigkeitsgefühl leiden und in negativen Gedanken gefangen sind. Es ist wichtig, ehrlich mit sich selber zu werden und diese verborgenen Wesenszüge Jesus ans Kreuz zu bringen. Dort werden sie entmachtet. Es gilt, sich davon nicht länger regieren zu lassen, sondern sie durch die Macht Jesu zu überwinden, um schliesslich davon ganz frei zu werden.

3. Angriffe des Feindes

Aber nicht nur durch die herrschende Meinung der Masse oder eigene Prägungen und Gedanken werden wir versucht, sondern auch durch Einflüsterungen, Verlockungen und Drohungen des Teufels. Darum sagt die Bibel: **„Denn der Teufel, euer Todfeind, schleicht wie ein hungriger Löwe um euch herum. Er wartet nur auf ein Opfer, das er verschlingen kann. Stark und fest im Glauben sollt ihr seine Angriffe abwehren“** (1. Petr. 5, 8-9).

Manchmal ist es nicht leicht zu durchschauen, ob die in uns aufsteigenden Gedanken vom Versucher kommen oder von unserer noch „verprägten“ Seele. Eines ist sicher: Wir werden durch Gedanken, Erinnerungen und Vorstellungen vom Teufel versucht. Manchmal scheint es wie eine nach aussen unhörbare Stimme zu sein, die uns zur Rache, zur Vergeltung, zu Bitterkeit, zu Distanz und zu einer Palette sündiger Reaktionen aufruft.

Sie können gewinnen

Sind wir solch gefahrvollen Einflüssen nicht einfach ausgeliefert und müssen klein beigeben, weil wir zu schwach sind? Lohnt es sich überhaupt zu kämpfen?

Es stimmt, dass wir nicht in uns selber die Kraft haben, mit solchen Einflüssen fertig zu werden. Wer wäre schon in der Lage, mit dem Teufel selber kämpfen zu können? Niemand! Hier gibt Gott uns klare Anweisungen. Er macht uns Mut auf Ihn zu vertrauen und in den Sieg einzutreten, den Jesus ja schon errungen hat! Er sagt: **„In der Welt werdet ihr von allen Seiten bedrängt, aber vertraut darauf: Ich habe die Welt besiegt“** (Joh. 16, 33). Die Bibel wird aufgrund dieses Sieges Jesu noch deutlicher und sagt: **"... dass Gott uns den Sieg schenkt"** (Röm.8, 37).

So können Sie den Sieg davontragen!

Wir bekommen aus der Bibel 4 klare Anleitungen, wie Gott uns zum Sieg verhelfen will.

1. Der Stärkere lebt in uns

In 1. Joh. 4, 4 sagt die Bibel: **„Doch ihr, meine geliebten Kinder, gehört zu Gott. Ihr habt diese Lügenpropheten durchschaut und besiegt. Denn der Geist Gottes, der euer Leben bestimmt, ist stärker als der Geist der Lüge, von dem die Welt beherrscht wird.“**

Welch eine wunderbare Tatsache! Ein kleines Mädchen hat es einmal so treffend ausgedrückt: "Wenn der Teufel kommt, um mich zu versuchen, dann schicke ich einfach Jesus an die Türe." Es war sich bewusst, in seinem Herzen wohnt der Stärkere. Das dürfen und sollen auch Sie sich täglich zusprechen und vor Augen halten. ***Sie können überwinden und den Sieg davontragen, weil Jesus in Ihnen lebt.***

2. Durch das Blut Jesu Christi

In Off. 12, 11 heisst es: **„Sie haben ihn besiegt durch das Blut des Lammes und durch die Wahrheit des Wortes Gottes, die sie bezeugt haben".**

Wer sein Vertrauen auf das Opfer Jesu Christi setzt, auf Sein verflossenes Blut und Seinen hingegebenen Leib für unsere Sünden und unsere Schuld, der darf wissen, dass er damit unter einer Schutzmacht steht. So wie die Israeliten vor dem Auszug aus Ägypten nicht angetastet werden konnten, weil sie das Blut eines Lammes an die Seitenpfosten und Oberschwelle ihrer Haustüren gestrichen hatten, so hat der Teufel auch keinen Zugang und keine Macht über Menschen, die sich unter den Schutz des Blutes Jesu stellen (2. Mose 12, 13). Das gilt auch Ihnen.

3. Ihre Worte tragen zum Sieg bei

Im gleichen Text, Off. 12, 11, heisst es im 2. Teil: **„Christen überwinden den Teufel durch die Wahrheit des Wortes Gottes, das sie bezeugt haben".** Es spielt eine grosse Rolle, was wir reden. Spreche ich ständig über Fehler und Sünden anderer, über mein eigenes Versagen, lasse ich Zweifel und Missmutigkeit meine Sprache bestimmen, dann werde ich in Anfechtungen fallen. Gott ermutigt uns zu einer anderen Sprache. Wir sollen uns auf Ihn besinnen. Seine Zusagen in den Mund nehmen, sie im Gebet hochhalten, sie dem Feind entgegenhalten. Gute, ermutigende und aufbauende Worte sollen unsere Sprache prägen (Phil. 4, 8). So wird der Feind überwunden. So besinnt man sich im Augenblick der Gefahr auf Gottes Macht und Stärke. Der kleine David trat dem Riesen Goliath mit den Worten gegenüber: **„Du, Goliath, trittst gegen mich an mit Schwert, Lanze und Wurfspiess. Ich aber komme mit der Hilfe des Herrn. Er ist der Herr, der allmächtige Gott, und der Gott des israelitischen Heeres. Ihn hast du eben verspottet. Heute noch wird der Herr dich in meine Gewalt geben, ich werde dich besiegen und dir den Kopf abschlagen"** (1. Sam. 17, 45-46).

Wachen Sie über Ihren Worten. Sprechen Sie aufbauende, glaubensvolle Worte vor Gott, über sich selber und auch über die Menschen, die um Sie sind. Das hilft zum Sieg und Überwinden.

4. Wir überwinden durch den Glauben

In dem schon zitierten Text in 1. Joh. 5, 4 lasen wir: **„Denn das Leben, das Gott uns gegeben hat, ist mächtiger als alle Verlockungen dieser Welt. Wir können sie durch den Glauben besiegen".**

Nicht Theologie überwindet, auch nicht ein reiches Bibelwissen oder grossartige Erfahrungen in der Vergangenheit, sondern lebendiger Glaube an einen lebendigen, übermächtigen Herrn. Ein kindliches, tiefes Vertrauen in die Herrschaft Jesu, die angebrochen ist. Unser Glaube beruht auf der Tatsache, dass Jesus alle Macht gegeben ist im Himmel und auf Erden (Matth. 28, 18). Weil wir nicht auf uns, sondern auf Ihn unser Vertrauen setzen, **schenkt Er uns alle nötige Kraft**, das Böse mit Gutem zu überwinden (Röm. 12, 21).

Auf der Seite der Gewinner

Wer in der Kraft Jesu zu überwinden lernt, hat die grossartigsten Zusagen Gottes auf seiner Seite. Besonders im letzten Buch der Bibel, der Offenbarung, werden Segnungen verheissen, wenn wir in der Verbundenheit mit Jesus zu überwinden lernen.

- Wir dürfen essen vom Baum des Lebens.
- Wir erfahren kein Leid vom zweiten Tod.
- Wir erhalten von dem verborgenen Manna und einen neuen Namen.
- Uns wird Macht über die Nationen geschenkt.
- In weissen Kleidern stehen wir vor Gott, und Jesus bekennt unseren Namen vor dem Vater und den Engeln.
- Wir werden zu Pfeilern im Tempel Gottes.

Teil 4

DEN HEILIGEN GEIST KENNENLERNEN

Kapitel 16

DER HEILIGE GEIST - IHR FREUND

Obwohl Gott uns einen wunderbaren Helfer an die Seite gestellt hat, mühen wir uns oft in eigener Kraft ab, um unser Leben richtig zu gestalten. Darum scheitern wir häufig oder sind frustriert.

Wie kann das anders werden?
Im Blick auf den Heiligen Geist herrscht unter Christen noch viel Unklarheit. Die Einen scheinen zu viel von Ihm zu reden. Die Anderen haben fast etwas Angst vor Ihm. - *Wer ist der Heilige Geist aber wirklich?* Wenn Jesus sagte: **„Ihr kennt ihn, denn er lebt schon jetzt bei euch, und einmal wird er in euch sein"** (Joh. 14, 17), dann macht er damit deutlich, dass es möglich ist, ein klares Verständnis vom Heiligen Geist zu bekommen.

In den folgenden Zeilen werden wir sehen, wie wichtig das rechte Verständnis für Ihn ist. Dann können wir all das empfangen, was Er uns schenken möchte.

Der Heilige Geist ist eine Persönlichkeit
Manche Menschen sehen im Heiligen Geist nur eine Kraft oder eine Wirkung Gottes. Dann wäre Er etwas Unpersönliches. Als Jesus die Jünger aber über den Heiligen Geist unterrichtete, erkannten sie, dass der Heilige Geist eine Persönlichkeit ist. Wörtlich sagte Jesus: **"Wenn ihr mich liebt, werdet ihr so leben, wie ich es euch gesagt habe. Dann werde ich den Vater bitten, dass er an meiner Stelle jemanden zu euch senden soll, der euch helfen wird und euch nie verlässt"** (Johannes 14, 15-16).

In den Tagen, als Jesus mit seinen Jüngern über die Erde ging, war Er ihr Beistand, ihr Lehrer, ihr Leiter, ihr Herr. Jesus wusste, Er würde von den Jüngern Abschied nehmen müssen. Dann würden sie wie Waisenkinder sich selber überlassen sein. Darum sagte Jesus unmissverständlich: **„Nein, ich lasse euch nicht als Waisenkinder zurück. Ich komme wieder zu euch"** (Joh. 14, 18).

Sie werden vielleicht entgegnen: *„Aber Jesus sitzt doch jetzt zur Rechten Gottes, wie konnte oder kann Er dann nach seiner Himmelfahrt bei seinen Jüngern und bei uns heute sein?"* Genau das trifft unser Thema: Durch den Heiligen Geist. So wie Jesus damals die Jünger unterrichtete, korrigierte und ermutigte, so tut das der Heilige Geist seitdem Er auf diese Erde gekommen ist. Er begleitet Menschen, die zu Jesus gehören als unsichtbarer Beistand. Er möchte uns Führung, Schutz, Ermutigung, Trost und Hilfestellung geben. Ist das nicht ein wunderbares Geschenk?

Eine wichtige Frage

Eines Tages kam der Apostel Paulus in eine noch junge Gemeinde in Ephesus. Offenbar vermisste er etwas Entscheidendes unter diesen Christen. Er stellte ihnen darum die Frage: **„Habt ihr den Heiligen Geist empfangen als ihr gläubig wurdet?“** Die Antwort war bezeichnend: **„Wir haben nicht gehört, dass ein Heiliger Geist da sei“** (Apg. 19, 2). Dann klärte Paulus diese Jünger Jesu über den Heiligen Geist auf. Dadurch wurden ihre Herzen verlangend nach diesem Beistand. Sie liessen sich noch einmal taufen auf den Namen Jesu Christi. Als Paulus ihnen die Hände auflegte, kam der Heilige Geist auf sie.

Das führt uns zu der entscheidenden Frage: *Wie kann man denn den Heiligen Geist empfangen?* Wenn es auf unsere Leistungen und Gerechtigkeit ankäme, wäre es unmöglich, den Heiligen Geist zu erhalten. Weil aber Jesus am Kreuz Sein Leben für uns opferte und all unsere Sünde auf sich nahm und mit Seinem Blut und Leben bezahlte, reinigt Gott uns auf unsere Bitte hin so vollständig, dass der Heilige Geist mit Freuden in unseren Herzen wohnen kann. Er wartet aber auf eine konkrete Einladung, eine klar ausgesprochene Bitte. Jesus sagte: **„Wenn schon ihr hartherzigen, sündigen Menschen euren Kindern Gutes gebt, dann wird doch der Vater im Himmel erst recht denen seinen Heiligen Geist geben, die ihn darum bitten“** (Luk. 11, 13).

Gott ist sehr daran interessiert, dass Sie mit dem Heiligen Geist erfüllt werden. Aber Er wartet auf Ihre ganz konkrete Einladung. Drücken Sie Ihr Verlangen nach dem erfüllt Werden mit dem Heiligen Geist im Gebet aus. Gott erhört Ihr Gebet. Sie dürfen dann den Heiligen Geist im Glauben als Herrn und Bevollmächtigten in Ihr Leben aufnehmen, so wie Sie Jesus als Ihren Herrn und Erlöser aufgenommen haben. Gott schenkt Ihnen den Heiligen Geist gerne.

Woran erkenne ich den Heiligen Geist?

Es ist wichtig zu wissen, dass es ***drei Stellungen*** zum Heiligen Geist gibt. Ehe ein Mensch Jesus in sein Leben aufnimmt, wirkt der Heilige Geist ***von aussen*** in sein Leben hinein. Er möchte ihm die Herrlichkeit Jesu gross machen, damit der Mensch sich von seiner Sünde abwendet und Jesus als Herrn und Erlöser in sein Leben einlädt. Wenn dieser Schritt geschehen ist, so tritt er in eine andere Beziehung zum Heiligen Geist. Der Heilige Geist kommt ***in ihn***. Er schafft eine neue, geistliche Geburt in seinem Herzen. Gott schenkt uns durch das Wirken des Heiligen Geistes einen neuen Geist und wohnt nun in unserem Innern. Wer aber nicht bald nach seiner Wiedergeburt in die dritte Beziehung zum Heiligen Geist hineinfindet, der wird bald vertrocknen und einen enormen Kampf gegen seine alten Gewohnheiten und sein altes Wesen haben. Das war der Grund, warum Paulus diese Jünger Jesu in Ephesus fragte: **„Habt ihr den Heiligen Geist empfangen als ihr gläubig wurdet?“** Er spürte offenbar: im Leben dieser Männer fehlt eine ganz wichtige Dimension. ***Sie leben für Gott, aber nicht aus Ihm***. Darum führte er sie zur Fülle des Heiligen Geistes.

Was ist nun die dritte Stellung? Wenn gläubige Christen Gott konkret um das erfüllt Werden bzw. um das getauft Werden mit dem Heiligen Geist bitten, dann kommt der Heilige Geist ***auf sie***. Das bedeutet: Er nimmt eine liebende Führungsrolle in ihrem Leben ein. Sie übergeben Ihm Herrschaft und Leitung. Sie setzen ihr Vertrauen in Ihn. Sie erwarten, dass Er sie mit all dem beschenkt, was Jesus für sie bereithält.

Illustriert im Leben Jesu

Dieses Leben unter der feinen Führung und Bevollmächtigung des Heiligen Geistes wird im Leben Jesu veranschaulicht. Als Er sich im Jordan taufen liess, kam der Heilige Geist auf Ihn. Danach lesen wir: **"Und Jesus wurde vom Heiligen Geist in die Wüste geführt“**. Das zeigt, Jesus vertraute sich der dritten Persönlichkeit der Gottheit, dem Heiligen Geist, als Führer und Herrn völlig an. Daraus erwächst eine wunderbare Kraft und führt uns in eine tiefere, intimere Beziehung zu Gott, dem Vater, zu Gott, dem Sohn, zu Gott, dem Heiligen Geist.

Was will der Heilige Geist?

Eine Sache liegt dem Heiligen Geist ganz besonders am Herzen: Er möchte Jesus verherrlichen. Das heisst, Er will Ihrem Herzen klar machen, wie gross und erhaben Jesus ist. Er möchte Ihnen zeigen, was durch Jesus Christus auch für Sie geschehen ist. Er will Ihnen offenbaren, wie Sie Ihren Rechtsstatus einnehmen können, der Ihnen durch den Tod und die Auferstehung Jesu geschenkt worden ist. Dadurch wird eine tiefe Zuversicht und Stärkung Ihres inneren Menschen erreicht. Darum sagte Jesus: **„Aber ihr werdet den Heiligen Geist empfangen und durch seine Kraft meine Zeugen sein...“** (Apostelgeschichte 1, 8).

Weitere Absichten des Heiligen Geistes sind, uns zu belehren und uns an wichtige geistliche Wahrheiten im richtigen Moment zu erinnern. Er schenkt geistliche Gaben, damit wir in den verschiedenen Bedürfnissen des Lebens richtig entscheiden und handeln können. Er verleiht den nötigen Durchblick, die erforderliche Weisheit und lässt uns Gottes Hilfe erleben. Eine weitere wunderbare Aufgabe, die Er in unserem Leben übernimmt, ist, dass Er uns charakterlich verändert. Er weiss, was noch alles in uns steckt; Er weiss, wer Jesus ist und wirkt durch Krisen, durch Freud und Leid in unserem Leben. Sein Ziel ist, uns in die Wesensähnlichkeit Jesu zu verwandeln (2. Kor.3, 18).

Schliesslich möchte der Heilige Geist uns befähigen, wirksame Zeugen Jesu in dieser Welt zu sein.

Die Bibel sagt: **„...Aber ihr werden den Heiligen Geist empfangen, und durch seine Kraft meine Zeugen sein“** (Apg 1, 8).

Das bedeutet: Menschen, die eng mit dem Heiligen Geist zusammenwirken, strahlen in ihrer Umwelt. Andere erkennen die Veränderung ihres Wesens, ihre neue Art zu denken, zu reden, zu handeln. Sie vertrauen sich ihnen mit ihren Nöten und Ängsten an. Und Gott schenkt Gelegenheiten, die Liebe und Kraft Jesu zu bezeugen. Dadurch finden Menschen den Weg zu Jesus und erfahren seine Hilfe.

Wie arbeitet man mit dem Heiligen Geist zusammen?
Dazu gibt es drei wichtige Antworten.

1. Werden Sie mit dem Heiligen Geist erfüllt (Eph. 4, 18-20).
Bitten Sie Gott um die Erfüllung mit dem Heiligen Geist. Nehmen Sie Ihn im Glauben auf und stellen Sie täglich Ihr Leben dem Heiligen Geist zur Verfügung.

2. Erkennen Sie, dass Er Gott ist, und dass Er auf Ihnen ruhen und Seine Wirksamkeit entfalten will.
Aus den Worten Jesu haben wir erfahren, dass der Heilige Geist beständig bei uns bleibt und unser Beistand sein will. Wenn Sie auf diese Wirklichkeit im Glauben bauen, mit Ihm rechnen, mit Ihm sprechen und Ihn in alle Dinge Ihres Lebens einbeziehen, nimmt Er Einfluss und entfaltet Seine Liebe und Kraft.

3. Pflegen Sie eine innige Beziehung zu Ihm und gehen Sie auf Seine Impulse ein.
In Ihrem Herzen darf eine tiefe Vertrautheit zwischen Ihnen und dem Heiligen Geist entstehen. Erkennen Sie, dass er Ihr Freund ist, der zu Ihrem Herzen spricht, Sie liebt, auch wenn Sie Fehler machen. Geduldig wird er Ihr Beistand bis in alle Ewigkeit sein. Bringen Sie Ihm Achtung und Liebe entgegen. Er spricht zu Ihrem Herzen. Er redet in Ihre Gedankenwelt hinein und sucht Sie aufzubauen, zu ermutigen, zu trösten. Er schenkt Lösungen in schwierigen Fragen, gibt Friede bei wichtigen Entscheidungen, erinnert an Worte der Bibel und zieht Sie ins Gebet.

Er gibt uns Aufträge und lenkt uns zu verlorenen, leidenden Menschen, damit wir sie lieben, für sie beten und ihnen von der Liebe Gottes her dienen. Ich bete für Sie, dass Sie den Heiligen Geist kennenlernen und Sie Seine Freundschaft immer inniger erfahren.

Kapitel 17

WIE WIRD MAN MIT DEM HEILIGEN GEIST ERFÜLLT?

Viele Menschen wissen, was an Weihnachten geschehen ist: Wir feiern die Geburt Jesu Christi. Sie wissen, dass uns Karfreitag an die Kreuzigung Jesu Christi und Ostern an Seine Auferstehung erinnern soll. Aber der Grund für Pfingsten ist für viele unklar und nicht verständlich.

Pfingsten erinnert uns an ein wunderbares Ereignis: Jesus Christus, der zum Vater zurückgekehrt war, sandte den Heiligen Geist für das Leben der Menschen, die sich Ihm ganz anvertraut hatten. Pfingsten bedeutet also: das Kommen des Heiligen Geistes in diese Welt, um die Sache Jesu Christi weiterzuführen.

Jeder einzelne von uns kann mit dem Heiligen Geist Erfahrungen machen. In Lukas 11, 13 sagt Jesus: **„So schlecht ihr auch seid, so wisst ihr doch, was euren Kindern gut tut, und gebt es ihnen. Wie viel mehr wird der Vater im Himmel denen seinen Geist geben, die ihn darum bitten“**.

Hier macht Jesus deutlich, wie gerne der Vater im Himmel uns Menschen den Heiligen Geist schenkt. Wer ist überhaupt der Heilige Geist? Warum brauchen wir Ihn, und wie werden wir mit Ihm erfüllt?

Der Heilige Geist ist die dritte Persönlichkeit der Gottheit. Es gibt Gott, den Vater, Gott, den Sohn, und Gott, den Heiligen Geist. Im Alten Testament sehen wir vor allem den Vater, der die Menschen auf das Kommen Seines Sohnes vorbereitet. Dann wurde Jesus geboren. Während Seiner Erdenzeit brachte Er die Gegenwart Gottes hörbar, spürbar und sichtbar unter die Menschen. Am Kreuz gab Er Sein Leben, Seinen Leib und Sein Blut für die Versöhnung der Welt. Er nahm unsere Sünden auf sich. Er trug sie an das Kreuz, damit wir von den Sünden loskommen und in eine enge herzliche Gemeinschaft mit Gott zurückfinden.

Im Neuen Testament sehen wir aber noch eine dritte Dimension: Die Gemeinschaft mit dem Heiligen Geist, der auf uns kommt und Führung in unserem Leben übernimmt. Jesus wurde vom Heiligen Geist in Maria gezeugt; Er wurde geboren und lebte in dieser Welt unter der Führung des Vaters. Er war auch der Sohn Gottes, bevor Er an den Jordan ging, getauft und mit dem Heiligen Geist erfüllt wurde. Und obwohl Er vom Vater durch Seinen Geist gezeugt war, obwohl Er als Sohn Gottes über die Erde ging, brauchte Jesus noch eine besondere Zurüstung und eine besondere Bevollmächtigung, ein angetan Werden mit dem Heiligen Geist. Das geschah bei Seiner Taufe im Jordan. Die Bibel sagt: **„Der Himmel öffnete sich und der Heilige Geist kam wie in Gestalt einer Taube auf Jesus und blieb auf Ihm“.** Sehen Sie, so dürfen auch Sie erfüllt werden mit dem Heiligen Geist.

Die dritte Persönlichkeit der Gottheit, der Heilige Geist, möchte Sie leiten, bevollmächtigen, ausrüsten und führen. Brauchen wir das überhaupt? Sie werden bald feststellen, dass Sie, auch wenn Sie Jesus als Erlöser in Ihr Leben aufgenommen haben, aus eigener Kraft nicht recht für Gott leben können und kein wirksamer Zeuge für Christus sind.

Immer wieder komme ich selber an die Grenzen meiner Möglichkeiten. Ich muss entdecken, wie schwach und wie abhängig ich von Gott bin. Dann öffne ich mich ganz bewusst für den in mir wohnenden Heiligen Geist und bitte Ihn um Seine Führung, um Sein Lenken in meiner aktuellen Situation und um Seine Bevollmächtigung für diese konkrete Lebenslage. Darum sagte Jesus zu Seinen Jüngern, dass sie in Jerusalem warten sollten, bis sie mit dem Heiligen Geist angetan würden, der Kraft in ihr Leben bringen und sie befähigen würde, Seine Zeugen zu sein. Welch wunderbare Dinge der Heilige Geist im Leben der ersten Christen wirkte, können Sie in der Apostelgeschichte nachlesen. Es wird davon berichtet, wie einfache Fischer, Zöllner, Handwerker durch das vom Heiligen Geist geführt und erfüllt Sein zu mächtigen Boten und Zeugen wurden. Weil Gott durch ihr Leben wirken konnte, wurde eine ganze Stadt, ja, wurden ganze Gegenden aufgerüttelt.

Der Heilige Geist wurde von Jesus angekündigt: **„Wenn ich bei meinem Vater bin, dann werde ich euch den Heiligen Geist senden“.** Was macht denn der Heilige Geist? Er führt die Sache Jesu auf Erden weiter. Am Pfingsttag erfüllte Er die Herzen von etwa 120 Männern und Frauen; und im Lauf der Geschichte die Herzen von Millionen Menschen. Die Arbeit, die Jesus an Seinen Jüngern tat, war: Er tröstete sie, Er richtete sie auf, Er korrigierte sie, Er unterwies sie in der Wahrheit. All diese wunderbaren Aufgaben hat der Heilige Geist übernommen und führt sie an Jesu statt weiter. Daran erkennen wir, wer der Heilige Geist ist.

Wie wirkt der Heilige Geist an und in uns?

Wie kann man Ihn empfangen? In dem genannten Bibeltext erkennen Sie, dass der Vater den Heiligen Geist gerne gibt, denen, die Ihn darum bitten. Es ist also möglich, dass man Jesus als Erlöser aufgenommen hat, ohne eine innige Beziehung zum Heiligen Geist zu haben. Dass Sie überhaupt anfangen nach Jesus Christus zu fragen, ist auf das Wirken des Heiligen Geistes in Ihrem Leben zurück zu führen. Dass Sie Jesus als Erlöser erkennen, ist auch auf das Wirken des Heiligen Geistes zurück zu führen, denn nur Er kann uns von Sünde überführen; nur Er verherrlicht Jesus. Aber es gibt noch mehr: Das erfüllt Sein mit dem Heiligen Geist. Bevor wir zu Christus kommen, wirkt der Heilige Geist nämlich von aussen in unser Leben ein. Er will uns zu Jesus zu führen. Nehmen wir Jesus als Erlöser in unser Herz auf, dann wirkt der Heilige Geist auch in uns. Er schafft neues Leben. Wir werden von Neuem geboren, - wie Jesus diesen Vorgang nennt. Wir werden durch den Geist innerlich erneuert. Nun wirkt der Heilige Geist in uns und wir haben die Gewissheit bekommen, dass unsere Sünden vergeben sind und dass wir Gottes Kinder sind. So sagt die Bibel: **„Gottes Geist bestätigt unserem Geist, dass wir Gottes Kinder sind“.**

Möchten Sie auch erfüllt werden mit dem Heiligen Geist? Voraussetzung ist, dass Sie Ihre Schuld erkennen und Jesus als Ihren Erlöser in Ihr Leben aufnehmen. Wenn Sie dann den Wunsch haben, dass Gott Ihr Leben führt und regiert und Sie Ihm gehorchen, dann sind Sie ein wunderbarer Anwärter auf die Erfüllung mit dem Heiligen Geist. Jesus hat versprochen, dass der Vater den Heiligen Geist gerne gibt, denen, die Ihn darum bitten. Bitten Sie doch ganz konkret, dass Gott Sie mit dem Heiligen Geist erfüllt. Bitten Sie Ihn, dass der Heilige Geist, der Sie zu Jesus führte, der in Ihnen wirksam ist und Ihnen Zeugnis der Gotteskindschaft gibt, nun auch auf Ihr Leben kommt und Sie in Ihren täglichen Lebenssituationen leitet und mit Kraft erfüllt. Wenn Sie darum konkret gebetet haben, dann danken Sie einfach wie ein Kind, dass Gott Ihr Gebet erhört hat und rechnen Sie von dieser Stunde an mit dem Wirken des Heiligen Geistes, wo immer Sie sind, in welcher Krise Sie auch stecken mögen oder in welch schwierigen Situationen Sie sich gerade befinden. Bitten Sie Ihn um Hilfe und lassen Sie sich von Ihm führen. Sie werden staunen, welch wunderbare Erfahrungen Sie mit Gott durch den Heiligen Geist machen dürfen. Das wünsche ich Ihnen von Herzen, und das wünscht auch Gott Ihnen ganz besonders.

Kapitel 18

GOTTES WUNDER IM ALLTAG ERLEBEN

Mit beiden Armen stützte sich die ältere Dame auf der Bühnenkante ab. So wie sie waren Dutzende Männer und Frauen vor die Plattform getreten, um Gott um Hilfe und Heilung zu bitten. Wir beteten zu Gott um Sein Eingreifen. Nachdem ich der älteren Dame die Hände aufgelegt hatte, forderte ich sie auf, im Namen Jesu zu gehen. Sie bahnte sich den Weg, kam die Stufen zur Bühne hinauf und ging hinkend von einem Ende zum anderen. Das war bereits ein Wunder. Am folgenden Abend kam sie wieder und lief ohne jegliche Behinderung erneut über die Bühne. Was war mit ihr geschehen?

Wegen einer Erkrankung im Gehirn war diese Dame vor einiger Zeit mit ihrem Mann in die Vereinigten Staaten geflogen, um dort von Spezialisten operiert zu werden. Jedoch ohne den gewünschten Erfolg. Kurz nach ihrer Rückkehr hörten sie von diesen Abenden. Zwei Männer mussten sie in den Versammlungssaal begleiten, weil sie derart gehbehindert war. Daher war bereits ihr erster, noch etwas mühsamer Gang über die Bühne ein deutliches Zeichen, dass Gott eingegriffen hatte. Als sie am zweiten Abend ganz ohne Beschwerden vor den Menschen berichtete, was an ihr geschehen war, brach grosse Freude und Applaus für Jesus aus.

Wie tut Gott Wunder?

Wo Gott solche Wunder wirkt, ist immer Sein Heiliger Geist am Werk. Er überbringt den Menschen Gaben, die Jesus für uns bereithält. Jesus sagte über diesen wunderbaren Freund unseres Lebens, den Heiligen Geist: **„...denn alles, was er euch zeigt, kommt von mir"** (Joh. 16, 14b).

Dieser wunderbare Geist Gottes verfügt über eine unvorstellbare Fülle von Möglichkeiten. Wunderliche Ereignisse geschehen: An einer Gepäckkontrolle steht eine lange Reihe von Fluggästen. Alle wollen nach China einreisen. Nacheinander werden die Reisenden durchsucht. Eine Person hat in ihren Taschen viele Bibeln versteckt. Als sie an die Reihe kommt, wird sie unkontrolliert hindurch gelassen. Den nächsten in der Reihe trifft die Kontrolle wieder. Wie sind solche Erfahrungen möglich?
Es ist Gottes Gegenwart und Wirken durch den Heiligen Geist.

Ein oft vernachlässigter Freund!

So wie Jesus in Seiner Vaterstadt Nazareth wenig tun konnte, weil die Menschen Ihm nicht glaubten (Mat. 13, 58), so ist auch der Heilige Geist ein oft vernachlässigter Freund des Menschen. Er möchte uns helfen, Lösungen zeigen, schützen, Kraft verleihen, aber wir nehmen Ihn nicht wahr, rechnen nicht mit Ihm, beachten Ihn nicht.

Hand aufs Herz! Wie oft kommen Sie und ich an unsere Grenzen! Zum Beispiel im Familienleben, wenn die Kinder sich "unmöglich" benehmen, wenn wir uns vom Ehepartner missverstanden fühlen, wenn wir vor Aufgaben gestellt werden, denen wir uns nicht gewachsen fühlen. Vielleicht sprechen wir es sogar aus: ***"Was soll ich jetzt bloss machen"?***

Dominiert dann unsere menschliche Natur? Versuchen wir die Dinge selber in den Griff zu bekommen? Oder sind wir demütig genug, uns innerlich nach Hilfe auszustrecken? Oft braucht es mehr als einen Hilfeschrei! Der Heilige Geist erwartet, dass wir Ihn respektieren und im Glauben mit Seiner Hilfe rechnen.

Eine kleine Illustration

Stellen Sie sich vor, Sie liegen fiebrig im Bett, Schmerzen plagen Sie. Neben Ihnen steht ein Telefon. Sie wissen genau, dass Sie in Gefahr sind und dass Sie Hilfe brauchen. Was tun Sie? Sie greifen zum Telefon und rufen den Ihnen bekannten, fähigen Arzt an. Genau richtig!

Der Heilige Geist ist den Menschen, die Jesus lieben, ganz nah. Sie brauchen nicht einmal ein Telefon, um mit Ihm in Kontakt zu treten. Eigentlich genügt schon der "Blickkontakt", so wie damals bei den Israeliten auf die erhöhte Schlange (4. Mose 21, 4-9).

Wenn Sie in Krisensituationen den Geist Gottes mit einbeziehen, an Seine Macht und Möglichkeiten glauben und Seine Hilfe wie ein Kind in Anspruch nehmen, werden Sie überrascht sein, welch wunderbare Erfahrungen Sie im Alltag mit Gott machen.

Mit Seiner Hilfe fanden mein Sohn und ich einmal vor Jahren eine Kontaktlinse im Schnee, nach der eine Mutter und ihre Tochter schon ca. eine Stunde lang vergeblich gesucht hatten.

Der „kleine" und doch so grosse Unterschied

Viele Christen geben vor, an die Kraft des Heiligen Geistes zu glauben. Aber sie ignorieren Ihn im täglichen Leben: Sie versuchen, Gott wohlgefällig zu leben. Sie versuchen, andere Menschen zum Glauben zu führen. Sie versuchen, der Sünde zu widerstehen. Sie versuchen, mit Hilfe ihrer Bibelkenntnisse Probleme zu lösen. Das führt oft zu Frustrationen!

Eigentlich hätte Jesus die besten Voraussetzungen gehabt, zu versuchen, in eigener Kraft Gottes Willen zu tun und Sein Werk auf der Erde zu vollbringen. Aber selbst Er sagte mit grossem Nachdruck: **„Das steht fest: Von sich aus kann der Sohn gar nichts tun. Er folgt in allem dem Beispiel seines Vaters"** (Joh. 5, 19).

Ehe Jesus Seinen öffentlichen Dienst begann, liess Er sich von Johannes taufen (Luk. 3, 21-22) und wurde mit dem Heiligen Geist erfüllt. Das macht deutlich, dass sogar Er, der Sohn Gottes, sich im Klaren war, dass Er nur mit der Hilfe und Kraft des Geistes Gottes Sein Leben auf Erden „fruchtbar" und siegreich leben kann. Wie viel nötiger haben ich und Sie den Heiligen Geist?!

Welches Verhältnis haben Sie zum Heiligen Geist?

Zum Heiligen Geist können wir in unterschiedlichen Beziehungen stehen. Ehe wir uns zu Jesus bekehren und Ihm unsere Schuld und Sünde bekennen, ist der Heilige Geist ***bei uns***, aber noch *ausserhalb* von uns, d.h., ***Er wirkt von aussen*** auf uns ein. Er möchte uns in die rettenden, vergebenden Arme Jesu führen. So sagt Jesus in Joh. 16, 8: **"Und ist er erst gekommen, wird er den Menschen die Augen für ihre Sünde öffnen, aber auch für Gottes Gerechtigkeit und sein Gericht".**

Wenn wir Jesus in unser Leben aufnehmen, dann kommt der Heilige Geist ***in uns***. Er bringt den wunderbaren Lebenssamen Gottes in uns, den Geist der Sohnschaft, in dem wir "Abba", lieber Vater, zu Gott sagen dürfen (Röm. 8, 15). Das ist die gewaltige Grunderfahrung, durch die wir gerettet werden, Gottes Versöhnung erleben und Seine Kinder sein dürfen (Joh. 1, 12). So schafft Gott die Voraussetzung, dass wir in eine noch tiefere persönliche Beziehung zum Heiligen Geist eintreten können, so wie auch Jesus sie in Seinem Leben hatte.

Der Heilige Geist will ***auf uns*** kommen. Was heisst das? Verlässt der Geist Gottes uns innerlich und kommt nun äusserlich auf uns? Nein, es geht um viel mehr! Er möchte jetzt den Ihm gebührenden Platz in unserem Leben erhalten, indem Er ***auf*** unsere Persönlichkeit kommt. Das bedeutet, dass Er in unserem Denken, unserem Wollen, unserem Entscheiden Seine rechtmässige Führungsposition erhält. Das ist eine Sache des Herzens. Hier geht es um mehr als nur die Sicherheit und Freude der Sündenvergebung und des ewigen Lebens. Es geht um die liebende Herrschaft Jesu über unsere ganze Persönlichkeit.

So wie Jesus auf dem Thron zur Rechten des Vaters sitzt, so will Er durch den Heiligen Geist auf dem Thron unseres Herzens sein.

Lassen Sie mich das in einem Vergleich deutlich machen:

Stellen Sie sich vor, Sie sind Diener eines einflussreichen Herrn. Dieser vertraut Ihnen sein Haus für eine gewisse Zeit an. Danach kommt er zurück. Sie springen die Stufen des Hauses hinunter, öffnen ihm die Türe seines Wagens, heissen ihn willkommen und geleiten ihn ehrfurchtsvoll in sein Haus. Sie verneigen sich vor ihm und sagen: "Ich stehe Ihnen zu Diensten." Das ist die rechte, tägliche Grundhaltung, wenn wir wünschen, dass der Heilige Geist auf uns ruhen soll.

Der Heilige Geist, ein „Gentleman"?

Verschiedene haben den Heiligen Geist als "Gentleman" bezeichnet, ein Versuch, Seine Eigenart zu illustrieren. Menschen, die Ihn kennengelernt haben und mit Ihm zusammenarbeiten, entdecken: Der Heilige Geist ist kein dominanter Herrscher. Er setzt sich nicht gewaltsam durch, sondern, obwohl Er der Geist ist, der von Gott ausgegangen ist, verhält Er sich sanftmütig und drängt sich niemandem auf. Darum tun wir gut daran, Ihn täglich zu respektieren und uns bewusst und betend unter Seinen Einfluss und Seine Führung zu stellen.

Lassen Sie mich Ihnen zum Schluss noch zwei Grundregeln mitgeben, wie Sie diesem unvergleichlichen Helfer und Freund Ihres Lebens am leichtesten die Türe Ihres Herzens im Alltag öffnen können:

1. Durch kindlichen Glauben

Jesus betonte, wie wichtig es ist, dass wir in einer einfältigen, kindlichen Haltung zu Gott und Seinem Reich umkehren (Matth. 18, 3). Wer alles weiss und selber kann, wird wenig von Gottes Reich erfahren! Wer sich aber rechtzeitig, Hilfe suchend, zu Ihm wendet und sich Ihm anvertraut, erfüllt die erste, wichtige Grundbedingung.

2. Haben Sie kühnes Vertrauen zum Geist Gottes!

Aus eigener Erfahrung weiss ich, wie schnell das kindliche Vertrauen ins Wanken kommt. Man bittet in kritischen Situationen Jesus um Hilfe, aber gleichwohl handelt man in eigenen Möglichkeiten.

Doch nur durch *Glauben* schaffen wir dem Heiligen Geist den Raum, in dem Er sich entfalten kann. Praktisch gesehen kann ein Gebet wie folgt lauten: *"Herr, Du siehst mich in dieser schwierigen Situation. Komm mir bitte zu Hilfe. Ich rechne jetzt mit dem Wirken Deines wunderbaren Geistes und danke Dir für einen positiven Ausgang!"*

Viele Male habe ich den Heiligen Geist direkt angesprochen: *"Lieber Heiliger Geist, komm Du mir bitte zu Hilfe. Ich rechne mit Dir und danke Dir für Dein Wirken!"*

Wenn wir dann tun, was Gott uns ins Herz legt, werden wir überrascht sein. Gottes Hilfe durch den Heiligen Geist und Seine unvergleichliche Freundschaft zu uns wird tatsächlich konkret. Dass Sie das erleben, ist mein Wunsch für Sie heute und immer wieder neu.

Kapitel 19

ERWEITERN SIE IHRE GRENZEN!

Fühlen Sie sich von Problemen eingekreist? Drehen sich Ihre Gedanken ständig um Ihre Schwierigkeiten? Ist Ihnen Freude und Lebensfrische ein Stück verlorengegangen? - Dann lesen Sie die folgenden Zeilen, die Ihnen wieder Mut machen und den Weg aus der Krise zeigen.

Selber ein Teil vom Problem geworden?

Meine Frau und ich sassen uns gegenüber. Sie war in Tränen aufgelöst. In einem familiären Problem wussten wir einfach nicht mehr weiter. Wir hatten alles versucht. Nichts hatte gefruchtet. Innerlich geknickt begannen wir intensiv zu Gott zu flehen. Dann gab der Heilige Geist uns folgenden inneren Eindruck: *"Ihr habt euch so auf das Problem ausgerichtet, dass es sich in eure Herzen eingefressen hat. Dadurch seid ihr selber ein Teil des Problems geworden. Übergebt die Sache Mir. Ich werde die Situation verwandeln. Wenn ihr in nächster Zeit wieder entdeckt, dass ihr auf das Problem fixiert seid, erinnert euch daran, dass Ich die Sache übernommen habe und lösen werde. Kommt darin zur Ruhe."*

So leicht sollte sich das Problem lösen? Es einfach Gott übergeben und dann entspannen und beobachten, was Er tun würde? Das schien zu simpel. Aber wir taten es. Tage vergingen, es änderte sich nichts. Wochen vergingen, und verschiedentlich mussten wir uns daran erinnern, dass wir die Sache Gott übergeben hatten und Er versprochen hatte, die Lösung zu bringen. Immer wieder, wenn wir zu dieser Einsicht zurückkehrten, wurde es uns leicht ums Herz und wir entkrampften uns. Die Wirkung blieb nicht aus! Nach einiger Zeit zeigten sich Veränderungen. Sie wurden immer deutlicher und die Lösung immer konkreter. Das, was für uns so bedrängend und erdrückend geworden war, verwandelte Gott in das pure Gegenteil. Er schuf eine beglückende Veränderung, die noch heute, nach Jahren, anhält und immer wieder Anlass zum Dank und zur Freude ist.

Gottes Möglichkeiten sind unbegrenzt!

Fixiert auf unsere Schwierigkeiten geraten wir in eine Art innere Gefangenschaft. Wir kommen nicht mehr davon los. Innerlich sind wir wie gelähmt. Unsere ganze Stimmung wird negativ, depressiv und oft aggressiv. Selbst beten scheint nichts zu bewirken und Gottes Zusagen rücken in weite Ferne.

Was läuft hier verkehrt?

Viele Menschen machen in solchen Situationen den Fehler, den auch wir begingen.

Wir waren auf das Problem statt auf die unendlichen Möglichkeiten Gottes ausgerichtet. Ist Gott wirklich Gott? Sagt nicht Jesus: **„Ich habe von Gott alle Macht im Himmel und auf der Erde erhalten“** (Matth. 28, 18b)? War Er nicht der Herr über Wind und Wellen, Krankheit und Tod? Speiste Er nicht mit wenigen Broten und Fischen Tausende von Menschen? Ist Jesus nicht mit unserem grössten Problem, der Sünde, am Kreuz fertig geworden? Und nachdem Er Sein Leben als Lösegeld gab, ist Er nicht auch von den Toten auferstanden? DOCH! Aus der "Verhaftung" an die Umstände kommen Menschen nur dann frei, wenn sie auf Jesus blicken.

Die Blickrichtung entscheidet!

Ganz lebensnah hat Simon Petrus uns das demonstriert. Als Jesus ihn einlud, auf das Wasser zu treten und zu Ihm zu kommen, wagte Petrus diesen Schritt. Solange er seinen Blick auf Jesus gerichtet hielt, war er Herr über Wind und Wogen.

Aber nun, lieber Leser, kommt etwas ganz Entscheidendes: Wenn wir uns auf Gottes leuchtendes Angesicht, auf Seine strahlende Herrlichkeit und Macht ausrichten, lässt Er uns förmlich teilhaben an Seinen unbegrenzten Möglichkeiten! So können wir unsere Grenzen überspringen und erleben, wie Gottes Macht in unsere kleine Welt einbricht (2. Sam. 22, 30).

Wenn Sie auf einem ganz schmalen Berggrat gehen müssten, der links und rechts hunderte von Metern steil abfällt, würden Sie dann beim Gehen in die Tiefe schauen, oder sich auf den schmalen Grat konzentrieren? Doch sicher das Letztere! Und immer hat Gott einen Weg für Menschen, die Ihm vertrauen! Erst als Simon Petrus den Blick von Jesus wegwandte und auf die bedrohlichen Wellen richtete, bekamen diese Macht über ihn, und er sank.

Es ist eine Tatsache: Was wir ansehen, gewinnt Macht über uns.

Das Richtige sehen - das Richtige sprechen!

Petrus sank. Er rief Jesus um Hilfe an und der Herr rettete ihn. So habe auch ich es schon erlebt und so dürfen Sie es erfahren. Petrus konnte aus dieser Lektion zwei Dinge mit auf seinen weiteren Weg nehmen: *"Ich konnte nicht auf dem Wasser laufen, ich bin gesunken"*. - oder - *"Es ist möglich, Grenzen zu überwinden, solange man sich mit Gottes Herrlichkeit, Macht und Gegenwart beschäftigt."* Der Teufel ist daran interessiert, dass das Erstere in uns wie ein Programm festgeschrieben wird, so dass wir in Schwierigkeiten nicht nur zweifeln, sondern möglichst verzweifeln. Der Heilige Geist aber möchte uns lehren, dass alles, was wir unter Seine Herrschaft und Kontrolle stellen, von Ihm beeinflusst und verwandelt wird. Denn für Ihn ist nichts unmöglich!

Das soll nicht nur unser Denken prägen, sondern auch zu unserer Sprache werden. Als Jesus über die Zeichen sprach, die Menschen folgen würden, die an Ihn glauben (Mark. 16, 17-18), sagte Er u.a.: **"Sie werden in neuen Sprachen reden".** Für mich ist klar, dass Er besonders an das Sprachenreden dachte, wie es am Pfingsttag und später in der Apostelgeschichte und im Korintherbrief, Kap. 12 + 14, beschrieben und erklärt wird. Grundsätzlich aber kam Jesus auf diese Erde, damit wir Menschen lernen, eine neue Sprache zu sprechen: Die Sprache des Glaubens, der Zuversicht, der Hoffnung, der Verheissungen Gottes. Jesus nahm sich viel Zeit, um in die Herzen Seiner Jünger und weiterer Zuhörer, Gottes Gedanken einzupflanzen. In Röm. 12, 2 ermahnt uns der Apostel Paulus, nicht die Forderungen dieser Welt zum Massstab zu nehmen, sondern unser Denken zu ändern, um Gottes guten, wohlgefälligen und vollkommenen Willen immer besser zu erkennen.

Was ist Gottes guter Wille für uns?
Dass wir an Schwierigkeiten kaputt gehen? Dass die Welt um uns herum zusammenbricht? Nein! Die Bibel sagt: **„...Wer Gott liebt, dem dient alles, aber auch wirklich alles zu seinem Heil“** (Röm. 8, 28). Es ist unübersehbar, dass auch Jesus ständig durch Angriffe des Teufels mit Schwierigkeiten konfrontiert wurde sowie mit Leid, die der Feind bei Menschen angerichtet hatte. Aber was lehrte Jesus Seine Jünger mitten in diesen Situationen? Dass Gott immer grösser ist! In verschiedenen Situationen sahen die Jünger, dass Jesus in Momenten von Kritik und Schmähung übernatürliche Kraft von Seinem Vater bekam. Darum verbitterte Er nicht und setzte Seine Autorität nicht falsch ein. Er empfing Kraft zum Leiden. In anderen Situationen überwand Jesus die Hindernisse, indem Er göttliche Heilung und/oder Befreiung geschehen liess.

In jenen Stunden, als Jesus für unsere Schuld am Kreuz hing und an unserer statt büsste, erlitt ER völlige Schwachheit bis in den Tod hinein. Aber letztlich war sogar dieser Tod der grösste Sieg und Triumph der Geschichte, denn Satans Macht wurde gebrochen, der Böse wurde entmachtet (Hebr. 2, 14).

Welche Sprache sprechen Sie?
Christen sollen keine Vogel-Strauss-Politik betreiben und den Kopf einfach in den Sand stecken! NEIN! Wir werden bedrängt. Wir durchleiden Schmerz. Wir gehen durch Schwierigkeiten. Wir werden versucht. Aber wir brauchen nicht an die Dinge "verhaftet" zu sein! Wer seinen Blick auf Gottes strahlendes Angesicht lenkt und die Macht und Möglichkeiten Gottes über den Schwierigkeiten erhebt und preist, wer seine Konflikte Gott übergibt und Ihn einlädt, mit der Kraft Seines Geistes Veränderung zu bewirken, der steht nicht alleine als Zwerg einem Riesen gegenüber. Vielmehr macht er Erfahrungen wie David gegenüber Goliath: Gott gibt unsere Feinde in unsere Hände. Er verschafft uns den Sieg.

Unsere Welt wird immer schwieriger. Mehr denn je befällt Menschen Unsicherheit und Angst. Viele müssen feststellen, dass das, woran sie sich klammern, unter ihren Händen zerbricht und sich als nicht tragfähig erweist. Menschen aber, die ihren Gott kennen, werden sich als stark erweisen, sagt die Bibel (Dan. 11, 32).

Wenn Sie, lieber Leser, sich gerade jetzt Ihren Problemen "verhaftet" fühlen, gilt diese Botschaft Ihnen. Da ist ein Gott, der Seine Augen längst auf Sie gerichtet hat und auf Ihren "Augenblick" wartet. Erkennen Sie IHN auf allen Ihren Wegen! Dann schenkt Er Ihnen Gelingen (Spr. 3, 6). Erinnern Sie sich an Seine unbeschreibliche Liebe zu Ihnen und Seine uneingeschränkte Macht und Herrlichkeit über jede Schwierigkeit. Rühmen Sie Seine Stärke. Lassen Sie immer wieder Lieder des Lobes und der Anbetung über Ihre Lippen gehen. So wird Ihr Herz von der Last befreit und Gott hebt Sie über Ihre Grenzen hinweg. Neues wird geboren und Ihr Herz wird jubeln und den Allerhöchsten preisen und verherrlichen für alle Wunder, die Er an Ihnen getan hat und immer wieder tut.

Das ist Gottes Wille für Sie und auch mein Wunsch.

Kapitel 20

SO GEWINNEN SIE KRAFT

Heutzutage rennt selbst jungen Leuten die Zeit davon. Schon unsere Kinder leiden manchmal unter Stress. Die Herausforderungen des Lebens werden immer grösser, die Zeiten härter. Genau das hat die Bibel für die Periode vor dem Ende vorausgesagt.

Wie können wir mitten in diesen Turbulenzen die nötige Kraft gewinnen?
In den nachfolgenden Zeilen werden Sie Grundlagen entdecken, durch die Sie inneren Halt und Festigkeit empfangen können. Je mehr Sie Ihr Leben danach ausrichten, desto stärker werden Sie selber - und Menschen in Ihrer Umgebung durch Sie - ermutigt und Zuversicht gewinnen.

1. Die richtige Grundhaltung
Wir müssen uns darauf gefasst machen, dass wir weitere tiefgreifende Erschütterungen in der Weltpolitik, aber auch in unseren Ländern und auf lokaler Ebene erleben werden. Ihr und mein persönliches Leben wird durch Herausforderungen, durch schmerzliche Erfahrungen und Enttäuschungen getestet werden. Wie sollen wir darauf richtig reagieren?

Die Bibel hat dazu einen ganz eigentümlichen Rat. In Epheser 5,20 heisst es: **„Und immer gilt: Im Namen unseres Herrn Jesus Christus dankt Gott, dem Vater, zu jeder Zeit, überall und für alles!“** Das widerspricht unserer Logik. Sie werden von jemandem benachteiligt, erleben Schmerz oder Verlust und sollen in dieser Situation Gott danken?! Das ist doch unsinnig. Wirklich? In einem seiner Bücher beschreibt Merlin Carothers, wie bei einem Kirchenbau heisser Teer versehentlich verschüttet wurde und sich jemand dabei den Arm verbrannte. Christen machten einen Ring um die betroffene Person und fingen an, miteinander Gott zu loben und zu preisen. Als nach kurzer Zeit einer den Teer vom Arm entfernte, wurden die Beteiligten Zeugen eines Wunders. Keinerlei Verbrennungen, völlig gesunde Haut kam zum Vorschein. Gegen die Frontalangriffe des Teufels und gegen Erschütterungen im Leben ist Dankbarkeit zu Gott die wirksamste Waffe. Nur so können wir die Erfahrungen richtig einordnen und sie zugleich der Kontrolle und Herrschaft Gottes unterstellen. Dankbarkeit, gerade in Krisen, bildet ein „Dach“ über unserem Leben, unter dem Gott uns schützt und die Schwierigkeiten in Segen verwandelt (Röm. 8, 28).

2. Die richtige Blickrichtung

Fernseher übermitteln uns Bilder aus aller Welt direkt in unsere Wohnzimmer. Viel besser aber noch ist, wenn unsere geistliche „Bildröhre“ funktioniert. Ich meine damit unsere inneren Augen. Auf dem „Bildschirm Ihres Herzens“ möchte Gott nämlich Sein strahlendes Antlitz aufleuchten lassen. Er will mit Ihnen reden. Er will sich Ihnen mitteilen (Joh. 14, 21). Der Trick des Teufels besteht darin, unsere Aufmerksamkeit auf Krisen, Probleme und Spannungen zu lenken. Wir sollen uns darüber ärgern, uns Sorgen machen, in Wut geraten. Gottes strahlendes Angesicht soll dadurch verblassen, wir selber die Blickrichtung verlieren und von den Problemen aufgefressen werden. Dann setzen Zweifel ein, Sorgen und Angst brechen durch, und wir verlieren den Halt unter den Füssen. Lassen Sie das nicht zu! Nehmen Sie sich täglich Zeit in Gottes strahlendes Angesicht zu schauen, Ihn anzubeten, zu besingen und sich in Gott zu stärken, wie es David tat. Praktizieren Sie das beim direkten Beten und mitten in der Arbeit.

3. Sie haben einen wunderbaren Helfer

Ein Christ, der um seines Glaubens willen im Gefängnis gesessen hatte, erzählte mir, wie ihn in kalten Winternächten eine wärmende Wolke einhüllte. Das ist der Heilige Geist, der wunderbare Beistand, den Jesus Ihnen zur Seite gestellt hat, um Sie im richtigen Moment zu trösten, zu warnen, zu ermutigen. Lassen Sie sich täglich von Ihm erfüllen.

4. Beziehen Sie den Heiligen Geist in alles ein

Übergeben Sie dem Geist Gottes jeden Lebensbereich. Manche Menschen meinen, der Heilige Geist helfe ihnen nur beim Beten oder wenn sie einem anderen ein Zeugnis über Jesus geben. Sein Beistand ist viel umfassender. Was wir ohne Ihn tun, geschieht in eigener Kraft und endet all zu oft in Enttäuschung. Beziehen wir Ihn in jede Situation des täglichen Lebens ein, wird Sein Einfluss spürbar. Selbst Jesus praktizierte das so. Er sagt: **„Dabei kann ich nicht eigenmächtig handeln, sondern ich entscheide so, wie Gott es mir sagt. Deswegen ist mein Urteil auch gerecht, weil es nicht meinem eigenen Willen entspricht, sondern dem Willen Gottes, der mich gesandt hat“** (Joh. 5, 30).

Es ist ein grosser Unterschied, ob wir für eine Sache nur beten oder sie dem Heiligen Geist übergeben! Denn eigentlich geht es beim Beten darum, dass wir unsere Lasten, unsere Sorgen bei Gott abladen, und dann von der Tatsache ausgehen, dass Er nun in diesem Bereich zu wirken beginnt. Das soll uns zur Ruhe bringen, wieder fröhlich werden lassen. Praktizieren Sie das selber und für andere Menschen. Sie werden staunen, wie Gott Verhältnisse zum Guten verändert.

5. Fester Boden unter den Füssen

Bei einem Besuch in Montreal erklärte mir mein Gastgeber, dass jenes mehrstöckige Hochhaus, an dem wir vorüber fuhren, auf einem instabilen Untergrund gebaut sei. Durch ein ständiges, künstliches Gefrieren des Bodens werde die Stabilität erhalten. Hoffentlich geht ihnen die Energie nicht eines Tages aus! In unserem Leben soll das anders sein. Sie und ich dürfen eine verlässliche Grundlage fürs Leben haben. Es gibt festen, unnachgiebigen Boden, auf dem wir unser Leben aufbauen können: Das Wort Gottes.

Politiker ändern ihre Meinung, grosse Strategen kommen immer wieder mit neuen Konzepten und müssen alte über den Haufen werfen, weil sie untauglich sind. ***Gottes Wort aber bleibt in Ewigkeit. Es ist auf der Realität, auf der Wahrheit gegründet. Es <u>ist</u> die Wahrheit.*** Gott spricht in der Bibel zu uns. Menschliche Meinungen können krank machen. Auch religiöse Vorstellungen können Menschen binden. Jesu Wort aber macht frei, wenn der Heilige Geist, der dieses Wort eingegeben hat, uns Gottes Botschaft lebendig machen kann. Im Wort Gottes ist nämlich Gottes Herz, Sein Odem, Seine Kraft enthalten. Nehmen wir es mit einem demütigen Herzen an und richten unser Leben danach aus, so erweist es sich als heilend und rettend. Jesus sagt: **„Gottes Geist allein schafft Leben. Ihr selber könnt es nicht. Die Worte aber, die ich euch gesagt habe, sind aus Gottes Geist; deshalb bringen sie euch das Leben“** (Joh. 6, 63).

Jedes Gebiet unseres Lebens, das nicht mit dem Wort Gottes übereinstimmt, wird uns und anderen Schwierigkeiten verursachen. Wenden Sie darum Gottes Wort auf sich selber an, leben Sie es aus und sprechen Sie dieses Wort auch mutig in die Verhältnisse Ihres Lebens, die noch nicht dem Wort Gottes gemäss sind! Es erweist sich als schöpferische Kraft und wirkt wie ein Schwert (Eph. 6, 17).

6. Nicht um die eigene Achse drehen

Wir werden bald einsam sein, wenn wir uns allzu sehr mit uns selber beschäftigen. Es gibt zwei entgegengesetzte Einstellungen im Leben: Ich möchte mit Christus leben und für andere da sein. Oder: Gott und die Welt um mich herum sollen meine Wünsche befriedigen. Die letztere Einstellung macht krank, führt in Isolation und oft in Depression. Wirkliche Erfüllung finden wir in der Herzenshingabe an Gott und, mit Ihm zusammen, an Menschen. Zwei Gruppen von Menschen existieren in dieser Welt, die Gott durch Sie segnen möchte:

a) Seine Kinder b) Solche, die es noch nicht sind

Der Heilige Geist möchte Ihnen helfen, Ihre Brüder und Schwestern in Christus anzunehmen und sie trotz ihrer Schwächen und Fehler zu lieben. In dieser Herzenshaltung fliesst nämlich etwas von Ihrem Leben zu Ihren Mitchristen. Gott hat auch Ihnen Gaben geschenkt und will sie entwickeln. Durch diese dürfen andere Christen ermutigt, gesegnet und aufgerichtet werden. Zudem will der Heilige Geist durch Ihre Worte und Taten Menschen segnen und helfen, die Jesus noch nicht kennen. Richten Sie Ihren Blick auf Unerrettete, beten Sie für sie, und werden Sie denen, die noch fern von Jesus sind, ein helfender Freund.

7. Kraftvoll vorwärts gehen

Wenn Sie Jesus als Ihren Erlöser in Ihr Herz aufgenommen haben, hat Gott Sie zu Seinem Kind gemacht. Nicht zu einer schwächlichen Jammergestalt, sondern zu einem Königskind. Er hat gute Absichten mit Ihnen. Immer wieder werden wir im Alltag unsere Grenzen und Schwächen wahrnehmen. Das gibt mir und Ihnen die Gelegenheit zu sagen: *„Herr Jesus, ich gehe nun nicht in meiner Kraft, sondern ich rechne mit Dir!“* Darum sagt die Bibel: **„Für euch alle gilt: Werdet stark durch den Glauben an Christus und im Vertrauen auf seine Macht!“** (Eph. 6, 10).

„Und nun sagt der Arme, ich bin reich, und der Schwache, ich bin stark, wegen allem, was der Herr an mir getan.“ Sprechen Sie das Ihrer Seele zu!

Kapitel 21

ÖFFNEN SIE DAS FENSTER IHRES GLAUBENS!

Die folgende Botschaft wird eine erstaunliche Wirkung auf Ihr Leben haben, wenn Sie sie mit offenem Herzen lesen und in Ihrem täglichen Leben umzusetzen versuchen. Lassen Sie mich Ihnen zuerst erklären, um was es grundsätzlich geht:

Die erstaunliche Kraftquelle

Vor etwa 3000 Jahren lebte ein junger Mann, Daniel, inmitten einer verführerischen Umgebung, weit weg von seiner Heimat, die ihm Schutz und Geborgenheit vermittelt hatte. Sein Leben und seine Ausstrahlung hatten aber eine derartige Wirkung, dass sogar der König des Landes auf ihn aufmerksam wurde. Worin lag das Geheimnis seiner Kraft?

Die Bibel sagt uns in Daniel 6, 11: **"Das obere Stockwerk hatte Fenster in Richtung Jerusalem, die offen standen. Hier kniete er nieder, betete zu seinem Gott und dankte ihm. Dies tat er dreimal am Tag".** Dieser wunderbare Gott, dem er diente, schenkte ihm Gesundheit, Weisheit und Erfolg auf allen Ebenen.

Ist Ihr „Glaubensfenster“ geöffnet?

Viele Menschen erleben so wenig mit Gott. Nicht weil es Ihm an Kraft und Stärke fehlte, oder Er ihre Nöte übersehen würde, sondern weil ihr „Glaubensfenster“ so winzig klein ist. Es lässt nur ganz wenig von Gottes Güte, Kraft und Segen durch. In den folgenden Zeilen möchte ich Ihnen erläutern, wie Sie Ihr Leben empfänglich machen können für die wunderbaren Pläne, die Gott mit Ihrem Leben hat, und wie Sie zu kraftvollen Erfahrungen der Herrlichkeit Gottes kommen.

Bedingungslose Liebe

Die obere Breite Ihres „Glaubensfensters“ wird bestimmt von Ihrer Erkenntnis über die Liebe Gottes zu Ihnen. Der Apostel Paulus betete darum, dass die Christen, „die alle Erkenntnis übersteigende Liebe des Christus erkennen möchten“ und führte weiter aus, dass wir dadurch mit der ganzen Fülle Gottes erfüllt werden. Die allermeisten Christen, denen ich begegne, sind davon überzeugt, dass Gott die Liebe ist, und auch sie liebt. Aber bei vielen ist es ein reines Kopfwissen, d. h. in ihrem Herzen ist diese Tatsache noch nicht verankert und noch nicht zu einer tragenden Gewissheit geworden. Häufig drückt sich das folgendermassen aus: *„Wie kann Gott einen Menschen wie mich lieben?“* Oder *„Ich mache doch noch so viele Fehler. Wie kann Gott mich so bedingungslos lieb haben?“* Würde Gottes Liebe von unseren Qualitäten oder unserem fehlerlosen Verhalten abhängig sein, hätte Gott die Erde längst vernichten müssen. Nein, liebe Freunde, ***Gottes Liebe ist bedingungslos. Er liebt, weil Er die Liebe ist!*** Ohne Vorleistung unsererseits. Er liebt auch Sie mit der ganzen Liebe Seines Herzens. Glauben Sie daran, und rufen Sie sich das täglich zu, bis der Heilige Geist es Ihrem Herzen offenbaren kann und es zur völligen Gewissheit wird.

Die Antwort auf Gebet

Die untere Breite Ihres „Glaubensfensters" wird bestimmt durch die Tatsache: Es macht Gott Freude, Ihre Gebete zu erhören. Immer wieder fasziniert es mich, wenn ich über die Heilung des Blinden Bartimäus, die uns in Markus 10 berichtet wird, nachdenke. Dieser Blinde hat Jesus nie gesehen. Aber je mehr er über Ihn hört, desto gewisser wird er: Jesus ist der Sohn Davids, der kommende Retter. Er wartet auf die Gelegenheit, wo Jesus in seine Nähe kommt. Als er dann hört, dass Jesus vorübergeht, ruft er aus Leibeskräften: **„Jesus, Du Sohn Davids, erbarme dich meiner!"**. Beim zweiten Ruf bleibt Jesus stehen und lässt ihn zu Sich rufen. Bartimäus wirft seinen Blinden-Mantel ab. Er ist davon überzeugt, ihn nie mehr zu brauchen. Er lässt sich zu Jesus führen. Dann hören wir die ergreifenden Worte Jesu: **„Was willst du, dass ich dir tun soll?"** Liebe Leser, das ist Gottes täglicher Zuspruch auch für Sie, wenn Sie beginnen an Seine bedingungslose Liebe zu glauben. Und durch Jesus Christus, als Ihren Herrn und Erlöser, können Sie im Gebet zu Ihm kommen. Machen Sie es doch zu einer täglichen Gewohnheit, möglichst schon am Morgen, Gott im Gebet zu begegnen, Ihn zu loben und zu erheben. Sie sehen Ihren himmlischen Vater strahlend und mit zu Ihnen ausgestreckten Händen auf Seinem Thron? Beten Sie Ihn freudig an, lobsingen Sie Seinem Namen. Er will Ihre Bitten erhören, nach Ihrem Glauben handeln, Seine Verheissungen in Ihrem Leben erfüllen. Machen Sie Ihr „Glaubensfenster" so weit wie möglich auf, damit Gottes Licht und Segen herein kommen.

Nie mehr allein!

Ob Ihr „Glaubensfenster" nur einen schmalen Sehschlitz hat oder genügend hoch ist, um Licht und Luft herein zu lassen, hängt von zwei weiteren Faktoren ab. Glauben Sie an die Tatsache, dass Jesus Christus durch den Glauben in Ihrem Herzen wohnt. Wie viele Male bin ich Christen begegnet, die darüber klagten, dass Gott Ihnen so ferne sei, dass sie keine rechte Verbindung zu Ihm bekämen. Andere litten darunter, dass Sie in sich eine Leere empfanden. Die Ursache eines solch mageren Christenlebens liegt häufig in der Tatsache, dass Menschen nicht von der Innewohnung Jesu völlig überzeugt sind. Sagt die Bibel nicht ganz klar, wenn wir Jesus die Tür öffnen, kommt Er herein und hält das Mahl mit uns (Offenbarung 3, 20)?

Warum ist die Tatsache der Gegenwart Jesu in unserem Leben so wichtig?
Sehen Sie, so viele Menschen leiden unter Ungeborgenheit, Einsamkeit und dem Gefühl, Herausforderungen nicht gewachsen zu sein. Glauben wir aber an die Tatsache, dass Jesus in unserem Inneren wohnt, dürfen wir gewiss und geborgen sein. Gottes Wort sagt in 1. Johannes 4, 4: **„Denn der Geist Gottes, der euer Leben bestimmt, ist stärker als der Geist der Lüge, von dem die Welt beherrscht wird".** Weil das Blut Jesu eine gewaltige Reinigungskraft hat, ist unser Herz zu einer Wohnstätte Gottes geworden. Unser Leib darf Tempel des Heiligen Geistes sein. Jetzt braucht es keine gewaltigen Anstrengungen mehr, um mit Gott in Berührung zu kommen oder von Ihm Kraft und Führung zu erhalten. Er ist in uns. Wir können im tiefsten Herzen mit Ihm sprechen und erfahren dort Seinen Trost, Zuspruch und Seine Weisung. Ist das nicht wunderbar? Geben Sie Ihrem „Glaubensfenster" die richtige Höhe, damit dieser wunderbare Segen Gottes auch in Ihr Leben kommen kann.

Gott kämpft auf unserer Seite!
Eine vierte Überzeugung ist wichtig: Gott ist mit uns! Der Nachfolger Mose, Josua, stand vor einer riesigen Herausforderung. Er sollte das Volk Israel führen. Um ihn zu ermutigen und ihm jede Form der Furcht zu nehmen, sagte Gott zu ihm folgende Worte: **„Ja, ich sage es noch einmal: Sei mutig und entschlossen! Lass dich nicht einschüchtern, und hab keine Angst! Denn ich, der Herr, dein Gott, bin bei dir, wohin du auch gehst"** (Josua 1, 9). Dieses Wort gilt nicht nur Josua, es gilt auch Ihnen! Der Apostel Paulus greift das in ähnlicher Form auf: **„Wenn Gott für uns ist, wer kann dann gegen uns sein?"** (Römer 8, 31). Das heisst, Gott kämpft auf unserer Seite. Er geht mit uns in den Alltag, in unsere Ehe, Familie, in unseren Beruf, an die Arbeit. Seine Absicht ist, uns zu segnen, zu helfen und wohlzutun. Dafür hat Jesus den Heiligen Geist vom Vater erbeten, dass Er unser Beistand, Helfer, Tröster und Fürsprecher sei.

Haben Sie den Vater schon um die Erfüllung mit dem Heiligen Geist gebeten? Nehmen Sie heute den Heiligen Geist im Glauben, als Beistand und Führer in Ihr Leben auf. Rechnen Sie von nun an mit Ihm in Ihrem täglichen Leben und laden Sie Ihn in jede neue Herausforderung ein. Geben Sie Ihm täglich Raum in Ihrem Leben, Denken, Reden und in Ihrem ganzen Sein.

Durchstossen Sie im Namen Jesu die Wand des Unglaubens und Zweifels und setzen Sie ein neues „Fenster".

Es soll gross genug sein, um Gottes Liebe und Segen in Ihr Leben hineinzulassen. Machen Sie dieses „Fenster" weit auf und halten Sie es offen, damit Gott Ihnen und Ihren Mitmenschen all das schenken kann, was Er bereit hält. Das wünsche ich Ihnen von Herzen.

Teil 5

GEHEN SIE IHREN WEG NICHT ALLEIN!

Kapitel 22

WIR BRAUCHEN EINANDER

Was wäre ein Fest ohne Gäste, ein Anlass ohne Teilnehmer, ein Geburtstag ohne Familie oder Freunde? Jeder von uns hat aber schon Zeiten durchlebt, in denen er sich einsam fühlte und Ausschau nach Menschen hielt, die ihn verstehen und ihn lieben.

Der Mensch ist zur Gemeinschaft geschaffen

Als Gott uns schuf, stellte Er Mann und Frau zusammen und sagte: **„Es ist nicht gut, dass der Mensch allein lebt“** (1. Mose 2, 18). Gott wusste, es würde nicht lange dauern, bis das erste Ehepaar durch Kinder ergänzt würde. Familien würden entstehen, Gruppen von Menschen beieinander wohnen und soziale Bindungen sich entwickeln.

Viel mehr als jedes andere Lebewesen in der Natur ist der Mensch schon von klein an auf Zuwendung, Liebe und Fürsorge angewiesen. Gott hat das so gewollt, weil sich in unseren Beziehungen etwas von Seiner wunderbaren Beziehung zu uns widerspiegeln soll.

Warum gibt es dann Einsamkeit?

Und dennoch kennen wir sie alle: die Einsamkeit, das Gefühl gähnender Leere. Gerade ältere Menschen fühlen sich oft isoliert und allein gelassen, nach einem Leben der Aufopferung und Hingabe an andere.

Das ist aber nicht Gottes Plan für den Menschen, sondern Ergebnis und Folge des Sündenfalls. Dort kam es zu den ersten gegenseitigen Schuldzuweisungen, zur inneren Entfremdung, zu den dunklen Versuchen, einander zu beherrschen, statt zu lieben und zu ergänzen. Hass entwickelte sich im Herzen von Kain, als er sah, dass sein Bruder Abel von Gott auf Grund seines Glaubens Wohlwollen empfing, aber sein eigenwilliger Gottesdienst keine Resonanz fand. Immer wieder stellt Gott Menschen zueinander, damit sie sich gegenseitig trösten, stärken und ermutigen können, um Gottes Plan zu erfüllen.

Wert der Gemeinschaft

Beeindruckende Berichte des Alten und Neuen Testamentes zeigen uns, wie wertvoll und segensreich Beziehungen sein können.

Da ist z.B. das Ehepaar Abraham und Sara, die Gott von Herzen vertrauen und darum zu Eltern eines ganzen, von Gott auserwählten Volkes werden. Da finden wir zwei Freunde, die sich herzlich lieben, David und Jonathan. Beide sind bereit, füreinander das Leben zu lassen.

Das eindrücklichste Beispiel der Gemeinschaft wird uns in der Beziehung, die Jesus zu Seinen Jüngern hatte, gegeben.

Die Gemeinde Jesu

Jesus berief Seine Jünger nicht, um als Solisten in der Welt zu wirken, sondern um miteinander eine Gemeinde zu werden. Sie, ihre Frauen und ihre Kinder, und all die Menschen, die in den nächsten Jahren zu Christus kommen, würden ein neues Gebilde in dieser Welt darstellen: Gemeinde Jesu. Die Beziehungen untereinander sollten eine Qualität erreichen, die sich weit über alle anderen sozialen Beziehungen abhebt. Das griechische Wort für Gemeinschaft „Koinonia" umschreibt eine Verbundenheit miteinander, die es in keinem Klub, keiner Partei oder andern irdischen Vereinigungen gibt.

Gemeinde Jesu ist von folgenden Faktoren geprägt:

1. Jesus ist Herr

Bei Klubs und Vereinen stehen die gemeinsamen Interessen im Vordergrund. In der Gemeinde Jesu ist es die Person Jesus Christus, die im Mittelpunkt steht. Er selber ist das einigende, ordnende Zentrum, zugleich aber auch die Quelle, aus der die Gemeinschaft lebt. Unter Ihm können sich Menschen zusammenfinden, die völlig unterschiedliche kulturelle Hintergründe haben, verschiedene Rassen vertreten. Wo Jesus Herr wird, können Reich und Arm, Jung und Alt zu einer Einheit verschmelzen, die einzigartig ist.

2. Die Beziehungen sind geprägt von Liebe!

Jesus, der Herr der Gemeinde, liebt Seine Kinder mit bedingungsloser Liebe und nimmt uns an, wie wir sind, um uns dann in diesem Klima von Liebe und Freiheit so zu prägen, dass wir Ihm immer ähnlicher werden. Genau das gleiche Band, das Ihn mit uns verbindet, soll unter uns entstehen. Weil Jesus uns mit Sanftmut und Demut begegnet, will Er nicht, dass Seine Kinder sich gegenseitig beherrschen, dominieren oder Druck aufeinander ausüben. Vielmehr soll die Atmosphäre unserer Beziehungen von der gleichen Qualität Liebe geprägt sein, wie die zwischen Jesus Christus und Seinen Jüngern.

Wie sieht das praktisch aus?

Wir folgen der Anweisung Jesu: **„Heute gebe ich euch ein neues Gebot: Ihr sollt einander lieben, so wie ich euch geliebt habe"** (Joh. 13, 34). In die Praxis umgesetzt, heisst das: Ich entschliesse mich, die älteren Männer und Frauen unserer Gemeinde, in der ich bin, voll zu akzeptieren. Ebenso die Jüngeren anzunehmen, auch wenn sie anders empfinden und denken. Es bedeutet, zu den Schwachen ja zu sagen, und in beständiger Annahme und Vergebung auch denen gegenüber zu bleiben, die manchmal verletzend und unangenehm sind. Das kann ich nicht aus meiner eigenen Kraft. Aber die Bibel sagt: **„....... Denn durch den Heiligen Geist, der uns geschenkt wurde, ist Gottes Liebe in uns“** (Römer 5, 5). Damit wird deutlich: Solange ich mich dem Heiligen Geist unterstelle, kann Gottes Liebe mich zu den richtigen Haltungen und Handlungen motivieren. Es ist aber nötig, dass ich meine kritisierenden oder anklagenden Gedanken aufgebe und die Anweisung Jesu zum Lieben, Annehmen und Vergeben ernst nehme.

Erst kommt die Haltung, dann die Tat, und schliesslich das Gefühl

In breiten Kreisen der Bevölkerung ist das Verständnis von Liebe nicht identisch mit dem, was die Bibel unter Liebe (Agape) versteht. Gottes Wort macht uns klar: Liebe beginnt in der Haltung des Herzens: in den Gedanken, die wir übereinander haben. Wenn wir uns in unseren Gedanken unter Gottes Wort und Anweisungen stellen und diese in konkrete Taten umsetzen, entstehen auch die richtigen Gefühle. Haben wir nämlich Menschen erst einmal innerlich bejaht, auch wenn sie uns schwierig und unsympathisch erscheinen, - einfach darum, weil Jesus es so wünscht und unser Herr geworden ist, - gibt der Geist Gottes uns Kraft. Wir können anders auf diese Menschen zugehen und ihnen durch Kontakte, Gespräche und kleine Zeichen der Liebe unsere Annahme signalisieren. Wer mit dieser Einstellung lebt, wird feststellen, dass in seinem Herzen auch die positiven Gefühle dominieren.

3. Wir nehmen einander an und vergeben uns

Kein Mensch ist perfekt. Auch dann nicht, wenn er schon jahrelang Jesus nachfolgt. Darum kommen wir um den Entschluss nicht herum, einander so anzunehmen, wie wir heute noch sind. Vergessen wir nicht: ***Gott liebt uns selbst auch so, wie wir gestern waren, heute sind und morgen noch sein werden.*** Echte Liebe fordert nicht, sondern ist barmherzig und will zu einer positiven Entwicklung beitragen. Sie richtet und verdammt nicht, sondern will aufhelfen und ist bereit, auch zu leiden, Schmerz zu ertragen, ohne zu verbittern (1. Kor. 13).

In Hebräer 10, 25 werden wir aufgefordert, unsere Versammlungen nicht zu verlassen. Das bedeutet, dass wir nicht die Flucht ergreifen oder uns zurückziehen sollen, wenn Menschen anders sind als wir. In Römer 15, 7 werden wir aufgefordert, einander so anzunehmen, wie Christus uns angenommen hat.

In Kolosser 3, 13 sagt uns die Bibel: **„Streitet nicht miteinander, und seid bereit, einander zu vergeben, selbst wenn ihr glaubt, im Recht zu sein. Denn auch Christus hat euch vergeben“.** Sie sehen, die Bibel ist realistisch. Sie weiss, in der Gemeinde Jesu sitzen unterschiedliche, zum Teil schwierige Menschen beieinander.

Trotzdem können sie durch ihre Ausrichtung auf Jesus, ihren Herrn, und das erfüllt Sein mit dem Heiligen Geist (der Liebe Gottes) in Liebe miteinander umgehen. Wenn diese Liebe getrübt wird durch Enttäuschungen, ist unsere Antwort darauf Vergebung und nicht Verbitterung. Dann wachsen wir sogar an Schmerzen. Wir werden anderen ein Vorbild und es erfüllt sich, was Jesus Seinen Jüngern sagte: **„An eurer Liebe füreinander wird die Welt erkennen, dass ihr meine Jünger seid“** (Joh. 13, 35).

4. In der Gemeinde dienen wir einander

Wahre Gemeinschaft sitzt nicht nur beieinander und hat sich gern. „Koinonia“ bedeutet, sich aktiv für den Anderen einzusetzen. So lesen wir in 1. Petrus 4, 10: **„Jeder soll dem anderen mit der Begabung dienen, die ihm Gott gegeben hat“.** Jedem von uns sind bestimmte Dinge anvertraut worden. Dem einen die Gabe zu dienen, einem anderen zu lehren, einem anderen zu ermahnen, d.h. Ermutigung zuzusprechen. Finanziell können wir einander helfen, durch Geistesgaben Stärkung und Trost zusprechen. Gottes Wort macht deutlich: Der andere braucht mich, und ich brauche ihn. Während wir bereit werden zu dienen, auf Menschen zuzugehen, an ihren Freuden und Schmerzen Anteil zu haben, dient Gott auch uns. Auch wir empfangen. Wir werden getröstet, ermutigt, korrigiert. So reifen wir gemeinsam.

5. Die Gemeinde dient der Welt

Biblische Gemeinde praktiziert einen dreifachen Dienst:

- *Einen Dienst Gott gegenüber im Lobpreis, der Anbetung, in Fürbitte und Gebet*
- *Einen Dienst aneinander in gegenseitiger Förderung und Hilfeleistung*
- *Den Auftrag, den Menschen, die dem Evangelium noch ferne stehen, zu dienen*

Christen sollen sich nicht in ein Ghetto zurückziehen. Jesus sendet uns wie Schafe mitten unter Wölfe, um denen, die noch ferne sind, Liebe, Ermutigung und praktische Hilfeleistung zu bringen. Das öffnet auch die Tür zu den Herzen, die dann empfangsbereit werden für die Botschaft des Evangeliums. Gott will uns mit produktiven und hilfreichen Ideen beschenken, um Not zu lindern; um in Familien, Betrieben, Schulen und Büros Schwachen zu helfen, Konflikte zu lösen und zum Wohl unserer Gemeinschaft beizutragen. Wenn Christen das praktizieren, werden ihre Worte ernst genommen. Durch die Gemeinde Jesu, das heisst durch Sie und mich, will Gott Seine rettende, heilende, verwandelnde Liebe in dieser Welt wirken lassen.

Haben Sie Ihr geistliches Zuhause gefunden? Integrieren Sie sich in eine örtliche Gemeinde und arbeiten Sie konkret mit. Bilden Sie eine Gebetszelle. Arbeiten Sie aktiv in einem Hauskreis mit, um Gottes Plan für Gemeinschaft in praktisch ausgelebter Liebe zu verwirklichen. Gott hilft Ihnen dabei durch Seinen wunderbaren Geist.

Kapitel 23

KENNZEICHEN EINER GESUNDEN GEMEINDE

Was sind ihre Kennzeichen?
Viele Menschen sind in den vergangenen Jahren aus der Kirche ausgetreten. Sie haben Gott, dem Christentum und der Bibel den Rücken gekehrt. Manche sind auch aus Überzeugung ausgetreten, weil sie mit vielen Dingen nicht mehr einverstanden waren.

Warum scheint das Christentum heute so kraftlos zu sein?
Warum sind Fakten, die wir in der Bibel lesen, heute so selten zu sehen und zu erleben? Hat Gott sich geändert? Ist Er gar gestorben, wie manche Leute meinen? - Die Ursache liegt darin, dass wir von wichtigen biblischen Grundlagen abgewichen sind.

In Apostelgeschichte 2, 38 steht geschrieben: **„Ändert euch und euer Leben! Wendet euch Gott zu!“** Petrus fordert auf: **„Lasst euch auf den Namen Jesu Christi taufen, damit euch Gott eure Sünden vergibt und ihr den Heiligen Geist empfangt“.**

Wenn wir in das Neue Testament hinein schauen, finden wir viele Dinge, die wir heute kaum noch kennen. Vorschnell hat man eine Erklärung gefunden und sagt: ***„Die Gemeinde Jesu in der Apostelgeschichte hat viele Entwicklungen durchgemacht und stand damals noch im Anfangsstadium. Inzwischen aber sind wir herangereift, haben mehr erkannt und viele Dinge besser verstanden“.***

Für mich ist die Apostelgeschichte - überhaupt die ganze Bibel - nicht ein Buch der Entwicklung des Christentums, sondern eine göttliche Grundlage - auch für unsere heutige Zeit. Das ist eine bedeutsame Tatsache, die man nicht übersehen darf, wenn man Gottes Wirken heute genauso erleben möchte wie die Menschen vor über 2000 Jahren.

Eine totale Veränderung
Der Apostel Petrus stand vor Tausenden von Menschen. Soeben hatten sie Pfingsten - die Taufe mit dem Heiligen Geist - erlebt. Er hielt eine Predigt, die durch Mark und Bein ging. Er zeigte den Menschen auf, dass sie mitschuldig sind an dem Tod Jesu Christi, der doch ihr Erretter ist. Das ging den Menschen sehr zu Herzen und sie fragten Petrus: **„Was müssen wir tun? Wie werden wir zu Christen? Wie wird uns unsere Schuld abgenommen? Wie kommen wir mit Gott wieder in Ordnung?“** Petrus rief kein Apostelkonzil zusammen; er brauchte kein Lexikon, nein, seine Antwort kam augenblicklich, inspiriert durch den Heiligen Geist: Zwei Schritte sind notwendig, damit euer Leben eine totale Veränderung erfährt:

1. „Bekehrt euch, tut Busse“. Das heisst, wendet euch mit Abscheu von eurer Sünde ab, hin zu Christus. Vertraut auf Ihn und Seine Erlösung. Beginnt mit Ihm ein neues Leben - unter Seiner Führung.

2. „Ein jeder von euch lasse sich taufen“. Petrus meinte damit, öffentlich durch Untertauchen zu bezeugen, dass das alte Leben ein für alle Mal in den Tod gegeben werden soll und man mit Christus ein neues Leben beginnen will.

Nun folgt eine wunderbare Verheissung: **„Dann werdet ihr die Gabe des Heiligen Geistes empfangen“.** Petrus sprach von der Erfahrung, die er vor wenigen Stunden mit 120 Menschen gemacht hatte, und rief den Zuhörern zu: **„Denn auch euch gilt ja die Verheissung und euren Kindern und allen, die noch ferne sind“.**

Was geschah?
Die Bibel berichtet uns, dass an diesem Tag 3000 Menschen Busse taten und sich taufen liessen. Dann haben sie die Gabe des Heiligen Geist empfangen.

Warum wird das heute so wenig praktiziert? Warum bescheinigt man den Menschen ihr Christsein, weil sie eine christliche Familie, Kirche oder Gemeinde hinein geboren wurden und am Religionsunterricht teilgenommen haben? Warum verlassen wir den biblischen Grundsatz, dass nur der zur Gemeinde Jesu Christi gehören kann, der wahrhaft Busse getan hat? Der zweite Schritt, eine klare, biblische Taufe, sollte unbedingt folgen. Sie kann nicht vor der Bekehrung, - als Baby -, erfolgen, denn der Mensch kann das gottlose Leben unmöglich begraben, ehe er darüber Busse getan hat. Die biblische Reihenfolge ist nicht zufällig. Sie ist so einzuhalten, wie sie von Gott her gegeben ist. Dann - so hat Petrus es hier gesagt - folgt etwas Wunderbares: Gott bestätigt diese klare Hingabe an Ihn mit der Erfüllung durch den Heiligen Geist.

Was ist damit gemeint?
Petrus bezog sich darauf, als er sprach: **„Hier erfüllt sich, was der Prophet Joel gesagt hat“.** Dann berichtete er von der Ausgiessung des Heiligen Geistes und bezeugte: **„Diese Gabe ist für die Menschen da, die Busse tun und sich taufen lassen“.** Gott gibt auch Ihnen die Gabe des Heiligen Geistes - genauso wie den Jüngern zu Pfingsten. Wer die Apostelgeschichte aufmerksam durchliest, stellt fest, dass weitere Berichte das Gleiche bestätigen (z.B. Apg. Kap. 10+19).

Unter die Führung des Heiligen Geistes kommen
Werden diese Wahrheiten heute in der Gemeinde verkündigt und praktiziert, dann geschehen auch göttliche Verheissungen. Aber Menschen, die gläubig geworden sind, die Busse getan haben, sich taufen liessen und die Erfüllung mit dem Heiligen Geist erlebt haben, sind nicht unbedingt besser als andere. Auch an ihnen kann man

Fehler entdecken; aber ihr Leben wird immer mehr unter die Führung des Heiligen Geistes kommen. Es genügt nicht, sich auf irgendwelche Erfahrungen zu berufen. Entscheidend ist, dass man in diesen Erfahrungen lebt, d.h. dass Jesus Christus immer mehr Besitz von unserem Leben ergreifen kann und mehr und mehr in uns Gestalt gewinnt.

Evangelistischer Eifer und Heiligung

In jeder biblischen Gemeinde ist der Wunsch vorhanden, andere für Christus zu gewinnen. Evangelistischer Eifer ist das Kennzeichen einer wahren biblischen Gemeinde. Parallel dazu läuft ein inneres Heilwerden der Christen. Es gibt Gemeinden, die die evangelistischen Einsätze überbetonen und die innere Wiederherstellung, das innere Wachstum oder die innere Heiligung der Christen vernachlässigen. Das darf auf keinen Fall geschehen. Das Kennzeichen einer biblischen Gemeinde ist auch das Gebet mit Kranken. Das ist nicht eine Praxis, die man nur vor 2000 Jahren ausübte, sondern die auch für unsere heutige Zeit gilt. In Jakobus 5, 14 und 15 lesen wir: **„Wenn jemand von euch krank ist, soll er die Ältesten der Gemeinde zu sich rufen, damit sie für ihn beten, ihn im Namen des Herrn segnen und ihn mit Öl salben. Wenn sie im festen Vertrauen beten, wird Gott den Kranken heilen. Er wird ihn aufrichten und ihm vergeben, wenn er gesündigt hat“.**

Die Bibel zeigt uns: ***„Die Frucht des Geistes beginnt mit Liebe, Freude, Frieden“.*** Das sind grundlegende Kennzeichen, die in dem Leben jedes wahrhaften Christen zu finden sind. Aus diesem inneren Motiv der Liebe zum Bruder, zur Schwester, zum Nächsten auf der Strasse, bittet man Jesus Christus um geistliche Gaben, so wie wir es in 1. Kor. 12 und 14 lesen. Menschliche Weisheit und Organisationstalent können niemals die Wirkungen des Heiligen Geistes ersetzen.

Ein abschliessender Rat:

Kritisieren Sie nicht Ihre Gemeinde, sondern beten Sie vielmehr geduldig um geistliche Erneuerung Ihres Herzens und Ihrer Gemeinde. Das hat Verheissung und führt zur Veränderung.

Kapitel 24

DAS WICHTIGSTE: DIE LIEBE

Eine grosse Zahl sogenannter Christen scheint sich als Gottes Kriminalpolizei zu verstehen. Sie sind immer darauf aus, an anderen etwas auszusetzen oder sie zu verurteilen. Gewiss darf ein Nachfolger Christi nicht blind durchs Leben gehen; er ist aber nicht dazu bestimmt, andere zu richten, sondern sie in Liebe aufzurichten.

Jesus sprach eindringlich und unmissverständlich über die Liebe unter Christen. Es ist daher unbegreiflich, dass so viel Neid, Streit und Bitterkeit unter Gläubigen zu finden ist. Deutlich zeigt das Neue Testament, dass die primäre Frucht echten geistlichen Lebens nicht ein grosses augenfälliges Werk für Jesus ist, sondern unsere Liebe zu Ihm und zueinander. Sie kommt zwar durch unsere Taten zum Ausdruck, wobei aber nicht die Werke als Gradmesser dienen, sondern das Motiv des Herzens. Grosse Taten können auch ohne das abhängig Sein von Christus vollbracht werden. Sie können ihren Ursprung im Geltungsdrang, Tatendrang und anderen Strebungen haben. Darum sagte Jesus: ***„Was ihr einem meiner geringsten Brüder getan habt, das habt ihr mir getan***“*(Matth. 25, 40).* Unsere Stellung zum Geringsten zeigt unsere Herzenseinstellung.

Jesu Gebot: „LIEBE“

Was Jesus mit Liebe meint, hat Er durch Sein Leben gezeigt. Er gab uns Richtlinien, wenn Er sagte: **„Ihr sollt einander lieben, so wie ich euch geliebt habe“** (Johannes 13, 34).

Klarer kann es nicht mehr ausgedrückt werden. Vergessen wir nicht, dass das ein Gebot Jesu ist. Wo ist diese Liebe zueinander unter Christen heute noch zu finden? Wie verbindlich diese Worte sind, zeigt folgender Satz: **„Wenn ihr mich liebt, werdet ihr so leben, wie ich es euch gesagt habe“** (Johannes 14, 15).

Es ist also Selbstbetrug, dem Bruder lieblos gegenüber zu stehen und dabei vorzugeben, dass wir Jesus lieben. Wie viele Beziehungen in Ehen, Familien und Gemeinden gehen an der Lieblosigkeit und an dem negativen Reden zugrunde oder leiden unter Kraftlosigkeit und Lauheit. Wir werden erfolglos beten und ergebnislos den Himmel bestürmen, wenn unser geistliches Leben, unsere Gemeinschaft mit Jesus und unseren Geschwistern (in den grundlegendsten Dingen) nicht geordnet ist (Matthäus 5, 23-26).

Wir sehnen uns nach Offenbarungen Jesu. Hier zeigt der Herr uns den Weg: **„Wer meine Gebote annimmt und danach lebt, der liebt mich. Und wer mich liebt, den wird mein Vater lieben. Auch ich werde ihn lieben und mich ihm zu erkennen geben“** (Johannes 14, 21).

Um das zu erhärten, fuhr Jesus fort: **„Wer mich liebt, richtet sich nach dem, was ich ihm gesagt habe. Auch mein Vater wird ihn lieben, und wir beide werden zu ihm kommen und immer bei ihm bleiben“** (Joh. 14, 23).

Die Innewohnung Jesu und des Vaters und die Begegnungen zwischen Jesus und uns sind also davon abhängig, ob wir Jesu Wort halten. Ist uns das wirklich bewusst? Erliegen wir nicht gewöhnlich dem Irrtum, nur durch besondere Leistungen, wie Beten und Fasten, Erfahrungen mit Gott machen zu können? Der Herr will uns vor solchen Selbsttäuschungen bewahren und zeigt die Voraussetzungen zur Begegnung mit Ihm. Ich zweifle keinen Augenblick daran, dass es ein Verführungswerk des Teufels ist, wenn wir andere Wege einschlagen, um Gott zu erfahren, als Jesus sie uns gewiesen hat: **„Und so lautet mein Gebot: Ihr sollt einander so lieben, wie ich euch geliebt habe“** (Johannes 13, 34).

Liebe hat Priorität!

Jesus stellte die Liebe an die Spitze Seiner Unterweisungen. Keine geringere Liebe als die Liebe, mit der der Vater Jesus liebte, soll unsere Herzen erfüllen und unser Verhältnis untereinander bestimmen. In seinen Briefen kommt auch der Apostel Johannes auf diese entscheidende Wahrheit zu sprechen: **„Wer diese Liebe nicht hat, der bleibt dem ewigen Tod ausgeliefert“** (1. Joh. 3, 14).

Unzählige verfallen der Selbsttäuschung und meinen, wenn sie mit ihren Mitmenschen in Disharmonie sind, aber dennoch Gott lieben, dann sei schon alles recht. Das ist ein Irrtum! Die Liebe, die wir zu anderen Menschen haben, ist der Gradmesser für unsere Liebe zu Gott. Die Innewohnung Jesu und des Vaters ist von unserer Liebe zu Gott und zu unseren Mitmenschen abhängig. Die Bibel sagt: **„Doch wenn wir einander lieben, wird sichtbar, dass Gott in uns lebt und wir von seiner Liebe erfüllt sind“** (1. Johannes 4, 12).

Mit anderen Worten: Wenn ich in Hass, Neid und Streit anderen gegenüberstehe, ist eine unsichtbare Wand zwischen Gott und mir. Dem Apostel Paulus geht es um nichts Geringeres, wenn er in 1. Korinther 13, 1 schreibt: **„Ohne Liebe (Agape) bin ich nichts. Selbst wenn ich in allen Sprachen der Welt, ja mit Engelszungen reden könnte, aber ich hätte keine Liebe, so wären alle meine Worte hohl und leer, ohne jeden Klang, wie dröhnendes Eisen oder ein dumpfer Paukenschlag“.**

Dass das erste Kennzeichen geistlichen Lebens und echter Gemeinschaft mit Jesus die Liebe ist, wird in dem Wort über die Frucht des Geistes klar. In Galater 5, 22 heisst es: **„Dagegen bringt der Heilige Geist in unserem Leben nur Gutes hervor: Liebe und Freude, Frieden und Geduld, Freundlichkeit, Güte und Treue, Besonnenheit und Selbstbeherrschung“.**

Liebe ist Voraussetzung!
Die Liebe ist die Voraussetzung für die Entwicklung echten geistlichen Lebens. Menschen, die wenig Umgang mit Jesus pflegen, werden auch wenig Liebe für andere haben. Darum sagt die Bibel: **„Daran sollen alle Menschen erkennen, dass ihr meine Jünger seid, wenn ihr Liebe untereinander habt“.** Darum sprechen wir über die Liebe, weil die Bibel so ausführlich darüber schreibt, und weil heute solch ein Mangel unter den Christen besteht.

Merkmale der Liebe Gottes zu uns sind:
- Gott liebt uns trotz unserer Fehler.
- Gott hat Mitgefühl und Erbarmen. Seine Liebe ist nicht theoretischer Art, sondern ein Mitfühlen.
- Jesus entäusserte sich; Er verzichtete auf Seine Herrlichkeit, um in eine Welt des Zwiespalts und der Nöte zu kommen und uns herauszuhelfen.
- Gottes Liebe zeigte sich im Dienst Jesu, in der Hingabe Seines Lebens für uns.

Wir sind dazu berufen, diese vier Tatsachen der Liebe auch untereinander auszuleben. Wir wollen bereit sein, unsere Mitmenschen trotz ihrer Fehler zu lieben. Gott will uns Kraft schenken, um mitfühlen, mitempfinden zu können, wenn es um die Nöte unserer Mitmenschen geht. Wir können in Liebe nur helfen, wenn wir zum Verzicht bereit sind. So wie Jesus zum Dienen bereit war, so sollen wir dem Nächsten zur Seite stehen.

Wie werden wir fähig zu lieben?
Wie aber könnten die Menschen von heute diese Liebe wiedergewinnen? Zu einer Gemeinde liess Gott sagen: **„Aber das eine habe ich gegen dich: Du liebst mich nicht mehr so wie früher. Erinnere dich daran, mit welch leidenschaftlicher Hingabe du dich einmal für mich entschieden hast. Was ist davon geblieben? Kehre um, und werde wieder so, wie du am Anfang warst“** (Offb. 2, 4+5).

Busse ist Umkehr, das Erkennen eigenen Versagens, aber auch Hinwendung zu Jesus mit unserer Schuld, unserer Lieblosigkeit, verbunden mit der Bitte, dass Gott uns unsere Sünden vergeben möge und uns neu mit Seiner Liebe erfülle. Menschen, die die Liebe Gottes recht erkannt haben, können gar nicht anders, als auch ihre Mitmenschen zu lieben.

Wie sieht es in Ihrem Leben aus? Lieben Sie Gott wirklich oder dienen Sie Ihm aus einem sklavischen Gehorsam heraus, aus Furcht vor der Hölle? Gott sucht Ihre Partnerschaft auf der Basis echter, herzlicher Liebe.

Wie sieht Ihr Verhältnis zu Ihren Mitmenschen aus? Ist es in der Liebe gegründet? Der Apostel Paulus sagt: **„Was wir auch tun, wir tun es aus der Liebe, die**

Christus uns geschenkt hat“ (2. Korinther 5, 14).

Können Sie das auch sagen? Können Ihre Mitmenschen am Arbeitsplatz, in der Familie, in der Schule, etwas von der Liebe erleben, die aus Ihrem Leben kommt? Oder leben Sie in Feindschaft mit jemandem?

Bitten Sie Gott um Vergebung und lassen Sie sich die Liebe Jesu Christi schenken. Vergeben Sie auch allen Mitmenschen und bitten Sie um Vergebung, wo das nötig ist. Nur so kann Jesus in Ihnen thronen und Sie vom Tod zum Leben hindurch bringen.

Teil 6

IM GLAUBEN WACHSEN

Kapitel 25

HUNGER UND DURST NACH GOTT

Ist Ihnen bewusst, dass bestimmte Haltungen darüber entscheiden, ob Sie in Ihrem Leben vorankommen, geistlich wachsen oder eben nicht? Beim Weiterlesen werden Sie zu diesem Thema wichtige Punkte entdecken.

Problemorientiert?
Die meisten Menschen scheinen auf die Schwierigkeiten des Lebens fixiert zu sein. Immer wieder wälzen sie ihre Probleme und finden doch keine Lösung. Die Bibel zeigt uns einen erfolgreichen Weg. Sie sagt: **„Dabei wollen wir nicht nach links oder rechts schauen, sondern allein auf Jesus. Er hat uns gezeigt, wie man diesen Lauf beginnt und als Sieger ans Ziel gelangt“** (Hebr. 12, 2). Was ist damit gemeint?

In der ersten Liebe bleiben!
Wenn wir unser Leben auf Jesus Christus ausrichten, - d.h., Ihn häufig im Alltag loben, unsere inneren Augen auf Ihn richten, Ihm die Schwierigkeiten zu Füssen legen und Seinen Sieg darüber aussprechen, - bleibt unser Geist frei und empfänglich, um Lösungen aus Gottes Wort und/oder durch die Führung des Heiligen Geistes zu empfangen. Wir werden dann nicht durch Schwierigkeiten zu Boden gedrückt. Wenn das trotzdem geschieht, wird unser Inneres durch den Blick zu Jesus wieder aufgerichtet und stabilisiert.

Viele Christen machen den Fehler, dass sie ihre Aufgaben, ihren Dienst oder Menschen im Zentrum ihres Lebens haben, und nicht Jesus Christus. Damit verlieren sie etwas Entscheidendes: *Die erste Liebe zu Jesus!* Auf sie kommt es an. Sie ist die Geisteshaltung, in der wir wunderbare Krafterfahrungen mit Gott machen und Schutz und Autorität bekommen.

Das Wichtigste verloren?
Einer Gemeinde, die viel Gutes tat - Jesus hat dies auch lobend erwähnt - musste Er schliesslich die traurigen Worte sagen: **"Aber das eine habe ich gegen dich: Du liebst mich nicht mehr so wie früher. Erinnere dich daran, mit welch leidenschaftlicher Hingabe du dich einmal für mich entschieden hast. Was ist davon geblieben? Kehre um, und werde wieder so, wie du am Anfang warst"** (Offb. 2, 4-5). Es ist richtig, dass wir Gutes tun, uns in Liebe dem Nächsten zuwenden und uns für Gottes Reich einsetzen. Aber das Zentrale ist die *Liebe zu Jesus.* Sie drückt sich

dadurch aus, dass Jesus Mittelpunkt unserer Gedanken und Ziele ist und wir ein Leben der Hingabe führen.

Es ist so einfach!

Eigentlich ist das so einfach. Besinnen Sie sich häufig am Tag auf Jesus Christus. Loben und erheben Sie Ihn. Erfreuen Sie sich an Jesus (Ps. 37, 4). Er nennt sich Ihr Weinstock, aus dessen Lebenskraft Sie alles empfangen können, was Sie brauchen. Er ist es, der Sie beschützt, Sie umgibt, mit Kraft ausstattet und Sie von Herzen liebt (Joh. 15, 1-8).

Wenn Ihnen diese erste Liebe zu Jesus verloren gegangen ist, oder vielleicht noch nie in Ihrem Herzen spürbar war, dann bitten Sie Gott jetzt darum. Laden Sie Jesus ein, den ersten Platz in Ihrem Leben einzunehmen. Gerne tut Er das. Malen Sie sich Sein leuchtendes Angesicht vor Ihr inneres Auge und beten Sie Ihn immer wieder an, erhöhen Sie Ihn, und durch Ihn den Vater im Himmel. Das bewahrt Sie vor geistiger Stagnation und bringt erstaunliche Fortschritte in Ihrem geistlichen Leben und auch in Ihrem menschlichen Dasein. Sie sind so viel leichter ansprechbar für den Heiligen Geist. Durch diese innige, kindliche Gemeinschaft mit Jesus blüht Ihr Geist auf und atmet schon hier ein Stück Himmel.

Ich möchte Ihnen nun eine zweite, wichtige Geisteshaltung zeigen, die Sie voranbringt - eigentlich eine Ergänzung zum soeben Besprochenen:

Hunger und Durst nach Gott!

Jesus sagte zu den Menschen seiner Zeit: **„Wer Durst hat, der soll zu mir kommen und trinken! Wer an mich glaubt, wird erfahren, was die Heilige Schrift sagt: Wie ein Strom wird Leben schaffendes Wasser von ihm ausgehen“** (Joh. 7, 37-38). Wir alle haben inneren „Hunger und Durst“ nach Liebe, Akzeptanz und Wertschätzung. Die Frage ist nur: Wo stillen wir diese Bedürfnisse? In der Arbeit, im Erfolg, bei Menschen? Wer dort seine eigentliche Erfüllung sucht, wird immer wieder Enttäuschung erleben und ausbrennen. Gott will unsere Quelle sein! (Jerem. 2, 13; 17, 13). In Seinem Wort - der Bibel - macht Jesus zwei Dinge deutlich: Wenn wir Gemeinschaft mit Ihm pflegen, wird unser persönlicher Durst gestillt. Die Folge davon ist, dass von unserem Leben eine besondere Ausstrahlung ausgeht: ***„Ströme lebendigen Wassers“.*** D.h., wir bringen Segensreiches in das Leben anderer Menschen. Sie werden dadurch beschenkt, bereichert, beglückt. Gehört das nicht mit zum Schönsten im Leben?

Segnungen Gottes

„Hunger und Durst“ nach Gott bedeutet: Ich wünsche, Ihm nahe zu sein, Seine Stimme zu hören, Sein Wort zu verstehen und Seinen Willen zu tun. Solch eine Geisteshaltung bringt, ohne grosse Anstrengung, viele Segnungen Gottes. Wer sich nach Ihm ausstreckt, erfährt viel Güte und wird von Gott reichlich beschenkt (2. Chronik 7, 14).

Menschen, die sich hauptsächlich um sich selber drehen, haben nie genug. Ihnen fehlt immer etwas, um wirklich glücklich zu sein. Menschen, die von sich wegschauen und sich auf Gott ausrichten, sind Beschenkte, Erfüllte und Beglückte. Selbst wenn sie in schwierigen Lebensumständen stehen, stillt Gott ihren Hunger und gibt ihnen inmitten von Problemen die Gelassenheit, dass Er für sie sorgt und sie mit Seiner Hilfe rechnen dürfen.

Vorsicht, Gefahr!

Geistliche Sattheit und Trägheit bringt uns in grosse Probleme. Jesus sagte einer anderen Gemeinde: **„Ich kenne dich genau und weiss alles, was du tust. Du bist weder kalt noch heiss. Ach, wärst du doch das eine oder andere! Aber du bist lau. Das ekelt mich an, und ich werde dich ausspucken. Du hältst viel von dir und sagst: „Ich bin reich und habe alles, was ich brauche!“ Was bist du nur für ein Narr! Du merkst gar nicht, wie es um dich steht und wie jämmerlich du dran bist: arm, blind und nackt bist du"** (Offb. 3, 15-17). Tote haben keinen Hunger, aber wer lebt, braucht immer wieder Nahrung. So ist es auch geistlich. Der Apostel Paulus, dieser grosse Mann Gottes, schrieb kurz vor seinem Lebensende: **„Doch ich setze alles daran, das Ziel zu erreichen, damit der Siegespreis einmal mir gehört, wie ich jetzt schon zu Christus gehöre“** (Phil. 3, 12). Er drückt damit seinen „Hunger und Durst“ nach Gott aus.

Schade, wenn Christen satt und zufrieden werden, und sich nicht nach mehr von Gott ausstrecken. Wieviel reicher, wieviel erfüllter könnte ihr Leben und ihre Ausstrahlung sein, wenn sie eine „dürstende“ Geisteshaltung einnehmen würden. Bitten Sie Gott, dass Er Ihnen den „Hunger und Durst“ nach Ihm erhält. Sie werden immer wieder Sättigung erleben und dabei ein noch grösseres Verlangen nach Seiner Gegenwart, Herrlichkeit und Gemeinschaft bekommen. Auch diese Geisteshaltung bringt Sie voran und schafft mehr Raum für Gott in Ihrem Leben - Sie werden bereichert und beschenkt. Zum Schluss noch eine dritte, wichtige Herzenshaltung:

Ein heiliges Leben führen

Manche Leute verstehen das Wort „heilig“ falsch. Sie meinen, es handle sich dabei um ein total fehlerfreies Leben. Es geht vielmehr darum, dass wir uns Gott weihen und das tiefe Verlangen in uns tragen, Ihm mit allem, was wir sind und haben, zu dienen und zu gefallen. Das ist eine Geisteshaltung, die Gott reich segnet. In 2. Chronik 16, 9 sagt die Bibel: **„Die Augen des Herrn durchlaufen die ganze Erde, um denen treu beizustehen, deren Herzen ungeteilt auf ihn gerichtet sind“**. Das bedeutet nicht, dass Ihnen im Alltag immer alles gelingt und Sie fehlerfrei leben.

Um was geht es?
Es meint vielmehr das Herzensverlangen: ***„Gott, ich will Dir gefallen. Ich will Deine Wege gehen. Ich will Deinen Willen tun.“*** Auch wenn wir in der Praxis da oder dort versagen mögen, sieht Gott doch dieses innere Verlangen und lässt uns wohlgefällig vor Ihm sein. Ein heiliges Leben ist nicht ein sündloses Leben, aber ein Leben, das immer wieder bereinigt wird (1. Joh. 1, 7-9). Ein heiliges Leben bedeutet, dass wir mit jeder bewussten Sünde brechen, Menschen vergeben oder auch ihre Vergebung erbitten, wenn wir an ihnen schuldig geworden sind. Es bedeutet, dass wir unsere Augen, unsere Ohren und unser Herz bewahren, damit wir uns nicht verunreinigen und beflecken (2. Kor.7, 1).

Von dem Moment an, wo Sie Gott bitten, Ihnen ein reines Herz zu schenken und Er Ihr Verlangen sieht: *„Herr, ich möchte mit Deiner Hilfe ein heiliges Leben führen",* beginnt eine tiefgreifende Veränderung. Geheime Sünden werden offenbar und verlieren ihre Herrschaft. Der Heilige Geist hilft Ihnen auf die Beine, beschenkt Sie mit Kraft, so dass Sie die Sünde entlarven und ihr widerstehen können.

Auch diese Geisteshaltung bringt Sie vorwärts und lässt Sie rasch im Glauben wachsen. Sie bewahrt Sie vor dem Bösen und lässt Sie viele Erfahrungen mit Gott machen.

Werden Sie konkret!
Der Himmel ist offen über Ihnen und es ist Gott, dem Vater, Seinem Sohn, Jesus Christus, und dem Heiligen Geist ein tiefes Verlangen, Sie in Ihrem Leben reich zu beschenken. Er will Sie konkrete Erfahrungen der Wirklichkeit Gottes machen lassen und Ihrem Leben Sinn, Gehalt und Ausstrahlung verleihen. Achten Sie auf diese drei Geisteshaltungen, die Sie in diesem Artikel vorfinden und bitten Sie Gott, dass Er Sie daran erinnert. Machen Sie es zu Ihrem täglichen Gebet, indem Sie Jesus sagen: „Herr, ich möchte Dich mit der ersten Liebe lieben. Ich habe Hunger und Durst nach Dir und möchte mehr von Dir. Herr, hilf mir ein reines Leben zu führen, in allen Bereichen meines Seins. Ich will mit Dir mehr und mehr übereinstimmen und Deinen Willen tun.“

Schon nach kurzer Zeit werden Sie erstaunliche Veränderungen beobachten und Menschen um Sie herum werden Ihnen bestätigen, dass Sie sich sehr verändert haben. Aber vor allem wird Gottes Segen vermehrt auf Ihrem Leben ruhen und Sein Wohlgefallen Ihr Leben reich beglücken. Das wünsche ich Ihnen von ganzem Herzen.

Kapitel 26

WELCHER BOTSCHAFT GLAUBEN SIE?

Botschaften steuern unser Leben

Wir alle tragen „Botschaften“ in unseren Herzen, die uns steuern und unser Leben dirigieren. Oft sind wir uns ihrer gar nicht bewusst. Das, was wir vom Kopf her meinen zu glauben, stimmt nicht überein mit dem, was unser Herz sagt. Ich lernte eine junge Frau kennen, die in den Gottesdiensten fröhliche Lieder sang. Vom Kopf her wusste sie, dass sie für Gott wertvoll war. Aber ihr Herz sprach etwas anderes. Die innere, negative Botschaft war so stark, dass sie ihrem Körper immer wieder Schaden zufügte und sich verabscheute.

Sehen Sie, als Gott den Menschen schuf, legte Er Seine Botschaft in sein Herz. Die ersten Menschen kannten darum zunächst nur Gottes Gedanken. Das war der Grund, warum sie in strahlender Schönheit, gesund und kraftvoll leben konnten.

Sand im Getriebe

Dann aber meldete sich eine andere Stimme. Es waren die Worte des Versuchers, Satans. Er wusste, er würde nur dann Macht über den Menschen, und damit über diese Erde bekommen, wenn es ihm gelänge, seine zerstörerischen Botschaften in die Herzen der Menschen zu pflanzen. So sprach der Verführer Eva an und sagte: **„Hat Gott wirklich gesagt.....?“** Er stellte Gottes Aussagen in Frage und versuchte Eva einzureden, dass Gott nicht vertrauenswürdig sei und ihr Glück und Freude vorenthalte.

Nun musste Eva entscheiden, wem sie wirklich glauben wollte. Im Innern standen sich zwei Mitteilungen gegenüber: Die wundervolle Liebe Gottes zu ihr und ihrem Mann und Seine Warnung vor dem Baum der Erkenntnis des Guten und Bösen. Zum andern war da die Verlockung der Schlange, Gott zu misstrauen und durch den Griff zur verbotenen Frucht sich selber zu Gott zu machen. Die Entscheidung, wem sie glauben würde, war von ungeheurer Tragweite für sie selber, ihren Mann und alle Nachkommen.

Sehen Sie, wenn Sie Sand in ein gut geöltes Getriebe werfen, dann kommt es ins Stocken, blockiert und nimmt Schaden. Genau das geschah, als der Mensch auf die Botschaft der Schlange einging.

Was geht in uns vor?

Kennen Sie das nicht auch, dass neben dem Wissen um die Güte Gottes Bedenken oder gar Ängste im Herzen sein können? Ich habe das bei mir selber entdecken müssen. Ich wusste um die Zusagen Gottes, ich bezeugte und glaubte sie, aber da war immer wieder einmal eine „Gegenbotschaft“, die Zweifel säte.

Es ist wichtig zwei Dinge auseinander zu halten. Die Bibel spricht von dem „Kampf des Glaubens“ (Eph. 6, 12-18). Hier werden wir aufgefordert, Gedanken und Überzeugungen des Teufels abzuwehren, die er uns täglich entgegen wirft, und uns auf Gottes Zusagen, Seine Treue und Barmherzigkeit zu besinnen. Diesem Kampf können wir nicht entfliehen. Wir können uns nicht auf eine einsame geschützte Insel zurückziehen. Solange wir in dieser Welt leben, begegnen uns solche Anfechtungen.

Das andere sind jene Botschaften, die sich in uns befinden. Ich meine, die zum Teil versteckten, negativen Überzeugungen. Oft bilden sich diese inneren Botschaften schon in der frühen Kindheit. Wer Ablehnung oder Mangel an Liebe erfahren hat, trägt das Gefühl in sich, nicht wertvoll zu sein und reagiert auf Annäherungen anderer Menschen mit grossem Misstrauen. Sie halten lieber Distanz. So verhalten wir uns oft auch Gott gegenüber, - auch nachdem wir uns zu Ihm bekehrt haben und von Neuem geboren worden sind. Wird nämlich diese innere Botschaft nie aufgedeckt und bewusst am Kreuz Jesu abgegeben, wo sie ihre Herrschaft über unser Leben verliert, dann beeinflusst uns dieses lähmende Gift unser ganzes Leben lang. Oft ist sie auch Anlass zur Sünde.

Andere haben schon in früher Kindheit oder Jugend immer wieder die Worte hören müssen: „Du bist nichts. Aus Dir wird nie etwas werden. Du bist ein Versager!“ Auch diese „Negativbotschaften“ beeinflussen unser Leben. Obwohl wir die Zusagen Gottes auf unserer Seite haben: **„Ja, ich sage es noch einmal: Sei mutig und entschlossen! Lass dich nicht einschüchtern, und hab keine Angst! Denn ich, der Herr, dein Gott, bin bei dir, wohin du auch gehst“** (Jos. 1, 9), verfolgt uns unterschwellig das unbestimmte Gefühl: „Wir schaffen es nicht. Es geht doch wieder daneben. Wir werden es nie zu etwas bringen.“

Wieder andere, die sich die Liebe ihrer Eltern oder ihrer Mitmenschen durch Leistungen verdienen mussten, verbleiben häufig, - auch nach ihrer Bekehrung, - in einem Leistungsdenken Gott gegenüber. Sie wollen sich durch Anstrengungen Gottes Liebe verdienen. Meistens sind uns diese Lebensmuster gar nicht bewusst. Doch sie halten uns in unsichtbaren Fesseln gefangen.

Wie sieht die Lösung aus?

Am Anfang Seines Dienstes machte Jesus klar, welchen Auftrag Er bekommen hatte: **„Mit mir ist der Geist des Herrn, weil er mich berufen hat. Er hat mich beauftragt, den Armen die frohe Botschaft zu bringen. Den Gefangenen soll ich die Freiheit verkünden, den Blinden sagen, dass sie sehen werden, und den Unterdrückten, dass sie bald von jeder Gewalt befreit sein sollen. Jetzt erlässt Gott alle Schuld“** (Luk. 4, 18-19). Hier haben wir es! Jesus wusste, wie verarmt wir eigentlich sind. Wie vieles uns durch die Irreführungen des Teufels genommen worden ist. Darum kam Jesus Christus. Er brachte eine neue Botschaft. Sie lautet: ***Gott liebt uns; Er nimmt uns gerne wieder an*** (vergl. Luk. 15, Geschichte des verlorenen Sohnes). Er verspricht, uns mit Gaben zu beschenken und bietet uns eine lebendige Beziehung an, so dass wir aus Seiner Fülle Liebe und Kraft schöpfen können.

Jesus war sich aber auch im Klaren, dass wir diese Botschaften nicht ohne weiteres in ihrer ganzen Fülle aufnehmen können. Darum sprach Er darüber, dass Er Gefangenen Befreiung bringen würde. Das heisst: Er kennt diese „Gegenbotschaften“, die so stark sein können, dass sie uns hindern und binden. Er ist in der Lage, diese Überzeugungsfesseln zu zerschneiden und ihre Macht zu brechen. Er sprach darüber, dass Er den Blinden wieder zum Sehen verhelfen will. Auch das bezieht sich vor allem auf unser „inneres Sehen.“ Jesus wusste, dass verankerte „Negativbotschaften“ uns blind machen für Gottes Herrlichkeit, Majestät, Grösse und Liebe. Darum will Er uns die inneren Augen öffnen. Wo das geschieht, bleiben wir nicht an den Schwierigkeiten des Lebens hängen, sondern sehen in Herausforderungen den Gott, der grösser ist als all das. Wir wissen, dass Er uns hindurchträgt, dass Er die Dinge zum Besten werden lässt. Gott erhebt Sein Angesicht auf uns und spricht uns zu: ***„Fürchte dich nicht, ich bin mit Dir“.*** Ja, Jesus geht noch weiter; Er verspricht sogar, Zerschlagenen Freiheit zu bringen. Das sind Leute, die durch die zerstörerischen Gedanken und Gefühle hoffnungslos, ja kaputt sind. Leute, die an der Flasche, an der Spritze, am Hass, an der Verbitterung kleben und durch diese Dinge ruiniert werden. ***Auch für sie ist Hilfe da. Jesu Macht reicht für ALLE aus!***

Welche Schritte sind konkret zu tun?

Wie kann ich von solchen „Negativbotschaften“ frei werden? Wie kann ich in täglichen Anfechtungen bestehen?

Der Weg ist einfach! Wenn wir diese Probleme selber lösen könnten, hätte Jesus nicht unbedingt zu kommen brauchen.

1. „Negativbotschaften“ entlarven!

Was uns wirklich hilft, ist, dass wir die dunklen Botschaften, die Zweifel, die Ängste, die Minderwertigkeitsgefühle und alle versklavenden Lebensmuster ehrlich vor Gott eingestehen.

2. An Jesu Kreuz bringen!

Bekennen Sie Jesus jede „Negativbotschaft“, die aus Ihrem Herzen aufsteigt, und bringen Sie diese an Sein Kreuz. Er starb dort nicht nur wegen Ihrer Tatsünden, sondern nahm auch all diese Mächte mit in den Tod. Sehen Sie, wenn ein Mensch sich auf den Namen Jesu taufen lässt, bringt er das eigentlich zum Ausdruck. Er hat erkannt, dass all die dunklen, sündigen Muster, die sein Leben geprägt haben, in den Tod gehören. Wenn wir das Jesus so bringen, dürfen wir gewiss sein: ***In diesem Moment wird die Macht solcher Gedanken gebrochen***. In 2. Kor. 10, 3-5 spricht die Bibel von regelrechten „Festungen“, die sich im Herzen befinden können. Wer sie Jesus ans Kreuz bringt, wird davon frei.

3. Gottes Botschaft einpflanzen!

Pflanzen Sie nun in den freigewordenen Raum in Ihrem Herzen ***Gottes Botschaft*** ein. Statt der „Negativbotschaft“, die vorher den Platz füllte, soll nun eine ***Glaubens-Botschaft*** sich verankern. Es darf tatsächlich im Laufe der Zeit immer mehr dahin kommen, dass der Friede Christi Sie "regiert" (Kol. 3, 15).

4. Über den Gedanken wachen!

Weisen Sie in Zukunft jede „Negativbotschaft“, die der Teufel Ihnen einreden will, entschieden ab. Berufen Sie sich auf Gottes Zusagen; auf Seine Treue, Seine Liebe zu Ihnen. ***Sinnen Sie über Gottes Herrlichkeit nach***. Nehmen Sie sich täglich Zeit, Ihn anzubeten, zu betrachten, zu bewundern, so dass Ihr Herz immer stärker von Ihm erfüllt und glücklich wird. Damit nimmt der Friede Gottes zu. Immer mehr kommt es zu einer Übereinstimmung zwischen dem, was Sie von Gottes Wort her wissen und dem, was in der Tiefe ihres Herzens verankert ist; was Sie wirklich glauben.

Ihr „Christen-Leben" wird entspannter, kraftvoller und Sie erleben Gott reichlich. Nicht darum, weil Sie besser sind oder mehr leisten, sondern weil Er in dem freien Raum Ihres Herzens besser wirken kann. Das ist mein persönliches Verlangen, aber auch mein Wunsch für Sie, lieber Leser.

Kapitel 27

WIE GOTT WUNDER TUT!

Wir alle brauchen Wunder! Immer wieder geraten wir in Situationen, wo uns Angst überfällt. Wir wissen nicht mehr weiter. Schwierigkeiten werden gross wie Berge. Wir merken, dass wir mit unserer eigenen Kraft am Ende sind. - In diesen Momenten realisieren wir: *Jetzt kann nur noch ein Wunder helfen.*

Für Gott sind Wunder kein Problem!

Der Schöpfer hat unser Leben in Naturgesetze eingebettet. Die Vorgänge in dieser Welt laufen nach dem Prinzip von Ursache und Wirkung ab. Frühling, Sommer, Herbst und Winter kehren Jahr für Jahr wieder zurück. Gott schuf das Leben und die Zeit des Sterbens. Weil Er aber der Urheber und Schöpfer ist, kann Er die von Ihm geschaffenen Gegebenheiten verändern. Dann geschieht Verblüffendes. Wir nennen das ein Wunder. Für Gott aber ist es etwas Alltägliches.

Wann wir Wunder brauchen

Eines Tages rief mich eine Dame an. Sie war in grösster Not. Ihr kleines Kind lag im Krankenhaus und die Ärzte machten düstere Prognosen. Ich versprach, für sie und ihr Kind zu beten.

Wenige Tage später meldete sie sich wieder. Sie schien kaum noch Hoffnung zu haben. Die Ärzte hatten ihr mitgeteilt, sie müsse sich auf das Schlimmste gefasst machen. Diese Not legte sich auch auf mein Herz. Während ich draussen durch die Natur ging, betete ich zu Gott und bat um Erbarmen und Sein Eingreifen. Plötzlich schien es mir, als sähe ich im Geist einen Kindersarg vor mir. Mein Mut war am Sinken. Ich befürchtete, dass das Kind sterben würde.

Dann aber kam mir der Heilige Geist zu Hilfe. Etwas in mir regte sich und mit nicht machbarer Kühnheit liess mich der Heilige Geist der Macht des Todes widerstehen. Ich merkte, dass die Worte aus dem Herzen Gottes kamen, und dass Veränderung stattfand. Kurz darauf erhielt ich einen erneuten Anruf der Mutter. Eine überraschende Wende war bei dem Kind eingetreten. Innert kurzer Zeit wurde es gesund aus dem Krankenhaus entlassen.

Nicht immer ist die Situation in unserem Leben so dramatisch, aber wir alle brauchen von Zeit zu Zeit dieses Eingreifen Gottes. Das mögen Krankheitsnöte sein, oder die Gewissheit, dass Jesus Christus mir meine Übertretungen vergeben hat. Es ist auch ein Wunder, wenn Gott in unser Herz Worte legt, die uns Zuversicht geben, dass z.B. unser Ehepartner oder unsere Kinder gerettet werden. Wenn der Heilige Geist zu uns spricht, werden wir ruhig, getröstet. Wir werden gewiss, dass Gott in einem spezifischen Anliegen, das uns bedrängt, wunderbar handeln und Seine Macht eine Änderung herbeiführen wird.

Wie wirkt Gott Wunder?

Die Antwort auf diese Frage kann in entscheidenden Momenten Ihres Lebens von grosser Hilfe sein. Wenn Sie verstehen wie Gott handelt, können Sie leichter mit Ihm zusammenarbeiten und Seine Wunder erfahren.

Wenn wir in das Neue Testament hineinblicken, stellen wir fest, dass Jesus Seine Wunder gewöhnlich durch Seine Worte wirkt. So sagte Er dem blinden Bartimäus auf dessen Bitte, **"Herr, ich möchte sehen können": "Dein Glaube hat dich geheilt".** Und Bartimäus sah (Mk. 10, 51). Jenem Mann, der bereits 38 Jahre am Teich zu Bethesda lag, stellte Jesus die Frage: **"Willst du gesund werden?"** Und wenig später forderte Er ihn auf: **"Steh auf, rolle deine Matte zusammen und geh!"** (Joh. 5, 5-9).

Ob Jesus Tote auferweckt, den Sturm gestillt, Kranke geheilt oder mit wenigen Broten und Fischen Tausende speiste, immer wieder begegnen wir Seinem machtvollen Wort, das Er betend zum Vater oder in Verbindung mit Ihm in die Situation hinein sprach. ***Und Wunder geschahen!*** Werden Seine Worte von gläubigen Herzen aufgenommen und die einfachen Anweisungen praktiziert, die Jesus gibt, kommt es immer wieder zu Wundern. Gottes Herrlichkeit und Kraft wird in unseren Leben sichtbar.

Wie Sie Gottes Wunder erleben können!

Besonders in Zeiten von Not und Anfechtung wünschen wir uns, dass wir in die Tage zurück versetzt würden, in denen Jesus auf Erden war. Wir möchten mit unserem Problem zu Ihm eilen. Wir haben die Überzeugung, Er würde uns helfen und Wunder würden geschehen.

Das ist eine „bemerkenswerte" Herzenseinstellung, aber sie hat einen Haken: Wir können nicht 2'000 Jahre zurückgehen. Sind wir deswegen benachteiligt? Nein! Keinesfalls!

Deutlich sagte Jesus Seinen Jüngern: **"Ich bin immer und überall bei euch, bis an das Ende dieser Welt!"**(Mat. 28, 20b).

Es gibt also keinen Grund, warum nicht auch Sie und ich Wunder erfahren können, so wie es die Menschen in den Tagen Jesu auf Erden erlebten. Gott nimmt so liebevoll und unmittelbar Anteil an unserem Leben. Sagt Er doch, dass selbst die Haare unseres Hauptes alle von Ihm gezählt sind. Damit kennt Er jedes grosse und kleine Detail unseres Daseins. Halleluja!

Wir haben gesehen, dass Gott Seine Wunder durch Sein Wort wirkt. Wir brauchen also ein solches Wort. Dann empfangen wir Antwort, Hilfe und Heilung. So wie eine Spritze einen Wirkstoff dem Körper zuführt, so schafft Gottes Wort, wenn es in unserem Herzen Einlass findet, Wunder.

Wie empfangen wir Gottes Wort?

Das kann uns auf verschiedenen Wegen geschenkt werden. In Römer 10, 17 sagt die Bibel: **"Der Glaube kommt allein aus dem Hören der Botschaft; die Botschaft aber gibt uns Christus".** Unzählige Menschen haben beim Hören oder Lesen der biblischen Botschaften Zusagen Gottes in ihr Herz gelegt bekommen, die dann Wunder wirkten. Auf diesem Weg schenkt Gott uns das grösste aller Wunder: ***Die Errettung aus Sünde und Schuld!*** Während uns ein Freund die Gute Nachricht von Jesus bringt oder wir sie in einer Predigt hören und ihr Glauben schenken, geht in unserem Herzen Gottes Licht auf. Wir begreifen, dass wir von Ihm geliebt sind, dass Sein Sohn für unsere Sünden am Kreuz starb und für uns auferstanden ist. Wenn wir dann Seiner Einladung folgen und Jesus im Gebet als Herrn und Erlöser in unser Leben einladen, werden wir angenommen, wird unsere Schuld weggetan und wir empfangen Frieden mit Gott. Das grösste aller Wunder, das wir hier auf Erden erleben können!

Beim Beten dürfen wir lernen, Gott zu loben, zu erheben, Ihm unsere Anliegen zu Füssen zu legen; dann aber auch auf Ihn zu hören. So bezeugen Tausende von Menschen, wie sie beim Beten einen gewissen inneren Eindruck empfingen, wie eine Zusage Gottes in ihrem Herzen Raum fand und sie spürten, Gott hat sie erhört. Auf diesem Weg pflanzte Gott Sein Wunder wirkendes Wort in ihre Herzen.

Ähnlich ist es vielen beim Lesen der Bibel gegangen. Plötzlich wurde ein Teil des gelesenen Textes zu einer Antwort Gottes in ihre Situation. Andere erhielten mitten bei ihrer täglichen Arbeit, auf einer Autofahrt oder auch gelegentlich durch einen Traum, eine solche Weisung von Gott.

Geben Sie Gottes Wort Raum!

Wenn Gott in unser Herz hinein spricht, ist es wichtig, dass diese Worte Raum finden. Jesus vergleicht das in Matthäus 13 mit dem Samen, den ein Bauer aufs Land streut. Findet der Same keinen Platz in gutem Erdreich, dann bleibt er wirkungslos, obwohl in ihm bereits die Anlage für eine fruchtbare Pflanze enthalten ist. Das erklärt auch, warum Menschen zwar häufig eine Zusage von Gott erhalten, dennoch aber nicht Seine wunderbare Kraft erleben. Sie haben es versäumt, der Zusage Gottes in ihrem Herzen ein "Glaubensbeet" zu schaffen.

Darin ist uns Abraham ein gutes Vorbild. Er wird darum von Gott auch "Vater der Glaubenden" genannt. Als Gott ihm die Zusage gab, er würde in seinem hohen Alter von 100 Jahren - seine Frau war damals bereits 90 - noch einen Sohn erhalten, nahm er diese Zusage in sein Herz auf. Er liess sie nicht durch rationales "Wenn und Aber" hinterfragen. Ja, er machte etwas sehr Intelligentes: Er gab Gott die Ehre, d.h., immer wieder, wenn dieses Wort in seinem Herzen aufstieg, dankte er einfach Gott, lobte Ihn und bezeugte, dass er gewiss sei, dass Gott in der Lage ist, das, was Er verspricht, auch zu tun. Er hatte erkannt, welche gewaltige Kraft in Gottes Worten lag.

Arbeiten Sie mit Gott zusammen

Achten Sie darauf, wenn Sie Gottes Wort lesen oder hören, dass Sie in einer glaubensbereiten Verfassung sind. Füllen wir unser Herz mit Missmut, Sorgen und Zweifel, dann geben wir Gottes hoffnungsvollen Zusagen kaum Gehör. Menschen aber, die Gott viel preisen, sich an Ihm erfreuen und auch in verzwickten Situationen Gott loben und erheben und Ihm vertrauen, dass Er grösser ist und sie nicht im Stich lässt, bewahren ein aufnahmefähiges und glaubensbereites Herz. Dort hat es der Heilige Geist leicht, Gottes Glauben zu schenken. So wird der Weg zu Gottes Wundern gebahnt.

Während ich diese Zeilen für Sie, lieber Leser, verfasse, verspüre ich das Reden des Heiligen Geistes: ***Gott hat den tiefen Wunsch, jetzt in Ihre persönliche Situation hineinzusprechen und Seine Wunder wirkende Kraft in Ihr Herz zu legen. Seien Sie offen dafür. Empfangen Sie das im Namen Jesu!***

Kapitel 28

DAS VATERHERZ GOTTES KENNENLERNEN

Ich habe Kinder sehr gerne und es freut mich, wenn ich den Kleinen ein Lächeln abgewinnen oder mit ihnen kommunizieren kann. Manchmal gelingt dies, ein andermal nicht. Wie anders ist es aber, wenn sie die vertraute Stimme der Mutter oder des Vaters hören. Dann strahlen die kleinen Kindergesichter.

So wie den Kindern die Stimmen der Eltern vertraut sind, möchte Gott, dass Seine Stimme und Seine Vaterliebe den Gläubigen – den Gotteskindern - vertraut sind.

Manche scheinen damit weniger Mühe zu haben. Anderen fällt es schwer an Gottes Vaterliebe zu glauben. Der Grund liegt gewöhnlich darin, dass wir negative Erfahrungen mit Menschen in unserer Kindheit auf Gott übertragen. Dies geschieht unbewusst. Hatten wir einen liebevollen Vater, eine Anteil nehmende, zärtliche Mutter, dann fällt es uns nicht schwer zu glauben, dass Gott ein Gott der Liebe ist. Fehlte der Vater zu Hause, war die Mutter dominant oder hart, oder sind uns tiefgehende Verletzungen durch Autoritätspersonen zugefügt worden, so ist unser Herz ängstlich und misstrauisch. Wir hören zwar aus Gottes Wort, dass Gott ein Gott der Liebe ist, haben aber Mühe anzunehmen, dass das uns persönlich gilt.

Wie wir das Vaterherz Gottes sehen, hat einen starken Einfluss auf unser geistliches Leben. Bitten Sie den Heiligen Geist, Ihnen das wahre Vaterherz zu zeigen.

1. Gottes Vatergüte kennenlernen

Jesus erzählt in Lukas 15 die Geschichte des verlorenen Sohnes. Richtiger müsste es heissen: der zwei verlorenen Söhne. Denn, so wie der Jüngere den Vater nicht richtig kannte, hatte auch der Ältere ein falsches Bild von Ihm. In dieser Geschichte beschreibt Jesus das Vaterherz Gottes.

Wir begegnen zunächst der Vatergüte. Sie drückt sich darin aus, dass Er beiden Söhnen das Erbe bereits zu seinen Lebzeiten austeilt. Er beschenkt sie grosszügig. Weiter sehen wir die Güte des Vaters darin, dass Er seinem jüngeren Sohn gestattet, Ihn zu verlassen und das Vermögen so zu verwalten, wie er es für richtig findet. Obwohl der Vater weiss, dass der Jüngere Sohn alles verspielen und vergeuden wird, lässt Er ihn - mit schwerem Herzen - ziehen. Die Freiheit, die er beiden Söhnen einräumt, zeigt einen weiteren Aspekt der Vatergüte Gottes. Und schliesslich zeigt sich Seine Güte bei der Rückkehr des jüngeren Sohnes. Der Vater nimmt ihn wieder ohne Einschränkungen auf, obgleich dieser tief gefallen war. Er hatte sein Erbe verprasst und landete bei den Schweinen. In seiner Not kehrte er heim, um als Diener auf dem Hof des Vaters zu arbeiten.

Die Güte des Vaters machte keinen Tagelöhner aus dem Heimgekehrten, sondern vergab ihm, stellte ihn völlig wieder her und setzte ihn neu als Sohn in Privilegien und Reichtum.

So behandelt Gott Sie und mich auch. Er hat uns Menschen diese Erde anvertraut. Er gab Ihnen und mir so viele Möglichkeiten im Leben. Er hat uns die Freiheit gegeben, auf Ihn zu hören oder unsere eigenen Wege zu gehen. Die Bibel sagt, dass wir alle Ihn verlassen haben, unseren eigenen Plänen nachgegangen sind und durch Sünde Gottes Herrlichkeit und viele Seiner Gaben ruiniert haben (Röm. 3, 23). Aber auch uns nimmt Er durch Jesus Christus vorbehaltlos wieder an, vergibt uns unsere Schuld und setzt uns als Seine Kinder und Erben ein.

So ist Gottes Liebe auch für Sie. Liebe übt keinen Druck aus, sondern wartet geduldig bis Sie vertrauensvoll umkehren und Ihr Herz Jesus Christus anvertrauen. Er wird Sie überreich beschenken..

2. Gottes Gerechtigkeit und Wahrheit kennenlernen

Wenn Gott wirklich so gütig zu den Menschen ist, warum ist auf dieser Erde so viel Not? Wie kommt es dann zu Leid, Schmerzen und Tränen?

Die Bibel zeigt uns, dass dies nicht Gottes Plan für uns Menschen ist, sondern das Ergebnis unserer Gottesferne. Gut können Sie das bei dem jüngeren Sohn beobachten. Er war noch nicht lange weg vom Vater, da verarmte er. Sein Geld ging aus. Es kam eine grosse Hungersnot, und er fing an Mangel zu leiden. So geht es auch uns, wenn wir uns aus der Fürsorge und Güte Gottes herausbewegen und unsere eigenen Wege gehen.

Das ist das Bild, das sich uns in dieser Welt bietet. Ein Leben ohne Gott führt in Verirrung, Bindung und Sünde.

Niemand von uns würde auf die Idee kommen, dem Vater die Schuld zu geben, dass der jüngere Sohn eines Tages bei den Schweinen landete und bankrott ging. Wir alle wissen, der Grund lag darin, dass er seinen Vater verlassen hatte. Die Gottlosigkeit in dieser Welt ist der Grund für viele Leiden, Benachteiligungen, Frustrationen, Gebundenheit und Gebrechen.

Ein Leben in der Gegenwart Gottes bringt Gutes. Wer von Gott getrennt ist und eigene Wege geht, wird erfahren, dass er ins Gericht läuft. Gottes Wort warnt ernsthaft vor einem Leben in Eigenregie. Gott ist die Gerechtigkeit und die Wahrheit. Bei Ihm kann nur bestehen, was absolut rein und wahr ist. Unser Vater im Himmel ist ferne von jeder Lüge, ferne von jeder Sünde. Er ist gerecht, wahr und heilig.

Dann sollte uns ja Gottes Zorn treffen? Ja, Gott müsste uns eigentlich verdammen, aber Er selber hat einen Weg gefunden, um unser sündiges und ruiniertes Leben zu sühnen und uns einen Neubeginn zu ermöglichen! Er legte meine und Ihre Sünde auf Seinen Sohn Jesus Christus. Jesus starb am Kreuz und nahm unsere Schuld mit in den Tod. So lag Gottes Gericht und Zorn auf Seinem eigenen Sohn.

Wenn wir durch Jesus Christus zu Gott dem Vater kommen, begegnet uns Sein vergebendes Herz:

Seine Gnade!

Gott schenkt uns Seine Gunst; Er wendet uns Sein liebendes, vergebendes Herz zu, weil ein anderer das Gericht, den Zorn auf sich genommen hat. So ist in Gottes Wesen Güte, Gerechtigkeit, Wahrheit, Heiligkeit und Gnade enthalten.

Haben Sie Jesus als Ihren Herrn und Erlöser, der für Ihre Sünden am Kreuz starb, persönlich angenommen? Dann brauchen Sie das Gericht Gottes und Seinen Zorn über Sünde und Ungerechtigkeiten nicht mehr zu fürchten. Die Gerechtigkeit und Heiligkeit Gottes ist für Sie keine Bedrohung mehr. Durch das Blut Jesu sind Sie in diesen Stand der Gerechtigkeit und Heiligkeit aufgenommen worden. Ihnen ist alles vergeben und wird alles vergeben, - egal, was für Fehltritte Sie täglich machen. Voraussetzung zur Vergebung ist ein ehrliches Bekennen, Bereuen und Umkehren. Im Psalm 85, 11 lesen wir: **„Gerechtigkeit und Frieden haben sich geküsst“.**

3. Gottes Vaterliebe kennenlernen

Ich bin überwältigt von der Vaterliebe Gottes, die uns in der Geschichte vom „Verlorenen Sohn“ begegnet: Der Vater nimmt den Heimkehrer in seine Arme. Der Sohn bekennt: **„Vater, ich habe gesündigt gegen den Himmel und vor dir. Ich bin nicht mehr wert dein Sohn zu heissen“.** Aber schon hatte der Vater seine Arme um seinen Sohn geschlossen. Seine Augen hatten Freudentränen; sie strahlten vor Liebe zum Sohn. Kein Vorwurf kommt über seine Lippen, keine Anklage, kein Misstrauen und auch kein Erwartungsdruck. Er vergibt seinem Sohn und nimmt ihn mit Freude zurück in sein Haus.

Wissen Sie sich so von Gottes Liebe umarmt? Sehen Sie vor Ihrem inneren Auge den himmlischen Vater leuchten und strahlen, wenn Er Ihnen entgegenkommt? Wenn nicht, dann lernen Sie Ihn neu kennen. Malen Sie sich dieses Bild auf die Leinwand Ihres Herzens. Die Bibel sagt: **„Wir alle aber schauen mit aufgedecktem Angesicht die Herrlichkeit des Herrn an und werden so verwandelt von Klarheit zu Klarheit in Sein Bild“** (2. Kor. 3, 18).

Liebe war die Herzenshaltung des Vaters, als der jüngere Sohn davonlief; diese Liebe blieb in all den Jahren, als er weg war, und diese Liebe empfing den Sohn, als dieser zurückkehrte. Diese Liebe blieb auch nach seiner Heimkehr.

Diese Vaterliebe sehen wir auch beim Umgang mit dem älteren Sohn. Dieser blieb störrisch draussen, als der jüngere Sohn heimkehrte. Er überhäufte den Vater mit Vorwürfen. Trotzdem blieb dieser auch dem älteren Sohn gegenüber in einer

Herzenshaltung der Liebe und Güte. Er sagte: **„Mein Kind, Du bist allezeit bei mir und was mein ist, ist Dein“.**

Sehen Sie, man kann Gott sehr nahe sein und doch ein völlig falsches Bild von Ihm haben. Erlauben Sie darum dem Heiligen Geist, Ihnen den Vater so zu zeigen, wie Er wirklich ist. Glauben Sie an die Botschaft aus Gottes Wort. Gott ist anders als irdische Väter und Mütter. Sie haben Fehler und Schwächen. Gott aber ist vollkommen, voller Güte, Wahrheit und Liebe. Dies erfahren alle, die sich Ihm durch Jesus im Glauben nahen. So dürfen und sollen auch Sie Ihn kennenlernen.

Kapitel 29

HUNGER NACH FREUDE

Wir alle haben das Bedürfnis Freude zu erleben. Immer wieder halten wir Ausschau nach kleinen und grösseren Dingen, von denen wir uns Freude versprechen. Das können kleine Geschenke sein, die Begegnung mit lieben Menschen, Lob und Anerkennung. Freude ist ein enormer Motivationsfaktor: Wenn wir einen strengen Tag zu bewältigen haben, aber wissen, dass nach dem Feierabend ein freudiges Ereignis auf uns wartet, fallen uns die Herausforderungen des Tages wesentlich leichter.

Viele Menschen scheinen keinen Grund zur Freude zu finden, oder sie wissen nicht, woran sie sich eigentlich erfreuen könnten. Da Mangel an Freude krank machen kann, ist es wichtig, zu entdecken, wie Freude in unser Leben kommt. Lassen Sie uns miteinander auf Entdeckungsreise gehen.

Zur Freude erschaffen!

Ist Ihnen bekannt, dass das Wort "Garten Eden" oder "Paradies", das Gott dem Menschen als Platz zum Leben schenkte, "Wonne" bedeutet? Mit anderen Worten: Gott hat uns Menschen "regelrecht" zur Freude bestimmt. "Wonne" ist mehr als Freude über ein kleines oder grösseres Geschenk. Es ist tiefe Beglückung, ein inneres Erhobensein, das jubelnde Freude, Lachen und Staunen hervorbringt.

In eine solche Umgebung hatte der Schöpfer uns Menschen am Anfang gestellt. Das sollte unser tägliches Zuhause sein. Diesen Garten hatte Gott selber angelegt. Er wollte den Menschen zeigen, was Er aus der gesamten Erde im Laufe der Zeit schaffen möchte.

Der grosse Verlust!

Die Bibel berichtet von der Katastrophe, die durch die Sünde des Menschen über den Planeten Erde hereinbrach. Als der Mensch sich von Gott, - von Seiner Quelle der Freude, Kraft und Liebe - trennte, musste er den Garten verlassen. Er hatte um seine Existenz zu kämpfen, denn der Erdboden war um seiner Sünde Willen verflucht worden. Statt "Wonne" war durch die Sünde Trauer, Furcht und Einsamkeit eingekehrt. Erst als die Menschen wieder anfingen Gott zu suchen, wurde es erneut hell in ihrem Leben. Je mehr Männer und Frauen der Bibel Gottes Herz und Wesen verstanden, desto heller wurde es. Gott hatte trotz aller Entfremdung des Menschen nie Seinen guten Plan aufgegeben. In einer Zeit der Umkehr zu Gott rief der Herr Seinem Volk zu: **"Lasst den Mut nicht sinken, denn die Freude am Herrn gibt euch Kraft!"** (Neh. 8, 10b). Besonders der König David war ein Mann, der Gott als Gott der Freude in besonderem Mass entdeckte und erlebte. Die Psalm-Lieder sprechen davon, z.B. Ps. 4, 8: **"Du hast mich wieder froh gemacht".**

Trotz Schlachten, Kämpfen und Niederlagen, die David durchlebte, lernte er, sich in Gott zu freuen, mehr als in anderen Lebensumständen. Er schrieb: **"Du beschenkst mich mit Freude, denn du bist bei mir. Ich kann mein Glück nicht fassen, nie hört es auf"** (Ps. 16, 11).

Durchbruch der Freude!

Gott will ein Stück dieses Gartens Eden, dieser "Wonne" wieder in unsere Herzen legen. In Luk, 2, 10, lesen wir: **"Fürchtet euch nicht! Ich bringe euch die grösste Freude für alle Menschen!"** Dann folgt der Grund für diese Freude: "**Heute ist für euch in der Stadt, in der schon David geboren wurde, der lang ersehnte Retter zur Welt gekommen. Es ist Christus, der Herr"** (Luk. 2, 11). Anschliessend berichtet uns die Bibel, wie die Hirten das Jesuskind finden und Gott preisen und loben.

Unvergesslich sind mir die Worte einer Frau geblieben. Kurz nachdem sie sich zu Jesus bekehrte und Ihn als ihren persönlichen Erlöser in ihr Leben aufgenommen hatte, sagte sie: *"Ich könnte jetzt die ganze Welt umarmen!"*

Für den Geist und die Seele des Menschen gibt es keine erhebendere Erfahrung, als wenn Jesus mit Seiner vergebenden Liebe und Herrlichkeit in sein Leben einzieht. Dann wird seine Schuld getilgt und er wird als Kind Gottes in Seine Familie aufgenommen. Versöhnung und Frieden mit Gott bewirken die solideste Form der Freude, die es hier auf Erden zu erleben gibt. Sie bilden die Grundlage, auf der viele weitere freudige Ereignisse geschehen. Diese Freude ist so ansteckend, dass selbst die Engel im Himmel sich mitfreuen, wenn ein Sünder Busse tut (Luk. 15, 10).

Unzählige Lieder wurden über diese Freude geschrieben. Sie sprechen von diesem „eigentlich unbeschreiblichen“ Erleben.

Anfang der Freude!

Aber die Begegnung mit dem vergebenden Vater im Himmel ist nicht das Ende, sondern der Anfang dieser Freude. Als der verlorene Sohn nach Hause kam, erlebte er Versöhnung. Er wurde gewaschen, neu eingekleidet und beschenkt. Er durfte wieder zu Hause beim Vater sein. Freude nach Freude erlebte er! Ein Fest wurde gefeiert mit Musik und Tanzreigen. Man lachte und jubilierte (Luk. 15, 11 - 24).

Viele solcher Erfahrungen hält Gott für Seine Kinder bereit. Sie entstehen durch kleine und grössere Gebetserhörungen. Sie werden uns zuteil, indem Gott uns Sein Wort aufschliesst und wir entdecken, wie wertvoll, wie geliebt, wie kostbar wir in Seinen Augen sind. Freude wird uns auch zuteil, wenn wir die Gemeinschaft mit Ihm und Seinen Kindern pflegen. Freude bricht durch beim Singen und Loben Seines

Namens. Sie wird erfahren, wenn wir anderen Zeugnis von Jesus geben und Seine Kraft und Liebe Menschen weitergeben.

Freude bereiten - bereitet Freude!

Jeder von uns hat schon erlebt, wie sehr er selber beschenkt und voll Freude wurde, wenn er anderen Freude bereitet hatte. Oft sind es ganz kleine, unscheinbare Dinge, mit denen wir anderen Freude bereiten. Wir spüren, wie viel ein Besuch, ein Brief, ein Anruf ihnen bedeutet; und wir freuen uns mit an ihrem beschenkt Sein.

Zur Quelle vorstossen!

Alle Menschen, ob sie an Gott glauben oder nicht, sehnen sich nach Freude und verschaffen sich durch Vergnügungen etc. immer wieder kleine oder grössere Freuden. Meist aber sind diese Erfahrungen kurzlebig, sie verlieren schnell ihre Bedeutung. Die stabilste Quelle, um immer wieder Freude zu erleben sind nicht äussere Umstände, auch nicht liebe Menschen, so wertvoll solche Beziehungen auch für uns sind, sondern:

Die eigentliche Freudenquelle ist Gott selber!

Darum sagt die Bibel: **"Weil du ihm nahe bist, bleibt seine Freude ungetrübt"** (Ps. 21, 7).

Ich bin Menschen begegnet, die grossen Mangel hatten. Sie kannten die für uns alltäglichen Annehmlichkeiten nicht. Ich habe auch Menschen getroffen, die durch körperliche oder seelische Krankheit oder Leiden geschwächt waren, aber dennoch Freude kannten. Sie waren an eine Freudenquelle angeschlossen, die - unabhängig von ihren äusseren Umständen - wirkte. Von einer solchen Begegnung möchte ich Ihnen erzählen: Vor Jahren besuchte uns ein Mann aus China. 19 Jahre hatte er in einem Straflager verbracht, war gedemütigt, ausgebeutet und erniedrigt worden. Aber er hatte zur grössten Quelle der Freude gefunden. Er hatte es gelernt, unabhängig von seinen äusseren Umständen, aus der Freude und Kraft Jesu zu leben. Von diesem Mann ging eine Atmosphäre des Friedens, der Gelöstheit und Bescheidenheit, aber auch innerster Freude aus. Ich werde das nie mehr vergessen.

Gottes Angesicht - Quelle der Freude!

Wie erleben wir das? Heller, als jeder Freudenstrahl, der uns durch menschliche Liebe oder Zuwendung begegnet; kraftvoller als alle dunklen Wolken von Trauer oder Schwermut, die sich notvoll auf unser Leben legen können, leuchtet das ***Angesicht Jesu Christi*** über denen, die Ihn lieben. Wir können es lernen, dieses Angesicht zu suchen, zu finden und zu betrachten. Entscheidend ist die Blickrichtung, die wir Tag für Tag haben. Erwarte ich Freude und Kraft in äusserlichen Dingen oder durch Menschen? Dann gehe ich durch viele Enttäuschungen und bleibe letztlich doch unerfüllt und leer, selbst wenn ich manches Gute erfahre. Darum betete Paulus für Menschen, die gläubig waren, dass Gott ihnen die inneren Augen noch mehr öffnen möge, um Ihn und Seinen Reichtum zu erkennen (Eph. 1, 15-19). Wer Güter oder Menschen zu seiner Freudenquelle macht, wird nie satt. Wer aber Gott selber sucht, anbetet und liebt, wird entdecken, wie er bis in die Tiefe seines Seins immer wieder mit Freude und Kraft erfüllt wird.

Hier auf dieser Erde ist der Beginn von Freude und "Wonne". Wenn unser Leben zu Ende geht und wir Jesus von Angesicht zu Angesicht schauen dürfen, wird diese Freude vollendet werden und nie mehr aufhören. Es lohnt sich, auf diese Freude hin zu leben. Es lohnt sich auch auf sündige Freuden zu verzichten, weil die Freude und der Friede, der schon heute durch den Heiligen Geist in unseren Herzen entstehen kann, grösser ist als der kurze, sündige Genuss. Und es lohnt sich, auf diese ewige Freude zu bauen, weil sie uns nach unserem Sterben immerwährend erfüllen wird.

Wie ist Ihre Situation?

Erleben Sie zurzeit angenehme Dinge? Dann sagt die Bibel: Singen Sie Psalmen und preisen Sie Gott, das wird Ihre Freude erhalten und vertiefen! Gehen Sie durch schwierige Zeiten: Kämpfe, abgelehnt Sein, Schmerz oder Krankheit? Dann sagt die Bibel: *Beten Sie!* (Jak. 5, 13). Damit suchen Sie Gottes Angesicht. Er begegnet Ihnen. Er kommt mit Seiner Liebe, Freude und Kraft zu Ihnen. Halten Sie danach Ausschau. Er wird Sie nicht enttäuschen. Ihr Hunger nach Freude soll reichlich gestillt werden.

Kapitel 30

HERAUSFORDERUNGEN – WIE KÖNNEN WIR SIE MEISTERN?

Ist Ihnen schon einmal aufgefallen, wie leicht wir uns verkrampfen, wenn wir bei Glatteis auf die Strasse gehen müssen? Die Furcht vor dem Hinfallen macht uns unsicher. Haben wir dann wieder festen Boden unter den Füssen, fühlen wir uns wohl und entspannen uns.

Könnte es sein, dass viele Christen darum so verspannt leben, weil das Versagen von gestern sie auch heute noch verunsichert und sie sich vor erneutem Versagen fürchten?

Schon vor geraumer Zeit sprach der Heilige Geist zu meinem Herzen: *"Erich, sei ein fröhlicher Christ. In einer Stimmung der Furcht oder Niedergeschlagenheit bist du viel anfälliger für Sünde".* Das wurde für mich zu einer grossen Erkenntnis. Es stimmt! Sagt nicht die Bibel: **"Freut euch, dass ihr zu Jesus Christus gehört. Und noch einmal will ich es sagen: Freut euch!"** (Phil. 4, 4). In der Tat werden wir viel schneller durch irgendeine Versuchung zu Fall gebracht, wenn wir niedergeschlagen und missmutig sind.

Proben, die uns fördern!

Niemals wird ein Mensch von Gott zum Bösen versucht. Das heisst, dass Gott niemals Dinge in unserem Leben zulässt, durch die wir in Sünde geraten oder gar von Ihm abfallen. Die Bibel sagt in Jak. 1, 13b: **"Niemand, der in Versuchung gerät, kann behaupten: Die Versuchung kommt von Gott. Denn Gott, der für das Böse unangreifbar ist, wird niemanden zum Bösen verführen".** Das ist wichtig zu wissen.

Der Grund, warum Gott im Leben Seiner Kinder Schwierigkeiten zulässt, liegt darin, dass Er unsere Persönlichkeit bewährter machen will. Unser Glaube soll wachsen, unsere Erkenntnis von Gott soll vertieft und die Beziehung zu Ihm herzlicher und kraftvoller werden. Daran ist im Grunde genommen jeder gläubige Christ interessiert. Nehmen wir ein Beispiel: Abraham liebte Gott und wollte Grosses mit Ihm erleben. So stellte Gott ihn auf die Probe. In 1. Mose 22, 2 heisst es: **"Als Isaak grösser geworden war, wollte Gott Abraham auf die Probe stellen. Er forderte ihn auf, seinen Sohn Isaak auf einem Berg zu opfern".**

Eine gewaltige Herausforderung!

Abraham hatte schon viel mit Gott erlebt und ging auf diesen Test ein. Er nahm seinen Sohn und war bereit, ihn Gott zu opfern. In 1. Mose 22, 11+12 lesen wir dann weiter:

"Abraham, Abraham! rief da der Engel des Herrn vom Himmel. Leg das

Messer beiseite, und tu dem Jungen nichts! Jetzt weiss ich, dass du Gott gehorsam bist - du bist sogar bereit, deinen geliebten Sohn für mich zu opfern!" - und in Vers 16-18:

"Ich, der Herr, schwöre bei mir selbst: Weil du gehorsam warst und mir deinen einzigen Sohn als Opfer geben wolltest, werde ich dich überreich beschenken und dir so viele Nachkommen geben, wie es Sterne am Himmel und Sand am Meer gibt. Sie werden ihre Feinde besiegen. Alle Völker der Erde werden mich bitten, sie so zu segnen, wie ich dich segnen werde. Das alles werde ich dir geben, weil du bereit warst, meinen Willen zu tun".

Auch Hiob ging durch einen solchen Glaubenstest und wurde nach bestandener Prüfung reich belohnt.

Liebe Leser, versuchen Sie einmal Ihr Leben in diesem Licht zu sehen. Vielleicht sind die Schwierigkeiten, in denen Sie sich gerade befinden, eine Herausforderung für Ihren Glauben? Gerade weil Gott uns liebt und uns helfen will, Ihn besser kennen zu lernen und unser Leben kraftvoller zu meistern, lässt Er Schwierigkeiten zu. Wir sollen reifen; - ähnlich wie ein Geselle, der durch die Prüfungen zum Meister wird.

Versuchung zur Sünde

Die Bibel sagt aber auch, dass es Versuchungen gibt, hinter denen Satan steckt. Sein Ziel ist, uns durch Verfehlung und Verirrung von Gott zu trennen. In Matth. 4, 1-11 lesen wir, wie Jesus von Satan auf die Probe gestellt wurde. Der Teufel hat nie die Absicht, uns Gott näher zu bringen, sondern uns in Verstrickungen und Niederlagen zu führen. Das probierte er sogar bei Jesus. Sein erstes Ziel war: Jesus sollte sich, losgelöst von den Plänen des Vaters, leibliche Befriedigung verschaffen; aus Steinen Brot machen. Jesus aber blieb standhaft. Dann bemühte sich der Teufel, - entgegen den Plänen Gottes, - Jesus seelische Erfüllung und Selbstverwirklichung finden zu lassen. Wieder blieb Jesus standhaft. Schliesslich wollte Satan Jesus verführen, Seinen geistlichen Auftrag auf falschem Weg zu verwirklichen. Selbst hier blieb Jesus standhaft!

Gefährliche Entwicklung

So gibt es auch in unserem Leben Situationen, in denen Satan versucht, uns aus den göttlichen Ordnungen heraus zu führen. Er will uns in Dinge verstricken, die Gott missfallen und uns selber und anderen Schaden bringen. Ich erkläre das durch ein weiteres Beispiel:

Judas war ein Jünger Jesu. Obwohl er die Güte seines Meisters in reichem Masse erfuhr und auch materiell völlig versorgt war, vergriff er sich doch an der Kasse, die Jesus ihm anvertraut hatte. Er wurde zum Dieb. Er gab diese Sünde nicht auf, obwohl die Gegenwart Jesu sein Gewissen strapazierte. Es kam in seinem Inneren zur

Verhärtung. Als Satan ihm später den Gedanken gab, Jesus an die Priester und Gesetzeslehrer für Geld zu verraten, folgte Judas dieser Verführung. Seine Sinne wurden vernebelt und er verlor die Gemeinschaft mit Jesus. Das ist immer das Ziel satanischer Verführung. Es begann bereits im Paradies, als der Teufel in Gestalt der Schlange Eva zum Misstrauen gegen Gott und schliesslich zum Ungehorsam verführte. Die Folge war: Trennung!

Liebe Leser, immer dann, wenn Ihr Blick sich für die Wirklichkeit Gottes und Seine Liebe zu trüben beginnt, erkennen Sie, dass dahinter eine gefährliche Versuchung steckt. Rufen Sie sich in solchen Augenblicken Verheissungen der Bibel in Erinnerung und halten Sie an Gott fest. So können Sie Versuchungen widerstehen und Sie gehen mit gestärktem Glauben daraus hervor.

Wachen Sie über Ihre Gedanken!

In dem bereits angesprochenen Text aus Jak. 1 zeigt uns die Bibel noch eine andere Art von Versuchungen, und das sind wohl die häufigsten: Sie entspringen unseren Lüsten, Trieben und Leidenschaften.

Wer sein Leben noch nicht bewusst Jesus Christus übereignet hat, geht seinen eigenen Wünschen nach. Je nach Veranlagung, Erziehung und eigenen Entscheidungen entwickeln wir Triebe und Leidenschaften. Einige sind auffälliger, andere verdeckter. Da sind z.B. die Machtgier, der Geltungstrieb, die Eifersucht, der Neid, Geiz, Alkoholsucht und vieles andere mehr. Diese Sünden ruinieren unser Leben. In Jak. 1, 14+15 lesen wir: **"Es sind vielmehr unsere eigenen begehrlichen Wünsche, die uns immer wieder zum Bösen verlocken. Geben wir ihnen nach, dann folgt diesen Wünschen die böse Tat. Sie aber führt unweigerlich zum Tod".**

Bekehrt sich ein Mensch zu Jesus Christus, empfängt er von Gott die Wiedergeburt; in ihm bricht neues Leben auf. In dem Mass, wie dieses neue Leben zum Wachstum kommt, werden die Leidenschaften und Begierden überwunden; sie verlieren an Kraft. Dadurch wird das menschliche Herz zum Guten verändert. Aber auch ein Christ wird versucht und kann in Sünde fallen.

Wie wir Stabilität gewinnen!

Um ein kraftvolles und gesundes Leben an Geist, Seele und Leib zu führen, ist es wichtig, über unsere Gedanken und Gefühle zu wachen. Das geschieht, indem wir uns Jesus Christus ganz anvertrauen und täglich - möglichst schon morgens - Seine Nähe suchen und den Kontakt pflegen. Durch das Lesen der Bibel und das Hören auf das Wort Gottes wächst unser innerer Mensch und unser göttliches Verständnis. Wir lernen Gott immer besser kennen und es fällt uns leichter die Proben zu bestehen. Wenn wir uns an Gottes Wort halten und uns durch nichts den Blick von der Liebe Gottes trüben lassen, können wir auch die Verführungen Satans durchschauen und überwinden.

Werden Sie ein fröhlicher Christ!

In dem Mass, wie wir unser Leben dem Heiligen Geist öffnen, fallen die alten Begierden und Leidenschaften von uns ab. Denken Sie darum viel über die Güte Gottes und Sein Wort nach, dann werden Sie in den Herausforderungen besser bestehen. Ihre neue, von Christus geschenkte Persönlichkeit wird reifen und Ihr Leben wird mit mehr Kraft und Freude erfüllt sein. Denken Sie aber daran, Gott um Vergebung zu bitten, wenn Sie fallen und Sie spüren, dass Ihr Verhältnis zu Gott getrübt ist. Das Blut Jesu macht Sie rein von aller Sünde. Stehen Sie wieder auf und gehen Sie mit Jesus Christus weiter. Nicht das Versagen ist das Schlimmste, sondern das "Liegen bleiben". Darum: ***Werden Sie ein fröhlicher Christ!*** Das wünsche ich Ihnen von ganzem Herzen.

Kapitel 31

ANSCHLUSS AN UNBEGRENZTE RESSOURCEN

Wenn Jesus Ihre Quelle wird!

Kommen Sie oft an Ihre Grenzen? Fehlt Ihnen die Kraft zum Durchhalten? Fühlen Sie sich gelegentlich zu schwach, der Sünde zu widerstehen? - Erfahren wir nicht alle, dass wir oft schon bei kleinen Dingen ausrasten, die Kontrolle verlieren? Vor allem in den schwierigen Herausforderungen des Lebens brauchen wir besonders viel Kraft. Lesen Sie die folgenden Zeilen und lernen Sie den Weg kennen, auf dem Sie die grösste Quelle des Lebens anzapfen können.

Kämpfe im Alltag

Auch Christen haben im täglichen Leben mit Schwierigkeiten zu kämpfen. Es sind besonders drei Gebiete, die jedem Mensch zu schaffen machen.

1. Charakterliche Probleme

Gewöhnlich sieht man sie bei andern viel besser als bei sich selbst. Jesus sprach davon, dass wir den Splitter im Auge des andern viel deutlicher sehen, als den Balken im eigenen Auge (Mat. 7, 3-5). Aber jeder von uns hat seine Charakterschwächen. Einiges haben wir mit in die Wiege bekommen, anderes uns selber im Laufe der Jahre angewöhnt. Es sind Reaktionsmuster, die in unserem persönlichen Leben und bei andern Schaden und Schmerzen hervorrufen: Der schnelle Zornausbruch; die Distanz zu Andern aus Misstrauen; der Hang zum Manipulieren oder sich in den Mittelpunkt zu stellen. Sünde hat viele Erscheinungsformen und ist in der alten Natur tief verwurzelt. Wie nötig brauchen wir eine Kraft, die die alte Natur überwindet!

2. Sündige Verlockungen

Manche von uns haben keine Probleme mit Alkohol, Drogen oder heftigem Zorn. Es mag aber andere Gebiete in unserem Leben geben, wo wir zu sensibel reagieren, wenn wir mit ihnen konfrontiert werden. Es könnte Ehebruch in Gedanken sein, boshaftes Reden über andere, oder der scheele Blick auf das Glück eines Mitmenschen. Ich mag mich noch so erhaben fühlen über die Schwachstellen der andern, doch wenn ich ehrlich bin, muss ich zugeben, dass auch ich Gebiete in meinem Leben kenne, wo ich in der Gefahr stehe, nicht in Sünde zu fallen. Wie wichtig ist es da, eine Kraftquelle zu kennen, an die wir uns in solchen Momenten der Versuchung anschliessen können.

3. Herausforderungen im Alltag

Da ist die junge Mutter mit 3 oder 4 kleinen Kindern, die den Stress durch die viele Arbeit oft schon am Mittag erlebt. Da ist der Termindruck, der uns ins Rotieren bringt, die vielen Aufgaben, die dringend erledigt werden sollten. Oft stehen wir auch unter dem Druck der Erwartungen anderer und spüren, dass wir ihnen nicht gerecht werden können. Wie nötig brauchen wir eine Kraftquelle, die uns über unsere Möglichkeiten hebt.

Wie werden wir damit fertig?

Die Einen stehen im verzweifelten Kampf gegen ihre *„Charakterschwächen"*. Andere haben bereits resigniert und verharren in ihrem Dasein. Ihr Resümee lautet vielleicht so: „Ich bin halt so. Ihr müsst mich so nehmen wie ich bin." Aber das ist ein schwacher Trost. Sowohl für den, der diese Worte spricht, als auch für die Menschen, die um ihn herum leiden müssen. Manchmal gelingt es uns für eine gewisse Zeit, unseren Charakter unter Kontrolle zu halten, dann aber geraten wir wieder in Situationen, in denen das alte Wesen mit voller Wucht durchbricht.

Wie wird man mit *sündigen Verlockungen* fertig? Manchmal glauben wir über den Schwachstellen zu stehen. Aber dann brechen sie erneut machtvoll auf und reissen uns in ihren Bann. Beschämt liegen wir am Boden. Gute Vorsätze genügen nicht. Wir müssen andere Ressourcen kennenlernen!

Wie begegnen wir *den Herausforderungen im Alltag* am besten? Viele leben in der Hoffnung: Wenn ich noch mehr Kurse und Seminare belege oder noch bessere Bücher lese, dann bekomme ich alles in den Griff. Meistens erweist sich das als Trugschluss. Unsere eigene Kraft ist schnell am Ende. Wir brauchen eine Zuflucht, eine Quelle, die unerschöpflich ist!

Wo liegt die Lösung?

Auf körperlicher Ebene ist es uns völlig klar: Wir brauchen Nahrung, Essen und Trinken, um kräftig zu sein, gesund zu bleiben und unsere Aufgaben zu bewältigen. Warum begreifen wir oft so schlecht, dass auch unser innerer Mensch, unsere Seele und unser Geist, Kraftnahrung braucht? David hatte das längst erkannt, als er ausrief: **„Wie ein Hirsch nach frischem Wasser lechzt, so sehne ich mich nach dir, o Gott!"** (Psalm 42, 2).

Als Gott dem Volk Israel in der Wüste Sinai die Grundlagen für die Beziehung zu Ihm erklärte, sagte Er im ersten Gebot: **"Ich bin der Herr, dein Gott; ich habe dich aus der Sklaverei in Ägypten befreit. Du sollst ausser mir keine anderen Götter verehren!"** (2. Mose 20, 2+3). Was wollte Gott den Menschen damit klarmachen? „Ich bin der, der dich gemacht hat, dein Schöpfer. Ich stehe über allem Erschaffenen und habe es durch meine Kraft und Weisheit entstehen lassen. Ich werde dein Gott, deine Autorität, aber auch dein Versorger, ja, dein Vater sein!" Mit dieser Botschaft wollte der Schöpfer den Menschen ermutigen, nicht auf sich selber zu bauen und nicht zu versuchen, Gott zu sein. Sie würden es niemals schaffen. Er stellte sich mit diesen Worten als ihr Helfer, ihr Befreier dar und appellierte an das Vertrauen Seines Volkes.

Eine einleuchtende Illustration
In ähnlicher Form greift Jesus das in dem Bild vom Weinstock und den Reben wieder auf. In Joh. 15 nennt Er sich Weinstock und bezeichnet Menschen, die Ihm ihr Vertrauen schenken, als Seine Reben.

Überlegen Sie einmal:
Wieviel bringt die Rebe aus sich selber hervor? Nichts! Sie ist ein vollständiges Produkt des Weinstocks. Im Frühjahr beobachtete ich oft an meinen Weinstöcken im Garten die kleinen unscheinbaren Knospen. Über den Winter scheinen sie leblos zu sein. Dann aber, wenn die Frühlingssonne scheint, die Tage länger werden, beginnen sie zu spriessen. In kürzester Zeit sind kleine Äste mit Blättern und Traubenansätzen sichtbar. Im Laufe der Wochen können sie sich zu meterlangen Reben mit einer Fülle von Trauben entwickeln. Aber alles ist letztlich kein Eigenprodukt; es ist durch den lebensspendenden Saft des Weinstocks entstanden.

Jesus – Quelle des Lebens
Sehen Sie! So möchte auch Jesus die Quelle Ihres Lebens sein. So will Er auch in Ihr Leben hineinwirken. Er möchte Sie mit einem andersartigen Charakter, nämlich mit Seinem Wesen, beschenken. Er ist stärker als altes, „totes Holz". Aus Ihm quillt eine Widerstandskraft, die grösser ist als die Verlockungen der Sünde. Mit Seiner Hilfe können wir jede Anfechtung überwinden und müssen nicht mehr den Verlockungen des Teufels in die Falle gehen.

Und schliesslich, - mitten in den Herausforderungen des Lebens, in Stürmen, in Krankheiten, in Verlusten, - erwartet Gott nicht, dass wir allein damit fertig werden! *Er will hier unsere Quelle sein. Aus Ihm sollen wir Weisheit, Kraft, neue Zuversicht und Hilfe bekommen*. Johannes drückte es so aus: **„Immer und immer wieder hat er uns aus seinem göttlichen Reichtum mit seiner Liebe beschenkt"** (Joh. 1, 16).

Leben Sie aus den Ressourcen Jesu?
Es ehrt Gott und erfreut Sein Herz, wenn wir uns nicht in eigener Kraft abmühen und versagen, sondern ehrlich zu unseren Schwachstellen, unserer Bedürftigkeit stehen. Das hilft uns, demütig zu sein. So haben wir Zugang zu den Kraftquellen Gottes. Lassen auch Sie Jesus die Quelle Ihres Lebens sein. Wenn Sie im Alltag mit Ihren Cha-

rakterschwächen konfrontiert werden, verbeissen Sie sich nicht in alte Verhaltensmuster, sondern schauen Sie innerlich zu Jesus auf und bekennen Sie: „Herr Jesus, Du bist meine Quelle! Aus Dir schöpfe ich Deinen Charakter und Deine Stärke!“ Sie werden merken, wie Ihnen eine unsichtbare Liebe und Kraft zuteil wird. Aus dem Weinstock fliesst „Saft“ in Sie, die „Rebe“. So können Sie die Herausforderung anders bewältigen. Wenn Sie mit den Verlockungen der Sünde konfrontiert werden, blicken Sie rasch zu Jesus auf. Bekennen Sie in solchen Situationen: „Herr Jesus, Du bist meine Quelle. Aus Dir trinke ich jetzt Reinheit, Widerstandskraft und Besseres, als die Sünde zu bieten hat.“ Das dürfen Sie nicht nur einmal am Tag tun, sondern so oft Sie das brauchen!

Und schliesslich: In Herausforderungen, in Ehe, in Familie, am Arbeitsplatz, in finanziellen Dingen oder Krankheit; auch hier lässt Jesus Sie nicht allein! Sobald Sie mit Schwierigkeiten konfrontiert werden, blicken Sie zu Ihm auf, bekennen Sie: „Du bist meine Quelle. Aus Dir schöpfe ich Kraft, Gesundheit, Weisheit, Versorgung!“ Gott lässt Sie nicht im Stich! Er hat es versprochen. Es ist Ihm eine Freude, Ihnen das zu geben, was Sie Augenblick für Augenblick brauchen.

Je häufiger Sie zu Ihrer Bedürftigkeit stehen und sich vertrauensvoll an Jesus wenden, werden Sie merken, wie Er Ihnen hilft. Er wird Ihre Quelle, die alles zum Leben und Sterben enthält. Er legt gute Gedanken in Ihr Herz, führt Sie zu Lösungen. Durch das Leben, das aus Ihm zu Ihnen kommt, werden Sie im Laufe der Zeit immer stärker verändert und Ihm ähnlicher.

Darf Jesus Ihre Quelle sein? Nur für einige Bereiche oder für alles? Von Herzen wünsche ich Ihnen das Letztere. So kommt Ihr Leben immer mehr zur Ruhe und schöpft aus den unerschöpflichen Ressourcen Gottes.

Kapitel 32

WIE SIE KRAFT TANKEN KÖNNEN!

Haben Sie auch schon die Feststellung gemacht, dass Sie sich heute wohl und ausgewogen fühlen und am nächsten Tag matt und verzagt sind? Dasselbe erlebten Männer und Frauen der Bibel; sie kannten Zeiten geistlicher Hochs und Tiefs. - Doch Sie und ich können etwas tun, um mehr Stabilität und Kraft im Leben zu haben. Lernen Sie, wie Sie Kraft "tanken" können.

Kraft verbraucht sich!

Wir alle kennen dieses Phänomen im körperlichen Bereich. Wir haben gut geschlafen, sind ausgeruht und nach einem guten Frühstück fit für die Aufgaben des Tages. Nach wenigen Stunden schon bemerken wir eine gewisse Verstimmung in unserem Körper. Die Kraft lässt nach, Hunger meldet sich, wir brauchen neue Nahrung.

So ist es auch im geistlichen Bereich. Jesus hat das mit folgenden Worten angedeutet: **"Der Mensch lebt nicht vom Brot allein"** (Mat. 4, 4). Das Wort Gottes spricht vom äusseren Menschen und denkt dabei besonders an den Körper und Anteile unserer Seele. Die Bibel zeigt aber auch, dass wir einen inneren Menschen haben, das Herz oder der durch Jesus Christus neugeborene Geist. Und genau so, wie unser Körper Nahrung und Flüssigkeit braucht, um arbeitsfähig und fit zu sein, benötigt unser innerer Mensch Kraft, um Geist und Seele ausgewogen und leistungsfähig zu halten.

Wo brauchen wir Kraft?

Laut der Bibel sind folgende drei Elemente wichtig, wenn es um die Versorgung des inneren Menschen geht: ***Liebe, Glaube und Hoffnung*!** In 1. Kor. 13,13 heisst es: **"Nun aber bleibt Glaube, Hoffnung, Liebe, diese drei; am grössten aber unter diesen ist die Liebe".** Liebe verbraucht sich, während wir sie weitergeben. Auch Glaube verbraucht sich, ebenso Hoffnung. Die Liebe zu Gott braucht immer wieder Erneuerung durch Erkennen und Erfahren: ***"Ich bin von Gott zuerst geliebt".*** Ich persönlich benötige diese "Nahrungszufuhr" jeden Tag neu. Und Sie? Beobachten Sie einmal Ihren Alltag. Ist immer genügend Liebe da? Sie werden mir zustimmen, dass die Liebe zu unseren Mitmenschen, - besonders zu schwierigen, - nicht einfach da ist, sondern uns immer wieder neu von Gott geschenkt werden muss. Zu schnell verbraucht sie sich. Das gleiche gilt für unseren Glauben und unsere Hoffnung. Gestern waren wir noch fest überzeugt, dass unser Gebet Erhörung gefunden hat und heute machen sich Zweifel im Herzen breit. Unsicherheit will Freude und Ruhe verdrängen. Haben Sie das auch schon erlebt, dass Sie sich im Blick auf die Ewigkeit bei Gott ganz sicher waren, keine Zweifel hegten; und plötzlich, als ein kritischer Moment kam, bangten Sie um Ihr Leben, überfiel Sie Angst. Ich denke, das geht allen Menschen so.

Immer wieder werden wir vor neue Herausforderungen gestellt. Versuchung kommt, Ängste wollen uns verunsichern. Plötzlich versagen wir. Zweifel und Unsicherheit nagen am Herzen. So oft brauchen wir neue Kraft!

Was ist Kraft eigentlich?

Kraft könnte man auch mit Energie beschreiben. Im körperlichen Bereich sind es die Nährstoffe, die in die Blutbahn gelangen und in den Muskeln verbrannt werden, die Kraft freisetzen. Im Bereich des inneren Menschen, der ja nicht Materie, sondern Geist ist, brauchen wir eine geistige Kraft. Worin besteht sie?

Geistliche Kraft oder Energie könnte man mit dem Wort ***"Gewissheit"*** gleichsetzen. Geht die Gewissheit (die innere Sicherheit) verloren, so werden wir schwach. Wir zweifeln, Angst überfällt uns; wir fühlen uns unfähig oder zumindest eingeschränkt. Ist das Herz mit Gewissheit erfüllt, dann sprechen wir: *Gott ist mit mir! Mit Seiner Hilfe wird mir das gelingen! Ich brauche mich nicht zu fürchten! Ich weiss, an wen ich glaube! Ich bin sicher in Gottes Händen!*

Wenn Menschen solch eine Gewissheit im Herzen tragen, dann sind sie mitten in einer bedrohlichen Lage stark. Mit Kühnheit können sie die Herausforderungen annehmen.

Bei Gott Kraft tanken!

Wo bekommen wir Menschen Gewissheit? Die kraftvollste Persönlichkeit, die je über diese Erde gegangen ist, war Jesus. Ausser in den Stunden Seines Leidens für des Menschen Schuld in Gethsemane und schliesslich am Kreuz, war das Leben Jesu gekennzeichnet von grosser Gewissheit und Kraft. Ob Er mitten im Sturm geweckt wurde, ob Besessene bedrohlich auf Ihn zuliefen, ob Er von Kritikern umringt war, Jesus strahlte Gewissheit, Sicherheit, geistliche Kraft aus. Woher hatte Er sie?

Wie wir in der Bibel lesen können, hatte Jesus das nicht aus dem Himmel mit auf die Erde gebracht (Phil. 2, 7; Joh. 5, 19). Auch Jesus musste immer wieder Kraft "tanken". Wie tat Er das?

Er holte Seine Kraft beim Vater durch das Gebet und durch Vertrauen. Frühmorgens, manchmal auch tagsüber, gelegentlich auch in der Nacht, zog sich Jesus von den Menschen zurück, um mit Seinem himmlischen Vater allein zu sein. Als Er im Garten Gethsemane aufs heftigste angegriffen wurde, und der Teufel versuchte, Seinen inneren Menschen zu zerstören, holte Jesus Kraft im Gebet. Auch für Sie und mich gibt es keine andere, echte Kraftzufuhr, als die aus Gott.

Wie Sie das praktisch machen können!
Durch den Zugang, den Sie und ich durch das Opfer Jesu Christi auf Golgatha zu Gott haben dürfen (Hebr. 10, 21-23). Ohne Bezahlung können Sie bei Ihm immer wieder neu "auftanken". Ja, es freut Ihn, Sie mit neuer Kraft zu beschenken, Ihren inneren Menschen stark zu machen, durch:

1. Das verkündigte Wort Gottes!
Sie werden die Beobachtung machen, dass Sie immer einen inneren Gewinn haben, wenn Sie mit einem empfangswilligen Herzen einer Verkündigung zuhören oder eine Botschaft lesen, die aus dem Geist Gottes geboren ist. Manchmal ist es nicht die ganze Predigt, sondern sind es nur Einzelsätze, die wie ein Kraftschub in Ihrem Herzen wirken und Ihre Gewissheit oder Zuversicht stärken.

2. Ihren persönlichen Gottesdienst
Damit meine ich Ihr Gebetsleben. Das sollte aus zwei Dingen bestehen. Dem punktuellen Gebet und dem generellen Gebet. Was meine ich damit?

Punktuelles Gebet
Ich empfehle Ihnen, Gott zu bitten, dass Er Ihnen durch Seinen Geist hilft, eine Zeit am Tag zu finden, in der Sie regelmässig beten. Für mich ist das am besten morgens, bevor der Tag beginnt. In Ps. 90, 14 steht: **"Sättige uns frühe mit deiner Gnade, dass wir frohlocken und uns freuen unser Leben lang".**

Als unsere Kinder noch zuhause lebten, war die Gebetszeit meiner Frau meistens etwas später. Als die Kinder dann aus dem Haus waren, verbrachte sie Zeit mit Gott und holte sich die nötige Kraft. Anderen erscheint es günstiger, sich am Abend, vor dem Zubettgehen, Zeit zu nehmen, um Gott zu loben und zu preisen, im Wort Gottes zu lesen und so ihrem inneren Menschen Kraft und Stärke zuzuführen. Ob morgens oder abends ist nicht wesentlich. Entscheidend ist, dass Sie eine solche Zeit haben, wo Sie in Gottes "leuchtendes" Angesicht schauen, sich an Ihm erfreuen, Ihn erheben und preisen und auch das, was auf Ihrem Herzen an Dank, Bitte und Fürbitte ist, vor Ihm gläubig ausbreiten.

Generelles Gebet
Hiermit meine ich die Verbindung, die wir auch tagsüber immer wieder zu Gott aufnehmen und so einen liebenden Kontakt mit Ihm im Alltag pflegen. Das kann am Computer, am Herd, hinter dem Steuer, überall geschehen. Einmal ist es ein Dank, ein kleiner Chorus, ein andermal eine Bitte, vielleicht auch ein Lächeln der Freude und des Lobes über Gottes Güte und Treue. Ein andermal ein Seufzer oder ein Notschrei.

Von Natur aus sind wir alle keine Beter. Die äusseren Umstände bestimmen gewöhnlich viel stärker unser Denken und unsere Gefühle als das Leben aus dem Geist. So leicht beten einerseits ist, so schwierig ist es andererseits, weil es umkämpft wird vom Feind Gottes, dem Teufel.

Der Heilige Geist hilft Ihnen dabei!

Über längere Zeit habe ich mir vorgenommen, mehr zu beten, doch immer wieder musste ich mein klägliches Versagen eingestehen. Eines Tages sprach Gottes Geist zu meinem Herzen: *"Warum bittest Du mich nicht um Hilfe?"* Im ersten Moment schien mir das zu einfach. Aber schliesslich betete ich nach weiteren erfolglosen Bemühungen: *"Geist Gottes, komm meiner Schwachheit zu Hilfe!"*

Das hat gewirkt! Im Laufe der nächsten Wochen wurden mir viele Einsichten geschenkt, wie segensreich und gewinnbringend Gebet ist. Ich entdeckte immer mehr, dass beten nicht Pflichterfüllung bedeutet, sondern mit grossem Nutzen verbunden ist. Ja, der eigentliche Nutzniesser bin ich und nicht Gott. Was ich Ihm geben kann, ist so winzig, was ich aber dabei empfange, ist grossartig.

So motivierte der Geist Gottes mich immer stärker, bis ich erkannte: Es ist für mich ein grosser Verlust, wenn mir der persönliche Gottesdienst fehlt und ich tagsüber kaum mit Gott in Verbindung stehe. Dann nimmt der Stress zu, ich treffe falsche Entscheidungen, komme aus der Ruhe und werde kraftlos.

So wuchs die Sehnsucht nach mehr Gemeinschaft mit Gott. Heute freue ich mich am Abend schon auf die Zeit des Gebets am nächsten Morgen und schaue ihr erwartungsvoll entgegen. Wenn ich nach der allmorgendlichen Zeit mit Gott meiner Familie am Frühstückstisch begegne, habe ich bereits Kraft "getankt". Meine Zuversicht wurde gestärkt, Liebe neu aufgefrischt und der Glaube wieder gefestigt.

So gehen Sie anders in den Tag. Auch wenn Sie durch gewisse Ereignisse aus dem Kurs geraten, finden Sie schneller wieder an das Herz Gottes und "tanken" neue Kraft. Der Heilige Geist ist da, wo Sie diese Zeilen gerade lesen und stellt auch Ihnen die Frage: *"Warum bittest Du mich nicht um Hilfe?"* Tun Sie das doch!

"Aber die auf den Herrn harren, empfangen immer neue Kraft, dass ihnen Schwingen wachsen wie Adlern, dass sie laufen und nicht ermatten, dass sie wandeln und nicht müde werden" (Jes. 40, 31).

Auch Sie brauchen täglich, ja stündlich neue Kraft. Reichlich ist sie bei unserem himmlischen Vater zu haben. Sie können Ihn nicht arm machen, im Gegenteil, für Ihn ist es eine grosse Freude, Ihren inneren Menschen zu stärken und Ihnen für Seele und Leib neue Frische, Gesundheit und Kraft zu verleihen.

Kapitel 33

GEWINNEN SIE PROFIL!

Wir als Familie verbrachten eine Ferienwoche auf einer der Kanarischen Inseln. Bei einem Ausflug auf die Westseite beobachteten wir die herandonnernden Wellen des Atlantischen Ozeans. Wir waren fasziniert. Die Wellen waren mehrere Meter hoch und brachen sich mit ungeheurem Getöse an der Brandung. Unsere jüngeren Söhne, geübte Schwimmer, wagten sich weit nach draussen. Auch ich wollte mir dieses außergewöhnliche Erlebnis nicht entgehen lassen. Ich genoss das erhebende Gefühl, von den Wellen getragen zu werden. Als ich mich dann wieder umwandte um dem Ufer zuzuschwimmen, stellte ich mit Entsetzen fest, dass mich die Strömung auf einen seitlichen Felsen zutrieb.

Panische Angst ergriff mich und ich rief meinen Sohn, der unbekümmert in den Wellen schwamm, mir zu Hilfe zu eilen. Er gab mir einen rettenden Tipp. Durch das Getöse rief er mir zu: "Papa, Du musst Dich von der Welle mitnehmen lassen!" Als die nächste Welle kam, schwamm ich erst auf dem Wellenkamm. Es war leicht auf ihr vorwärtszukommen. Als sie abebbte, spürte ich festen Boden unter meinen Füssen. Eine Zentnerlast fiel mir vom Herzen. Mit zitternden Beinen ging ich zum Ufer. Ich hatte eine äusserst wichtige Lektion gelernt, die ich in diesen Zeilen mit Ihnen, liebe Leserinnen, liebe Leser, teilen möchte.

Wenn uns die Angst packt

Immer wieder steht uns Vieles entgegen im Leben. Wir haben das Gefühl, aus eigener Kraft nicht zurecht zu kommen! Genau so erging es mir, als ich mich noch im Wellental befand und gegen die zum Meer zurückfliessende Wassermasse schwimmen wollte. Dazu kam noch die seitliche Strömung, die mich direkt auf einen schroffen Felsen zutrieb. Stehen Sie vielleicht gerade in einer Situation, wo Bedrängnis Ihr Herz umklammert?

Auch die Jünger Jesu machten solche Erfahrungen; sie blieben auch dem Apostel Paulus nicht erspart. In solchen Momenten fühlen wir uns hoffnungslos und dem Schicksal oder den Umständen ausgeliefert. Aber so wie mir die nächste Welle zu Hilfe kam, kommt uns allen immer wieder Gottes Gegenwart und Gottes Geist zu Hilfe. Er will uns über die Gegenströmung hinweg heben und mit Seiner überragenden Kraft ans Ziel bringen. Die Frage ist nur, ob wir uns im Wellental zerreiben, in Panik geraten und lahm werden oder ob wir die nächste schon heranrollende "Gnadenwelle" Gottes abwarten und ihren Schub nutzen.

Gnadenwellen Gottes

Vielleicht kommt es Ihnen so vor, als wäre schon lange keine Welle der Gnade mehr über Ihr Leben gegangen. Als hätten Sie ständig gegen die reissende Strömung zu kämpfen. Das kann tatsächlich so sein. Aber Gottes Wort gibt uns klare Anleitung, wie wir Gottes "Gnadenwellen" in Bewegung setzen können. In 1. Petr. 5, 6-7 sagt die Bibel:

"Demütigt euch nun unter die mächtige Hand Gottes, damit er euch erhöhe zur rechten Zeit, indem ihr alle eure Sorgen auf ihn werft! Denn er ist besorgt um euch".

Vielleicht winken Sie jetzt ab und sagen, ich bin doch schon so gedemütigt durch die Kämpfe und Schwierigkeiten in meinem Leben. Dieser Vers hilft mir nicht weiter. Aber hören sie bitte genau hin. Was ist eigentlich Demut? Wie demütige ich mich unter Gottes gewaltige Hand?

Ich will versuchen, Ihnen zu zeigen, welche Haltungen falsch sind: Sehr schnell beschleicht uns in Krisen das Gefühl, Gott habe uns verlassen. Wie konnte Er uns nur solches zumuten? Wo ist Er jetzt? Womit habe ich das verdient? Warum hilft Er mir nicht? - Das sind typische Fragen, die aus der falschen Haltung hervorgehen. Unter dem Strich heisst das nämlich: "Gott, auf Dich ist kein Verlass!" "Wie konntest Du mir das bloss antun!" Und sehen Sie, genau das ist Hochmut, das Gegenteil von "Demut". Diese Einstellung verschliesst uns der Gnade Gottes. So kann die nächste Gnadenwelle mit ihrer erhebenden und vorwärtsbringenden Kraft uns nicht erreichen. Wir erleben sogar das Gegenteil:

"Gott widersteht den Hochmütigen, den Demütigen aber gibt er Gnade" (Jak. 4, 6).

Wieder festen Grund unter den Füssen

Was wäre die richtige Haltung? Was ist Demut? Eine Haltung der Demut drückt sich etwa so aus: *"Gott, Du bist jetzt hier. Mitten in dieser Krise wirst Du Dich als der Starke erweisen. Ich weiss nicht weiter, aber Du hast die Lösung. Auf Dich setze ich mein Vertrauen. Auf Dich hoffe ich"*. Solch eine Haltung ehrt Gott. Da setzt Er Wogen der Gnade frei. Sie heben uns plötzlich hoch; nicht unser armseliges Bemühen, sondern Seine göttliche Autorität bringt uns vorwärts. Er lässt uns nicht am Felsen zerschellen, sondern stellt unsere Füsse wieder auf festen Grund, so dass wir Ihn preisen, erheben und Ihm danken können.

Das will Gott Sie in Ihrer jetzigen Situation erfahren lassen. Wenn Jesus uns lehrt zu beten: **"Dein Reich komme und dein Wille geschehe wie im Himmel also auch auf Erden...",** dann geht es um solche "Gnadenwogen", die von Gott her kommen und uns weiterbringen.

Ein seltsamer Rat

Vor Jahren schrieb mir ein Ehepaar aus der damaligen DDR, dass sie ihr kleines von Gott erbetenes Baby im Krankenhaus lassen mussten, und die Ärzte wegen Missbildungen dem Kind kaum Lebenschancen einräumen. Sie waren verzweifelt. Sie flehten zu Gott, aber nichts schien sich zu ändern. Das Schicksal schritt einfach vorwärts. Als ich Gott um die rechte Antwort bat, kam mir ein vielleicht seltsamer Rat ins Herz. Ich teilte ihnen mit, dass sie von dem Kind und der Problematik wegschauen und mitten in dieser ausweglosen Situation einfach Gott preisen sollten. Sie nahmen diesen Rat an und praktizierten das.

Es erfüllte sich im Folgenden das, was die Bibel uns im nachstehenden Vers verheisst:

"Demütigt euch nun unter die mächtige Hand Gottes, damit er euch erhöhe zur rechten Zeit, indem ihr alle eure Sorgen auf ihn werft! Denn er ist besorgt um euch".

Nach kurzer Zeit stellten die Ärzte eine unerklärliche Genesung fest. Das Kind wurde gesund entlassen. Können Sie sich die Freude dieser Eltern vorstellen?

Durch Glauben Profil gewinnen

Durch Glauben bekommt unser Leben Profil. ***Glaube ehrt*** Gott. ***Glaube stärkt*** unsere Herzen und ***Glaube verwandelt*** Situationen. ***Glaube lädt*** Gott in die Situation ein. Das ist der Schlüssel zu ihrer Wandlung.

Vielleicht sind Sie im Moment nicht in einer gewaltigen Krise, aber bestimmte Sorgen nagen an Ihrem Herzen und nehmen Ihnen die innere Kraft weg.

Wie wäre es, wenn Sie jetzt die Probe aufs Exempel machen und sich unter Gottes Hand demütigen? Setzen Sie nicht mehr Ihre Kraft für die gegen Sie gerichtete Strömung ein, sondern schauen Sie auf Gott und rechnen Sie mit einer Woge der Gnade. Sie wird Sie über die Situation hinweg heben und vorwärtsbringen, bzw. den Mangel ausfüllen, oder eine zerbrochene Beziehung wieder heilen.

Jesus sagte, dass in dieser Welt Verführungen unumgänglich sind. Satan denkt sich immer neue Strategien aus, aber Gott ist grösser. Lassen Sie sich durch diese Botschaft ansprechen. Es ist der Heilige Geist, der Sie berühren und aus Ihrem Wellental heben möchte. Gemeinsam mit Ihm werden Sie vorwärtskommen und das Ziel erreichen. Strecken Sie sich nach Ihm aus. Rechnen Sie mit Seiner Hilfe, nicht nur in grossen Dingen, sondern auch in den kleinen. Schliessen Sie einen Freundschaftspakt mit dem Heiligen Geist. Er will immer wieder neue Wellen des Segens über Ihr Leben gehen lassen, die Sie vorwärtsbringen und Er will Sie mit Gottes Liebe, Kraft und Herrlichkeit - mitten in den Strömungen dieser Welt - versorgen. Das wünsche ich Ihnen von Herzen.

Kapitel 34

WIE SIE STABILITÄT GEWINNEN

Ihre persönliche Checkliste

Beim Einsteigen in den Airbus auf dem Flughafen von Kairo rief plötzlich jemand hinter mir meinen Namen. Zu meiner Überraschung war es der Flugkapitän, der die Maschine nach Zürich fliegen sollte. Wir kannten uns von früheren Begegnungen und er lud mich ein, ihn während des Fluges im Cockpit zu besuchen. So wurde mir die seltene Gelegenheit zuteil, schon den Start in Kairo im Cockpit zu erleben.

Der Flugkapitän und sein Copilot bereiteten sich auf den Start und die Stunden des Fluges nach Zürich vor. Auf ihrem Schoss lag eine sogenannte „Checkliste", auf der viele Einzelheiten festgehalten waren. Diese gingen sie nun Punkt für Punkt durch. Schalter wurden betätigt, Funkfrequenzen eingestellt und viele Handgriffe vollzogen. Alles war für die Piloten längst zur Routine geworden. Warum diese Checkliste? Flugkapitän H. hatte ja schon Hunderte von Flügen hinter sich und jahrelange Berufserfahrung. Und doch musste er vor jedem Start diese Liste durchgehen.

Das Vorgehen der Piloten hatte mich an meine persönliche Checkliste erinnert, die mir zu mehr Stabilität und innerer Kraft verholfen hatte. Gerne teile ich sie mit Ihnen in den folgenden Zeilen.

Meine persönliche Checkliste

Im jahrelangen Kontakt mit Gott sind mir wichtige Aspekte durch den Geist Gottes aufgedeckt worden, von denen ich merkte, dass sie innere Gewissheit und Festigkeit verleihen. Diese Punkte habe ich mir als „Checkliste" in meine Bibel gelegt und gehe sie Morgen für Morgen durch. Mir ist aufgefallen, dass ich dadurch in Ehe und Familie sowie auch im Tagesgeschehen bedeutend mehr innere Ruhe, Gelassenheit und Verbundenheit mit Gott erleben darf. Sind Sie interessiert, diese Checkliste kennenzulernen? Dann lesen Sie bitte weiter.

1. Gott liebt Sie mit der ganzen Liebe Seines Herzens!

Als erstes werde ich mir bewusst, dass mir von Gottes Seite her eine bedingungslose und überreiche Liebe entgegen kommt. Ich rufe mir das wörtlich zu und stelle mir Gottes leuchtendes Angesicht vor. Von Ihm gehen Sicherheit und Geborgenheit aus. Unabhängig von meiner Gefühlslage. Ob Sie gerade geistlich topfit sind oder am Boden liegen, liebt Gott auch Sie unaussprechlich. Das drückt Jesus in den Worten aus: **„Wie mich der Vater liebt, so liebe ich euch. Bleibt in meiner Liebe!"** (Johannes 15, 9).

Am Anfang mag Ihnen das seltsam vorkommen, wenn Sie sich diesen Satz laut zusprechen. Denn Liebe, die keine Vorleistung erwartet, ist uns fremd. Wir sind gewöhnt, nur dann geliebt zu werden, wenn wir Voraussetzungen erbracht haben.

2. Von Ihm geht Majestät und Herrlichkeit aus!

Gebrauchen Sie Ihre Phantasie, um sich aufgrund der Bibel vorzustellen, wie Gott auf dem Thron Seiner Herrlichkeit sitzt. Voller Autorität und Majestät. Dieses Bild sollte nicht bedrohlich sein, sondern Sie spüren lassen, wer Ihr himmlischer Vater ist und wer zu Seiner Rechten sitzt: JESUS CHRISTUS! In 1. Chr. 16, 27 wird uns Gottes Gegenwart so beschrieben: **„Majestät und Pracht gehen von ihm aus, seine Stärke und Freude erfüllen den Ort, wo er wohnt".** Verweilen Sie einige Augenblicke bei diesem Gedanken und beten Sie den himmlischen Vater und Seinen Sohn an. In der Gebetsunterweisung von Jesus finden Sie es so ausgedrückt: **„Unser Vater im Himmel! Dein heiliger Name soll geehrt werden"** (Mat. 6, 9). Gehen Sie danach einen Schritt weiter.

3. Gottes Gegenwart ist erfüllt von Pracht und Fülle!

Es baut Ihren Geist auf, wenn Sie sich vor Augen führen, dass in Gottes Gegenwart kein Mangel, keine Armut, keine Krankheit ist. Seine Herrlichkeit ist erfüllt von ungeahntem und unbegrenztem Reichtum. Er teilt davon gerne aus. Er lässt uns daran teilhaben. Als Jesus auf Erden war, demonstrierte Er Seinen Reichtum: Er führte Simon durch einen überwältigenden Fischfang in Seine Nachfolge. Bei der Vermehrung von Broten und Fischen machte Jesus Überfluss. Der Blick in Gottes Reichtum und das Bewusstsein, dass Er uns daran Anteil gibt, bewahrt uns vor geistlichem Spiessbürgertum und Kleinkariertheit.

4. In Gottes Gegenwart fliesst Kraft!

Der Gott, den Sie anbeten, ist ein Gott der Stärke und Kraft. Er ist weder alt noch müde, sondern voller Energie und setzt Seine unbegrenzten Fähigkeiten zum Wohl Seiner Kinder und zur Durchsetzung Seiner Pläne ein. An dieser Kraft dürfen wir Anteil haben durch den Heiligen Geist (Apg. 1, 8). Aus dieser Kraft soll auch Ihr innerer Mensch gestärkt werden. Sie sollen täglich neue Energie schöpfen (2. Kor. 4, 16). Bewundern Sie Gott in Seiner Kraft. Sprechen Sie das deutlich in Ihrem Gebet aus.

5. In Gottes Gegenwart herrscht Freude!

Viele Menschen halten Distanz zu Christen und auch zu Gott, weil Sie die Freude in ihrem Leben nicht missen wollen. Sie meinen, dass das Christsein langweilig und freudlos sei. Aber genau das Gegenteil ist der Fall. Gottes Gegenwart ist erfüllt von Freude, Tag und Nacht. Die Engel besingen Ihn, sie jubeln. Und genau an dieser Atmosphäre will Gott uns teilhaben lassen. Darum schreibt Paulus: **„Freut euch, dass ihr zu Jesus Christus gehört. Und noch einmal will ich es sagen: Freut euch!“** (Phil. 4, 4). Wenn Sie Gott als einen freudigen Gott innerlich vor Augen haben, hellt sich Ihr Gemüt auf. Ihr Geist beginnt zu lächeln. Auf Ihre Persönlichkeit wirkt sich die Freude Gottes positiv und aufbauend aus. Andere nehmen diese Freude in Ihnen wahr. Sie werden interessiert; wollen wissen, was Ihrem Leben solche Kraft und Sicherheit gibt.

6. *Unser Gott ist ein handelnder Gott*

Oft beten wir Christen: *„Oh, lieber Gott, tu doch dies und tu das. Steh auf, handle, greife ein...“*, als sitze Gott passiv und nahezu desinteressiert auf Seinem Thron. Das ist nicht der Fall. Ganz im Gegenteil! Ständig gehen Weisungen von Ihm aus. Engel kommen und erhalten ihre Befehle. Weltweit handelt Gott. Übergeben Sie Ihm Ihre Sorgen, laden Sie Ihn in Ihren Alltag, in Ihre Fragen und Schwierigkeiten ein. Er wird Sie nicht verlassen, noch versäumen, sondern für Sie handeln (Jos 1, 5). Ihr inneres Bild von Gott sollte einen aktiven Gott zeigen, der Anteil nimmt an Ihrem täglichen Leben, an all den kleinen und grossen Dingen, mit denen Sie zu tun haben. Er begleitet Sie überall. Er will Ihnen in allen Situationen helfen.

7. *Fülle mich mit Deinem Heiligen Geist*

Während Gott in Seiner ganzen Fülle und Herrlichkeit in der himmlischen Welt thront, hat Er aber auch Präsenz auf Erden, - im menschlichen Herzen. **„...und Christus durch den Glauben in euch lebt....** (Eph. 3, 17). Wie kann Gott sich im Himmel befinden und in unserem Herzen sein? Durch Seinen Heiligen Geist! Wenn wir Jesus Christus annehmen und uns von Herzen zu Ihm bekehren, schenkt Gott uns den Geist Jesu. Damit werden wir ein Kind Gottes (Gal. 4, 5+6). Nun dürfen wir Ihn ganz freimütig darum bitten, dass Er uns mit dem Heiligen Geist erfüllt (Luk. 11, 13). Der Vater erhört dieses Gebet gerne und schenkt uns den Heiligen Geist.

Wenn ich an diesen Punkt in meiner Checkliste komme, dann danke ich Gott, dass Er mich mit Seinem Heiligen Geist erfüllt hat und bitte Ihn, jeden Raum und jeden Teil meiner Persönlichkeit auch für diesen Tag mit Seiner Gegenwart zu durchdringen. Ich trete bewusst mit dem Heiligen Geist in Kontakt und rechne mit Seiner Innewohnung, Hilfe und Führung.

8. *Dienen Sie Gott im Geist!*

Nachdem Sie sich nun anhand Ihrer Checkliste so viele wunderbare Punkte über Gottes Wesen und Herrlichkeit vor Augen geführt haben, kommen Sie an den Punkt, wo Sie Ihn anbeten und bewundern. Die Bibel bezeugt, dass Gott ein Verlangen danach hat, dass wir Ihn in rechter Weise anbeten (Joh. 4, 23). Sie haben ja den Vater gebeten, Sie in allen Bereichen mit Seinem Geist zu füllen. Nun kommt der Heilige Geist Ihnen zu Hilfe, um Gott in rechter Weise zu erheben, anzubeten.

9. Erfülle mich mit Deiner Sanftmut, Demut und Barmherzigkeit

Auch das steht noch auf meiner Checkliste weil ich erkannt habe, dass für den Umgang mit Gott und den Menschen diese Geisteshaltung ganz wichtig ist. In Mat. 11, 29 sagt Jesus: **„Nehmt meine Herrschaft an und lebt darin! Lernt von Mir! Ich komme nicht mit Gewalt und Überheblichkeit. Bei mir findet ihr, was euerm Leben Sinn und Ruhe gibt“.** Diese Ruhe in unserem Innern ist wichtig, damit nicht Umstände oder eine aufgewühlte Seele unser Leben dominieren, sondern Gottes Geist. Er soll auch im Alltag zu uns reden. Ich habe die Beobachtung gemacht, dass Gott auf diese Bitte eingeht und unserem Wesen im Laufe der Zeit eine immer sanftmütigere Haltung verleiht.

10. Du Herr bist meine Kraft!

In Punkt 10 auf meiner Checkliste rufe ich mir ins Bewusstsein, dass ich nicht selber stark und fähig sein muss, sondern dass der Herr meine Stärke, Kraft und Wahrheit ist (2. Kor. 3, 5; 1. Kor. 1, 30). Das bekenne ich laut im Gebet und stütze mich darauf.

11. Erwarten Sie Gottes Reden!

Während wir Gott im Geist anbeten, geschieht es immer wieder, dass er zu unserem Verstand spricht und uns feine, zarte Gedanken ins Herz gibt. Das Reden Gottes erkenne ich an dem Frieden, der inneren Freude und auch der Klarheit, mit der solche Gedanken in meinem Herzen auftauchen. Gott spricht auch zu Ihnen. Sie dürfen und können Seine Wegweisungen empfangen. Er lenkt Sie indirekt. Das bedeutet, Er führt Sie, ohne dass Sie das im Moment merken. Oder Er lenkt Sie direkt, indem Er Ihnen klare Gedanken ins Herz legt. Seien Sie offen dafür. Rechnen Sie damit. Danken Sie Ihm, dass Er das tut.

Darf ich Sie zum Schluss noch einmal an das kleine Erlebnis im Cockpit erinnern? Da sassen diese erfahrenen Piloten und gingen - wie schon hunderte Male vor einem Flug - wieder ihre Checkliste durch. Wir hatten einen wundervollen Flug und kamen sicher an. Wenn Sie es lernen, Ihren Geist so auf Gott auszurichten und sich durch Seine Gegenwart stärken und füllen zu lassen, wenn Sie offen sind für Gottes Reden, sei es persönlich oder durch Sein Wort, dann wird auch Ihre (Lebens-)Reise gelingen. Nicht nur Sie kommen gut an, sondern Sie werden auch Menschen, die Gott Ihnen anvertraut, in positiver, segensreicher und hilfreicher Weise mitnehmen können. Das wünsche ich Ihnen von ganzem Herzen.

Teil 7

DER AUFTRAG DES CHRISTEN

Kapitel 35

Was am Ende zählt!

Ich hoffe, dass dieser Artikel dazu beiträgt, dass Sie die Weichen für Ihr Leben richtig stellen. Am Ende Ihres Daseins sollen Sie sagen können: Mein Leben hat sich gelohnt. Hätte ich noch einmal zu leben, würde ich mir wieder die gleichen Ziele setzen.

Vom Leben überrollt?

Sicher kennen Sie das auch: Vieles im Alltag droht einem zu überrollen! Der Plan für die Woche steht fest, trotzdem kommt zusätzlich dies und jenes noch dazu. Der Zeitdruck wird immer grösser, der Stress belastender. Viele reden heute vom "globalen Denken". Ich frage mich: Sind wir Menschen vom Schöpfer dazu angelegt? Wie oft kommen wir schon mit der kleinen Welt unseres Alltags nicht zurecht! Die Gefahr ist gross, dass wir die eigentlichen, wichtigen Dinge übersehen. Wir bleiben in Details haften und müssen am Schluss feststellen: Was ich eigentlich wollte, ist mir nicht gelungen.

Was will ich eigentlich?

Tue ich wirklich das, was meinem Leben Inhalt, Sinn und Bedeutung verleiht? Ist es das Wichtigste, dass ich meinem Geschäft zu grossem Wachstum verhelfe, meine Familie ernähre, für Mann und Kinder treu besorgt bin? Was zählt zu der Stunde, in welcher ich mein Leben hier auf Erden beschliesse?

Die Antwort darauf geben nicht Philosophen, auch nicht unsere individuellen Wertvorstellungen, sondern Gott in Seinem Wort. Die Bibel sagt: **„Denn einmal werden wir uns alle vor Jesus Christus als unserem Richter verantworten müssen. Dann wird jeder das bekommen, was er für sein Tun auf dieser Erde verdient hat, mag es nun gut oder schlecht gewesen sein“** (2. Kor. 5, 10). Die Stunde kommt, wo alle Ziele, die wir uns gesteckt haben, im unbestechlichen Licht Gottes unter die Lupe genommen werden. Nicht nur unsere Ziele, sondern alles, was wir effektiv mit unserem Leben gemacht haben. Die Frage wird dann nicht lauten: Habe ich meine Ziele erreicht? Sondern: Habe ich Gottes Zielsetzung für mein Leben erkannt und verwirklicht? Darum ist es weise, sich heute Gedanken zu machen, inwieweit meine Pläne mit Gottes Plänen übereinstimmen.

Unsere höchste Bestimmung

Ich staune darüber, wie einfach Gott die höchsten Prioritäten unseres Lebens auf den Punkt bringt. Als Jesus gefragt wurde, welches das höchste Gebot im Gesetz ist, sagte Er: **„Liebe Gott, den Herrn, von ganzem Herzen, mit ganzer Hingabe und mit deinem ganzen Verstand! Das ist das erste und wichtigste Gebot. Ebenso wichtig ist**

aber das zweite: Liebe deinen Mitmenschen, so wie du dich selber liebst!“ (Mat. 22, 37-39).

Keine komplizierten Seminare sind nötig, um unser Leben auf die richtige Grundlage zu stellen. Die Liebe zu Gott mit unserer ganzen Persönlichkeit steht an erster Stelle; dann die Liebe zu unserem Nächsten wie zu uns selbst. Jesus sagt: **„Alle anderen Gebote und alle Forderungen der Propheten sind in diesen Geboten enthalten“** (Matth. 22, 40).

Wie sieht das praktisch aus?

Von Natur aus besitzt niemand diese Qualität von Liebe. Aber lassen Sie sich von Jesus an die Hand nehmen, an Sein Kreuz führen und verweilen Sie dort im Geist. Malen Sie sich vor Augen, wie der Sohn Gottes mit durchbohrten Händen und Füssen da für Sie hängt. Auf Seinem Haupt eine Dornenkrone, Sein Rücken blutig gegeisselt. Unter unsäglichen Schmerzen ruft Er aus: **„Vater, vergib ihnen, denn sie wissen nicht, was sie tun“.** Und einige Zeit später: **„Es ist vollbracht!“** An diesem Kreuz hängt Jesus aus Liebe zu Ihnen. Sie sind dem Vater im Himmel so wertvoll, so kostbar, dass Er es in Kauf nahm, entsetzliche Stunden im Himmel zu erleben, während Sein Sohn stellvertretend für Ihre Sünden am Kreuz hing. Sie sind Jesus so unbezahlbar, dass Er sich selber mit Seinem Leben, Seinem Leiden und Tod in die Waagschale warf, um Ihre Schuld aufzuwiegen und Sie durch Sein Blut zu reinigen. Er will Sie zu einer neuen Person machen. Er bewirkt mit Seinem Tod auch, dass Sie Zugang zu Gott und Zukunft im Himmel haben. Er stand von den Toten auf, sitzt zur Rechten des Vaters und beobachtet Ihr Leben mit einem liebenden und offenen Herzen. Er möchte in Ihrem Innern wohnen und Sie durch Seinen Geist von innen her leiten, beraten, begleiten. Er will in Ihr Herz hineinrufen: „Ich liebe Dich mit der ganzen Liebe meines Herzens“. Für Ihn gibt es keine grössere Freude, als aus Ihrem Innern das Echo zu hören: „Herr Jesus, ich liebe Dich. Mein Leben gehört Dir. Sitze Du auf dem Thron meines Herzens. Ich bete Dich an“.

Treffen Sie die Entscheidung!

Zu Lieben kann man sich entscheiden! Haben Sie je einmal deutlich formuliert: "Vater im Himmel, ich will Dich lieben mit meinem ganzen Herzen. Herr Jesus, ich will Dich lieben, Dir dienen und Dich ehren mit allem, was ich bin und habe?“ Wenn nicht, dann tun Sie das doch jetzt. Es kommt nicht auf Ihre Gefühle, sondern auf die Entscheidung Ihres Herzens an. Schon beim Sprechen dieser Worte wird der Heilige Geist Ihnen zu Hilfe kommen und Gottes Liebe in Ihr Herz geben, wie die Bibel das in Römer 5, 5 beschreibt.

Gott will nicht, dass Sie fromme Riten praktizieren, sich in einer christlichen Religiosität bewegen. Er will, dass Sie Ihn lieben und aus der Liebe heraus mit Freude Seine Weisungen und Befehle beachten. Geben Sie der Liebe zu Gott den höchsten Stellenwert im Leben. Jesus zeigt, dass nach unserer Entscheidung Gott zu lieben, die Liebe zu unseren Mitmenschen folgt.

Wie lieb haben manche ihre Brüder und Schwestern am andern Ende der Erde. Sie haben aber ihre liebe Mühe mit denen, die ihre Nächsten sind.

Der Liebe zu Gott folgt also: Die Liebe zur Frau, zum Ehemann oder sonst Nahestehenden. Wie schön wird das Leben, wie vieles entspannt sich, wenn wir uns zur Liebe entscheiden. Wie reich kann menschliche Gemeinschaft sein, wenn man aufhört einander zu verurteilen, Druck auszuüben oder zu manipulieren. Und schliesslich: Wie bedürftig sind wir doch alle nach Liebe, Annahme und Vergebung. Wie gut tun uns Worte, bei denen wir spüren, dass unser Mitmensch uns schätzt, unseren Wert anerkennt und uns lobt. Genau das will Gott. Durch die Liebe Seiner Kinder untereinander soll vieles, was durch Defizite, Verletzungen und Enttäuschungen in uns gelitten hat, schon hier auf Erden heil werden.

Wir sind alle schwierig!

Oft haben wir bei unseren Ehepartnern, unseren Kindern, Geschwistern oder Mitmenschen das Gefühl, sie seien schwierig. Uns stört einiges an ihrer Persönlichkeit, oder wir werden durch sie verletzt. Wie sollen wir damit umgehen?

Die Bibel sagt: **„Vor allem aber lasst nicht nach, einander zu lieben. Denn die Liebe deckt viele Sünden zu“** (1. Petr. 4, 8). Jesus sagt ganz deutlich: **„Liebt eure Feinde und tut denen Gutes, die euch hassen. Segnet die Menschen, die euch Böses wünschen, und betet für alle, die euch beleidigen“** (Luk. 6, 27-28).

Warum sind wir oft so schwierig? Gewöhnlich, weil uns Liebe, Verständnis und Anerkennung fehlen. Genauso geht es auch unseren Mitmenschen. Entziehen wir ihnen noch mehr das, worunter sie schon Mangel leiden, werden sie immer problematischer. Gehorchen wir aber der Weisung Gottes und entschliessen uns zur Liebe, Annahme und Vergebung - gerade auch den schwierigen Menschen gegenüber -, so werden wir überrascht sein, wie sich unsere Beziehungen positiv verändern.

Gibt es in Ihrem Umfeld einen schwierigen Menschen, dessen Gegenwart Sie nicht „entrinnen“ können? Hand aufs Herz! Haben Sie sich je entschieden, diese Person vorbehaltlos zu lieben und zur Ermutigung und zum Wohl dieser Person Ihr Bestes zu geben? Wenn nicht, dann treffen Sie doch jetzt und täglich neu diese Entscheidung.

Mir hilft es, diese Lebensprioritäten immer wieder vor Augen zu haben. *„Herr, die Liebe zu Dir soll höchste Priorität in meinem Leben haben. Die Liebe zu meiner Frau und meinen Kindern, meinen Brüdern und Schwestern in der Gemeinde und in der Welt soll mein Lebensprinzip sein. Komm, fülle mich, Herr, mit Deinem Geist der Liebe. Liebe Du die Menschen durch mich“.*

Liebe überdauert alles!

Wussten Sie, dass die Liebe alles überdauert? In 1. Kor. 13, 13 lesen wir: **„Was bleibt, sind Glaube, Hoffnung und Liebe. Die Liebe aber ist das Grösste“.**

Was wollen Sie am Ende Ihres Lebens erreicht haben? Die Liebe zu Gott und zu Ihrem Nächsten werden Sie weder hier auf Erden noch in der Beurteilung in der Ewigkeit zu bereuen haben. Wollen Sie diese Grundhaltung jetzt vor Gott festmachen? Dann entscheiden Sie sich dafür. Prüfen Sie Ihre Aktivitäten an diesen Kriterien. Dann ist kein Tag mehr Leerlauf. Ein Leben in der Liebe hat heute und in alle Ewigkeit Sinn. Der Heilige Geist wartet auf Ihre Einladung, Sie mit Gottes Liebe immer wieder neu zu beschenken und durch Sie zu fliessen.

Kapitel 36

NEHMEN SIE IHRE AUTORITÄT IN ANSPRUCH

Zum Zeitpunkt Ihrer geistlichen Geburt, d.h., als Sie Jesus Christus als Ihren persönlichen Herrn in Ihr Leben aufnahmen, schenkte Gott Ihnen grossartige Rechte. Allerdings geht es uns ähnlich wie einem Baby: Wir erkennen unsere Privilegien zu diesem Zeitpunkt noch nicht. Ein Kind, das geboren wird, steht sofort unter staatlichem Schutz. Wer ihm Schaden zufügt, macht sich strafbar. Mit der Geburt hat es zugleich auch ein Anrecht auf das Erbe der Eltern, ein Recht auf spätere schulische Bildung und vieles andere mehr. Ähnlich ist es im geistlichen Leben. Als Sie durch Ihre Bekehrung zu Jesus Christus ein Kind Gottes wurden, hat Gott, Ihr Vater, Ihnen Rechte und Autorität verliehen. Diese gilt es, im Leben zu erkennen und anzuwenden. Darüber möchte ich Ihnen in den folgenden Zeilen Wichtiges sagen.

Sie werden umkämpft!

Vor 2000 Jahren wurde Jesus geboren. Schon kurze Zeit nach Seiner Geburt war Sein Leben in Gefahr. Der König Herodes trachtete Ihm nach dem Leben, weil er Angst um seinen Thron hatte. So haben auch wir „Gegenspieler". Das sind nicht Menschen, sondern unsichtbare Mächte, die im Leben der Ungläubigen ein leichtes Spiel haben; aber auch bei Christen versuchen, sie zu schwächen oder gar zu zerstören. So sagt die Bibel: **"Denn der Teufel, euer Todfeind, schleicht wie ein hungriger Löwe um euch herum. Er wartet nur auf ein Opfer, das er verschlingen kann"** (1. Petr. 5, 8). Wir haben also einen Feind, der nach unserem Leben trachtet. Wir werden umkämpft. Aber so, wie der himmlische Vater damals über dem Leben Seines Sohnes wachte, so wacht Er über uns. Er lässt es nicht zu, dass alles, was der Feind plant, auf uns zukommt. Er hält den Bösen zurück. Er ruft andere Menschen zur Fürbitte auf. Und da, wo Er Anfechtung und Kampf erlaubt, steht Er uns zur Seite. Wir sollen kämpfen und siegen lernen. Wir sollen wachsen und mithelfen, das Reich Gottes auszubreiten.

Womit haben wir zu kämpfen?

Die Bibel sagt: **"Denn wir kämpfen nicht gegen Menschen, sondern gegen Mächte und Gewalten des Bösen, die über diese gottlose Welt herrschen und im Unsichtbaren ihr unheilvolles Wesen treiben"** (Eph. 6, 12). Bei einem Boxkampf stehen sich Menschen gegenüber. Man sieht den Gegner und kann sich auf ihn einstellen. In unserem geistlichen Kampf ist das anders. Wir wüssten nicht wer unser Gegner ist, wenn Gottes Wort uns darüber nicht klare Auskunft gäbe. Es ist also Satan, der mit seinen Untergebenen, den gefallenen Geistern, auf unser Leben Einfluss nehmen möchte. Damit wird auch klar, auf welche Art und Weise Satan auf uns einwirkt: Auf der geistlichen Ebene! Ganz praktisch bedeutet das: Durch Worte, Gedanken, Vorstellungen und Bilder. Damit haben Sie und ich uns im Alltag häufig auseinanderzusetzen. Lassen Sie mich dazu ein Beispiel bringen: Wir haben uns mit jemandem verabredet. Wir stehen an der betreffenden Stelle und warten, warten, warten. Die Person kommt nicht. Langsam beginnt sich Enttäuschung breit zu machen. Schon wieder! Typisch! Und nach kurzer Zeit kommen negative Gedanken. Oft genügen unangenehme Blicke von Menschen, um in uns Enttäuschung, Anklage, ja sogar Bitterkeit hervorzurufen.

Was spielt sich in uns ab?

Der Widersacher, Satan, versucht, uns mit seinen zerstörerischen Gedanken zu füllen. Wir sollen eine innere Verstimmung erleben. Unsere Gefühle sollen verletzt werden. Auf diese Weise droht auch auf unserer Seite eine sündige Gegenreaktion. Dadurch gewinnt Satan Einfluss auf unser Leben. Er versucht, in unserem Herzen Schmerz, Enttäuschung und Anklage zu mehren. Unsere Freude geht verloren. Leicht klagen wir auch Gott für die Schwierigkeiten an, die sich einstellen; auch unser Glaube wird empfindlich getroffen.

Je mehr Verletzungen aus der Vergangenheit noch in uns unbewältigt sind, desto eher geschehen neue Enttäuschungen. Schmerz und Trauer nehmen zu und wir werden immer empfindlicher und ungehaltener. So brechen Ehen auseinander, werden Freunde zu Feinden. Auch unter Christen gibt es solche schmerzliche und trennende Prozesse.

Sie haben Autorität

Sind wir diesem Prozess einfach schutzlos preisgegeben? Könnten wir nichts gegen diese vergiftenden Gedanken tun? Doch!

Hören Sie einmal, was Gott Ihnen zuspricht. **„Denn der Geist Gottes, der euer Leben bestimmt, ist stärker als der Geist der Lüge, von dem die Welt beherrscht wird"** (1. Joh. 4, 4). Wenn Sie zu Christus gehören, sind Sie dem Feind nicht schutzlos ausgeliefert. Ganz im Gegenteil! Sie werden ihm gefährlich, wenn Sie sich Ihrer Rechte bewusst werden, wenn Sie um Gottes Schutz über Ihnen wissen. In Johannes 1, 12, sagt die Bibel, dass wir mit der Aufnahme Jesu in unser Leben, „Exousia“, d.h. Rechte oder Vollmacht, erhalten. Sie können dem Feind widerstehen und er muss vor Ihnen fliehen. So heisst es wörtlich: **„Widersetzt euch mit aller Entschiedenheit dem Teufel. Dann muss er vor euch fliehen"** (Jak. 4, 7).

Durch die Zugehörigkeit zu Gott ist kraftvolles Licht in Ihrem Herzen, Dieses strahlt derart, dass die Macht der Finsternis weichen muss. Werden Sie sich dessen bewusst. Glauben Sie das in Ihrem Herzen und bekennen Sie es mit Ihren Lippen. Sie gehören jetzt zu Jesus Christus, Er dominiert Sie und nicht mehr Bitterkeit und Dunkelheit. Ihr Herz bleibt voll Liebe, Güte und Barmherzigkeit. Darum sagt die Bibel in Offenbarung 12, 11: **"Sie haben ihn (Satan) überwunden durch das Blut des Lammes und durch das Wort ihres Zeugnisses".**

Wie machen wir das praktisch?

Manchmal geht es mir beim Beten so, dass ich den Eindruck habe, ich dringe nicht durch mit meinen Worten. Ich werde immer wieder abgelenkt und es scheint mir, als ob ich gegen eine Wand bete. Dann tue ich folgendes: Ich spreche laut und bewusst: *„Satan, im Namen Jesu binde ich dich! Geh hinweg an den Platz, den Jesus dir zugewiesen hat. Ich rufe in diesem Raum die Gegenwart Jesu Christi aus.“* Dann danke ich Gott für Seine Nähe und für den Zugang zu Ihm. Unzählige Male habe ich erlebt, wie die Luft dann gereinigt wird. Ähnlich gehe ich vor, wenn ich mit Menschen im Gespräch bin und merke, wie sich das Gespräch immer mehr „verkrampft“, wie sich aggressive Elemente in mir oder dem Gesprächspartner zeigen und sich eine negative Atmosphäre ausbreitet.

Welche Vorrechte haben Sie als Vater oder Mutter für Ihre Angehörigen? Sie können über ihnen Gottes Gegenwart aussprechen und den dunklen Mächten widerstehen, die auf Sie, Ihre Ehe oder Ihre Kinder einwirken wollen. Aber praktizieren Sie das auch in Ihrem eigenen Leben. Nehmen Sie Ihre Autorität in Jesus Christus in Anspruch, wenn Sie spüren wie in Ihrem Innern Unreines, Dunkles oder Negatives aufsteigen will. Jesus gebraucht dazu ein Bild. In Luk. 10, 19 sagt Er zu Seinen Jüngern: **„Siehe ich gebe euch die Macht, auf Schlangen und Skorpione zu treten, und über die ganze Kraft des Feindes; und nichts soll euch irgendwie schaden“.**

Wenn Sie spüren, dass sich Missmut, eine undefinierbare Trauer, depressive Gedanken oder sonstiges Negatives auf Sie legen will, dann erheben Sie Ihren Fuss und treten Sie im Geist auf diesen Widerstand im Namen Jesu Christi.

Ein wichtiger Rat

Worauf Sie aber unbedingt achten sollten ist folgendes: ***Verharren Sie nicht beim Feind, das führt zum Debakel.*** Wenn Sie spüren, dass Sie oder andere vom Feind angefochten werden, machen Sie kurz und glaubensvoll von Ihrer Autorität im Namen Jesu Gebrauch und verweisen Sie den Bösen. Dann aber beschäftigen Sie sich nicht mehr länger mit der Macht des Feindes, sondern blicken Sie in das leuchtende, strahlende Angesicht Jesu Christi. Rühmen Sie Seine Hoheit und sprechen Sie das aus, was Gott als Gegenpol zu den Anfechtungen des Feindes Ihnen in Seinem Wort sagt. Hat der Feind Sie z.B. mit Angst lähmen wollen und Sie haben ihn zurückgewiesen, dann loben Sie Gott für Seine kraftvolle Gegenwart. Preisen Sie Ihn, dass Er Ihr Schutz, Ihre Sicherheit und Geborgenheit ist. Versuchte er Negatives über Mitmenschen in Ihrem Herzen unterzubringen, und Sie haben dem Argen widerstanden, dann gehen Sie dazu über, gerade diese Personen im Namen Jesu zu segnen, vielleicht mit den Worten: *„Ich segne Dich im Namen Jesu Christi mit Wohlergehen und der Güte Gottes.“* Das ist der beste Schutz und Ihr Herz wird wieder mit Gottes Geist gestärkt. Während Sie Gottes Herrlichkeit, Seine Versorgung, Seine Gegenwart rühmen, wird Ihr innerer Mensch neu aufgebaut. Leben Sie in der Autorität, die Gott Ihnen geschenkt hat. Das ist mein herzlicher Wunsch für Sie.

Kapitel 37

ARBEITEN SIE MIT GOTT ZUSAMMEN

Eines Tages wurde ich von einem Ehepaar eingeladen, das in den vergangenen Jahren durch schwere Krankheitsprüfungen gegangen war. Als wir bei Tisch sassen, machte eine Freundin des Ehepaares folgende Bemerkung: *„Immer, wenn ich meine Freundin so leiden sehe, bete ich, dass Jesus ihr doch die Schmerzen nehmen möchte; aber ich sehe keine Erhörung. Auf anderen Gebieten darf ich jedoch wunderbare Gebetserhörungen erleben. Woran liegt das?"* Ich gab ihr daraufhin folgende Antwort: *"Sehen Sie, wir müssen zunächst einmal erkennen, was wir beten sollen, was zu Gottes Plan gehört. Es ist wichtig, zu verstehen, was Gott in der einen oder anderen Situation vor hat, damit unsere Gebete Erhörung finden können. Ich bin fest von der Willigkeit Gottes überzeugt, Kranke zu heilen. Wir dürfen aber nicht übersehen, dass Gott oftmals Nöte im Leben Seiner Kinder zulässt, um sie daran wachsen und reifen zu lassen. Wir dürfen wissen, dass Er mit allem ein Ziel verfolgt und letztlich gute Absichten hat. Wenn wir uns also innerlich mit dem Plan Gottes eins machen, erfahren wir wunderbare Dinge und unsere Gebete werden erhört ."*

Noch während unseres Gesprächs zeigte Gott durch Seinen guten Heiligen Geist auf, was Er mit der Situation im Leben meiner Gastgeberin beabsichtigt. Nach dem gemeinsamen Austausch darüber merkte ich, wie ihre Augen zu strahlen begannen und der Heilige Geist über sie kam. Sie begann, Gottes Plan in ihrem Leben zu begreifen, und neue Hoffnung und Zuversicht erfüllte nun ihr Herz.

Lernen Sie Gottes Willen für Ihr Leben kennen!

Viele Enttäuschungen werden uns erspart, wenn wir lernen, Gottes Willen zu verstehen und uns damit eins zu machen. Sicher kennen Sie das Gebet, das Jesus Seinen Jüngern lehrte: Das Vaterunser. Wenn es darin heisst: **„Richte bald deine Herrschaft bei uns auf. Lass deinen Willen hier auf der Erde geschehen, wie er im Himmel geschieht"** (Mt. 6, 10), dann will Jesus damit sagen: *„Richtet euer Leben nach den Absichten Gottes aus, und lernt zu verstehen, was Er vorhat. Macht Euch dann mit Seinem Plan eins."*

Schon oft habe ich Christen beten hören: *„Herr, nicht mein, sondern Dein Wille geschehe!"* Bei manchen konnte ich mich des Eindrucks nicht erwehren, dass sie offenbar nicht wussten, was Gottes Wille in dieser oder jener Situation war. Aber gerade das ist so wesentlich!

Wie können wir Gottes Willen erkennen?
Begleiten wir Jesus einmal in den Garten Gethsemane. Dort liegt Er auf Seinem Angesicht, die Macht des Todes will Ihn überfallen und bereits vor Seinem Tod am Kreuz vernichten. Jesus aber weiss, dass Ihn Sein Weg bis zum Kreuz auf Golgatha führt. Er soll das Erlösungswerk für die ganze Menschheit vollbringen. Doch Satan versucht, Ihn bereits hier im Garten Gethsemane zu töten. Darum betet Jesus: **„Mein Vater, wenn es möglich ist, so bewahre mich vor diesem Leiden!“** (Mt. 26, 39). Damit meint Er nicht das Leiden und Sterben am Kreuz, sondern die jetzige Attacke vor dem Kreuzestod. Da Jesus in diesem Moment nicht einordnen konnte, weshalb der Vater das zugelassen hat, betet Er: ***„Aber nicht mein Wille soll geschehen, sondern dein Wille“.***

Daraus können wir etwas ganz Wesentliches lernen: Jesus betete dieses Gebet dreimal und erst dann kam die Antwort Gottes: Er schickte einen Engel, um Ihn zu stärken.

Beharrlich beten!
So ähnlich erging es dem Apostel Paulus. Als ein Satansengel ihn mit Fäusten schlug, begann er um Befreiung zu beten, aber es änderte nichts. Paulus betete ein zweites und drittes Mal. Erst dann kam die Antwort Gottes. Jetzt erkannte er Seinen Willen und machte sich mit dem Plan Gottes eins (Apg. 12).

Wir erhalten Klarheit von Gott und verstehen, was Er in den einzelnen Situationen wirken will, wenn wir beharrlich beten. Das heisst: Werden Sie still vor Gott, bringen Sie Ihm Ihre Anliegen immer wieder, bis sich in Ihrem Herzen mehr und mehr Klarheit abzeichnet. So erkennen Sie, was Gott in der Situation vor hat.

Wir erkennen Gottes Absichten in Seinem Wort!
Eine ganz entscheidende Hilfe, um Klarheit für unser Leben zu gewinnen, ist Gottes Wort - die Bibel. Sie sagt uns zwar nicht, was Gott im Leben eines Menschen tun will, aber sie lässt uns Gottes Grundsätze und Seine generellen Absichten erkennen. Alles, was Gott wirkt, geschieht in völliger Übereinstimmung mit Seinem Wort. Je besser Sie die Bibel kennen lernen und den Heiligen Geist um Erkenntnis bitten, desto mehr wird Ihr ganzes Denken übereinstimmen mit Gottes Gedanken. Das hat zur Folge, dass sich viele Rätsel in Ihrem Leben lösen. In Psalm 32, 8 heisst es: **„Ich will dich lehren und dir sagen, wie du leben sollst; ich berate dich, nie verliere ich dich aus den Augen“.**

Gott will uns Seinen Willen erkennen lassen!
Wenn Sie Jesus als Erlöser in Ihr Leben aufgenommen haben, sind Sie ein Kind Gottes, - kein Stiefkind. Der Vater im Himmel möchte Ihnen nun mitteilen, was Er für Sie, und für Menschen in Ihrer Umgebung, bereit hält.

- *Bitten Sie Gott darum, dass Er Ihnen Einsicht in Seinen Willen gibt und in Ihnen ein Verständnis weckt für das, was Er vorhat.*
- *Verbinden Sie sich im Glauben damit, indem Sie diese Dinge betend erbitten und erwarten.*
- *Gehen Sie auf diese Ziele im Vertrauen zu. Gott steht zu Seinem Wort; und staunen Sie über die Ergebnisse, die Gott Sie schauen lässt. Arbeiten Sie mit Gott zusammen in der Aufgabe, die der Herr Ihnen ganz persönlich zugedacht hat: In Ihrer Familie, in Ihrer Gemeinde, an dem Platz, wo Sie sich befinden.*

Das wünsche ich Ihnen von Herzen!

Kapitel 38

GUTE BEZIEHUNGEN AUFBAUEN

Zum Wertvollsten unseres Lebens gehören Beziehungen mit Menschen, von denen wir uns akzeptiert und geliebt wissen. Haben Sie sich schon einmal gefragt, warum Ihnen bestimmte Personen in besonders lieber Erinnerung geblieben sind? Gewöhnlich waren es Menschen, von denen Sie sich angenommen wussten und die Ihnen ein besonderes Mass an Aufmerksamkeit, Liebe oder Fürsorge geschenkt haben. Danach suchen wir alle. Auch Leute mit einer "harten Schale" tragen in sich einen empfindsamen Kern, der Liebe und Wertschätzung braucht.

Kennen Sie Menschen, mit denen Sie gerne in eine bessere Beziehung treten möchten? Oder suchen Sie nach Freunden, mit denen Sie eine wirklich positive, herzliche Verbindung aufbauen können? Dann lesen Sie die folgenden Zeilen weiter. Sie werden wichtige Prinzipien dazu entdecken.

Wir sind uns so ähnlich!
Alle Menschen auf dieser Erde haben ein starkes Bedürfnis nach Liebe und Akzeptanz, egal welche Hautfarbe sie haben oder welcher Nationalität sie angehören. Besonders Leute, die nach aussen schroff und verletzend wirken, sind Menschen, die ein grosses, inneres Defizit an solcher Zuwendung durchlebt haben. Sie verletzen, weil sie sich einen eisernen Panzer zugelegt haben, um sich vor neuen Enttäuschungen zu schützen. Gerade sie sind besonders bedürftig nach Liebe und Annahme. Wir sind so veranlagt, weil Gott, unser Schöpfer, der uns nach Seinem Bild geschaffen hat, ein liebender, aber auch ein nach Liebe suchender Gott ist (1. Joh. 4, 16; Mat. 22, 37).

Warum sind wir so schwierig?
In der Tat ist es leicht, mit Menschen gut auszukommen, die uns Vertrauen und Achtung entgegen bringen. Wesentlich schwieriger sind junge oder ältere Leute, die sich "kratzbürstig", negativ, verletzend verhalten. Eigentlich ist das ihre Art zu sagen, wie sehr sie sich das Gegenteil wünschen. Sie gleichen Kindern, die den Vater beim Zeitung Lesen immer wieder stören, einfach nur, weil sie ein Stückchen Aufmerksamkeit und Zuwendung suchen. Aber die Art, wie sie das ausdrücken, reizt den Vater und sie ernten gewöhnlich Ablehnung und Unverständnis. So machen wir es, bis wir alt und grau geworden sind. Das tun wir, weil wir irgendwo tief in unserem Innern einem ungeschriebenen Gesetz folgen, das besagt: *"Misstraue anderen, du hast genug Enttäuschungen erlebt."* Aber gerade damit verbauen wir uns den Weg zum Mitmenschen und ernten wieder, was wir aufs neue säen. Haben wir im Geschäft etwas Unangenehmes erlebt, ist die Gefahr gross, dass nun die eigene Familie den Ärger und

die Verletzung zu spüren bekommt, obwohl sie an der Sache völlig unbeteiligt ist. Oft genügt auch schon ein kleiner Funke, um das Pulverfass zur Explosion zu bringen. Meistens machen wir in solchen Momenten die Umwelt für unser Verhalten verantwortlich. Wir haben nicht den Mut, uns selbst zu hinterfragen, sind nicht ehrlich genug, um die wirkliche Ursache des Konfliktes zu entdecken.

Wie kommt man aus dem Dilemma heraus?

Lange war mir nicht bewusst, dass nicht ich mein Leben regiere, sondern die Umstände um mich herum. Was heisst das? Nehmen wir ein konkretes Beispiel: Ich komme von einer Reise zurück. Ich hoffe mit Freuden begrüsst zu werden, die ganze Aufmerksamkeit meiner Frau zu bekommen. Doch sie ist im Moment gestresst oder hat ein Problem zu bewältigen. Und so werden meine Erwartungen nicht erfüllt. Was läuft jetzt in mir ab? Bin ich enttäuscht? Lasse ich negative Gedanken zu? Klage ich - leise oder laut - an? Wenn ich anklage, dann ist das ein typisches **Reagieren** auf das Verhalten meiner Frau. Wie viele Male habe ich in derartigen Situationen falsch reagiert. Doch mit der Zeit entdeckte ich, dass Gott uns Menschen dazu befähigen will, mit Seiner Hilfe zu **"leben"** und zu **"reagieren"**. Damit meine ich nicht andere zu dominieren, sondern das Leben zu leben, zu dem Jesus uns berufen und auch befähigt hat, wenn Sein Geist in uns lebt, und wir mit Ihm Gemeinschaft pflegen.

Noch einmal zurück zu meiner Ankunft Zuhause. Wie würde ich mich bei solch einem Empfang richtig verhalten? Ich merkte ja meiner Frau an, dass sie unter irgendetwas litt oder mit etwas zu kämpfen hatte. Nun könnte ich in meinem Innern für sie zu beten beginnen und mich einfühlsam nach ihrem Befinden erkundigen. Recht schnell bekomme ich dann gewöhnlich Auskunft, wo der Schuh drückt. Nun kann ich Anteil nehmen, ermutigen, aufrichten. Die dankbare Reaktion, die mir dann von meiner Frau entgegen kommt, ist eine grosse Belohnung. Sie erlebt, dass ich ihr keine Vorwürfe mache, nicht enttäuscht und bitter reagiere, weil meine Erwartungen unerfüllt blieben. Im Gegenteil, sie spürt vielmehr, wie sehr ich sie in ihrem Problem akzeptiere und liebe. Normalerweise bricht dann grosse Dankbarkeit hervor und wir finden zusammen Freude und enge Gemeinschaft!

Jesus gibt uns Leitlinien!

Jesus sagt in Mat. 7, 12: **"So wie ihr von den Menschen behandelt werden möchtet, so behandelt sie auch. Das ist - kurz zusammengefasst - der Inhalt der ganzen Heiligen Schrift".**

Das ist einer der grossen Schlüssel zum Herzen anderer Menschen. Wie möchte ich denn behandelt werden? Wie wäre es für mich, wenn ich mich freuen möchte - und sollte, weil mein Partner wieder nach Hause kommt, es aber einfach nicht kann, weil mich etwas quält, belastet oder umtreibt? Wie würde ich mich fühlen, wenn mein Partner, obwohl er Herzlichkeit und Freude erwartet, mir mit Verständnis entgegen kommen würde? Wäre mir das in der Situation nicht eine grosse Hilfe? Würde dann mein Herz ihm gegenüber nicht wieder mit neuer Zuneigung und Wärme antworten? Genau so ist es!

Ehen gesunden, wenn Männer aufhören, auf das Verhalten und die Stimmungen ihrer Frauen negativ zu reagieren. Ebenso verhält es sich, wenn Frauen aufhören, ärgerlich auf das Verhalten ihrer Männer zu reagieren, sich enttäuscht zurückzuziehen oder schroff zu werden. Vielmehr ist in solchen Situationen die Frage aktuell: *"Was geht im Anderen vor? Was macht ihm Not? Worunter leidet sie/er. Wie kann ich ihr/ihm jetzt helfen?"*

Ein Umdenkprozess ist nötig!

Es ist die Sünde, die sich in unserem Herzen zu einer negativen Machtstruktur entwickelt. Sie veranlasst uns, negativ zu denken und dem Anderen die Schuld in die Schuhe zu schieben. Wir rechtfertigen uns, klagen an und machen Vorwürfe. Darum brauchen wir Herzensveränderung. Diese Machtstrukturen müssen wir wahrnehmen und sie dann bewusst am Kreuz Jesu in den Tod geben. Dann verlieren sie ihre Herrschaft in uns. Jesus starb am Kreuz, um unsere Sünden auf sich zu nehmen - mit all den negativen Äusserungen und Gefühlen. Er hat für die Schuld gesühnt und die Macht der Sünde gebrochen. Jesus ist aber auch von den Toten auferstanden und will uns neues Leben geben und unsere Herzen weich machen. Er gibt uns Seinen Geist, wirkt neue Einstellungen, Denk- und Verhaltensmuster. Nehmen Sie das ganz bewusst in Anspruch für die Menschen, mit denen Sie Schwierigkeiten haben! Geben sie das Negative in Jesu Tod und lassen Sie Ihr Herz mit den Segnungen Gottes füllen: mit Liebe, Achtung, Wertschätzung, Zuwendung und Vergebung. Sie werden beobachten, wenn Sie diesen Austausch ***"Alt gegen Neu"***, vollziehen und das Neue in den Alltagssituationen praktizieren, dann werden Ihre Beziehungen zunehmend herzlicher; es entstehen gute Freundschaften und Sie erleben viel Angenehmes von Ihren Mitmenschen.

Drücken Sie Wertschätzung aus!

Psychologische Untersuchungen haben ergeben, dass in 9 von 10 Situationen, wo Mütter mit ihren Kindern sprachen, ihre Aussagen korrigierenden oder kritisierenden Charakter hatten. Bei uns Männern sähe es auch nicht anders aus. Was zeigt das? Es zeigt, dass wir eine starke Tendenz haben, eher das Negative zu betonen. Wird das Negative immer wieder zugelassen, so verstärkt es sich. Das gleiche geschieht auch bei Positivaussagen. Wenn wir Menschen für Dinge loben, unsere Dankbarkeit zum Ausdruck bringen und ihnen Wertschätzung entgegenbringen, werden sie eines Tages

Ähnliches tun. Jeder von uns hat das Bedürfnis, von Anderen positive Signale zu erhalten. Hören sie sich einmal folgende unterschiedliche Botschaften an:

1. *"Du gehst mir ständig auf den Wecker."*

2. *"Ich habe viel von dir gelernt. Du hast so wertvolle Begabungen. Es bereichert mich, mit dir zusammenzuarbeiten. Mir macht aber dieser Punkt etwas Mühe. Könntest du darüber einmal nachdenken?"*

Die zweite Botschaft wird eine andere Wirkung haben als die erste. Sie löst Wohlempfinden aus und gibt die Chance, sich über bestimmte Verhaltensweisen selber zu prüfen. Die erste Botschaft konfrontiert und ruft rasch negative Gefühle und Reaktionen hervor.

Nicht umsonst sagt Jesus: **"Ändert euch von Grund auf! Kehrt um zu Gott und nehmt seine Heilsbotschaft im Glauben an!"** (Mark 1, 15).

Wir brauchen Herzenswandlung, damit wir Gott nicht länger misstrauen, Ihm Schuld zuschieben und uns von Ihm distanzieren, sondern Seine Liebe annehmen und Seine Vergebung und Güte erfahren. Wir brauchen eine solche Herzensveränderung auch unseren Freunden und Mitmenschen gegenüber. Wer Enttäuschungen nicht in sich hineinfrisst, Negativmaterial nicht anhäuft, sondern rasch vergibt, - weil ja auch wir täglich Vergebung von Gott brauchen, - schafft die Voraussetzungen für Gedanken des Segnens, der Dankbarkeit und Wertschätzung.

Das sind Schlüssel zum Herzen anderer Menschen. Wo wir diese Schritte gehen, verändern sich Beziehungen. Wo wir unbeirrt auf diesem Weg bleiben, werden Feinde zu Freunden und schwierige Menschen zu Personen, deren Herzen sich allmählich gewinnen lassen. Sie werden uns unendlich dankbar sein, dass wir sie nicht in ihrer Einsamkeit und Isoliertheit beliessen.

Der Schlüssel liegt in Ihrer Hand! Gebrauchen Sie ihn!

Kapitel 39

GOTTES PLAN FÜR IHR LEBEN

Sie sind kein Zufallsprodukt. Sie sind ein Wunschkind Gottes, Er liess Sie im Mutterleib werden, um Ihnen Seine Liebe zuzuwenden. Sie sollen Ihn kennenlernen und mit Ihm Aussergewöhnliches erleben.

Bei der Wiedergeburt, die Gott uns schenkt, wenn wir Jesus in unser Leben aufnehmen (Joh. 1, 12), erhalten wir einen neuen Geist. Er ist göttlichen Ursprungs und hat göttliche Qualitäten. Zunächst ist er mit einem Baby zu vergleichen, Er soll nun wachsen, reifen und später Aufgaben ausführen.

Die Bibel spricht von drei geistlichen Reifestadien. Von Kindern in Christus, Jünglingen, und Vätern (1. Joh, 2). Kleine Kinder sind noch sehr abhängig, brauchen sehr viel Zuwendung und sind vielen Gefahren ausgesetzt. Wachsen sie zu Teenagern heran, so werden sie schon mit recht vielem allein fertig, Gott kann ihr Leben schon in mancher Hinsicht gebrauchen. Allerdings besteht in diesem geistlichen Wachstumsstadium auch die Gefahr der Selbstüberschätzung und Unabhängigkeit. Wir wissen schon so viel und bauen leicht auf eigene Erfahrung und Stärke. Das wird uns und auch anderen zu einer Belastung.

Viele Christen sind nach einigen Jahren gesunder Nachfolge Jesu im Stadium des Teenagers stehengeblieben, und noch mehr blieben gar geistliche Kinder. Gott will aber Sein angefangenes Werk in uns vollenden: Er wünscht geistliche Reife.

Begabt und beauftragt

Eine grossartige Aussage der Bibel, die Gottes Werk in unserem Leben beschreibt, lautet: ***„Gott hat etwas aus uns gemacht: Wir sind sein Werk, durch Jesus Christus neu geschaffen, um Gutes zu tun. Damit erfüllen wir nur, was Gott schon immer mit uns vorhatte“*** (Epheser 2, 10).

Jesus liess Seine Jünger schon recht früh in ihrer geistlichen Entwicklung Aufgaben und Dienste tun. Damit machte er klar: Neben der geistlichen Entwicklung zur Reife sollte ihr Leben auch für andere fruchtbar sein. Beides gehört zusammen.

Viele Christen haben sich in Klöster oder Ghettos verkrochen. Der wahre Sinn des Christentums wurde damit verpasst. Gott liegt beides am Herzen. Die Entwicklung unseres Charakters, so dass Jesu Wesen durch uns mehr und mehr sichtbar wird, und eine tatkräftige Mitarbeit im Reich Gottes, unter der Leitung des Heiligen Geistes. Es sollen gute Werke entstehen, durch die Menschen gesegnet und Gott verherrlicht wird.

Jesus Christus hat auch Sie mit Gaben beschenkt. Er hat Sie dadurch zur Mitarbeit gemäss Seinem Plan für Ihr Leben befähigt.

Lassen Sie mich Ihnen mit den folgenden Zeilen Schwerpunkte von Gottes Programm für Ihr Leben zeigen:

1. *Liebe zu allen Menschen*

Die Bibel sagt, selbst wenn wir unser Leben opfern würden oder grosse Wunder wirken könnten, aber das Ganze ohne Liebe geschähe, wäre es wertlos (1. Korinther 13).

Gottes grösstes Anliegen besteht darin: Gott und unseren Nächsten zu lieben. Offensichtlich geht es hier um eine Grundentscheidung in unserem Herzen. Die Frage ist nicht: „Kann ich alle lieben?“ sondern: „Will ich alle lieben?“ Wenn das der Fall ist, kommt Gott uns mit Seiner Liebe zu Hilfe (Römer 5, 5). Die Frage ist nicht: „Habe ich nichts gegen andere?“ sondern: „Habe ich etwas für sie?“ Erkenne ich sie als Gottes Geschöpfe an, als Menschen, denen Gott durch mich Seine Liebe zukommen lassen will? Es gibt überhaupt keinen fruchtbaren Dienst für Gott, wenn er nicht in der Liebe begründet ist. Alles andere ist Aktivismus und befriedigt nicht Gott sondern nur uns selber.

2. *Das Wohl des anderen suchen*

Die Liebe Jesu zu uns wird deutlich im Opfer Jesu für unsere Schuld. Er möchte uns täglich beschenken, führen und mit Liebe umgeben, dies, obwohl wir noch viele Fehler an uns haben. Durch uns will Gott Seine Liebe für die Menschen erfahrbar machen.

Da ist die einsame Frau im Altersheim. Dort lebt die geschiedene Mutter mit ihren beiden Kindern und kommt nicht zurecht. Neben uns arbeitet jemand, der immer wieder verlacht und gehänselt wird. Da ist der Ausländer, den man schikaniert. Drüben der alte Mann im Rollstuhl.

Gott setzt uns in diese Welt zum Salz und Licht (Matt. 5, 13-16). Sollen wir nun überall anpacken? Ist jede Not um uns eine Aufforderung, ihr persönlich zu begegnen? Dann wären wir bald total überfordert.

Zunächst geht es einmal um eine Grundentscheidung: Bin ich bereit, diese Menschen in ihrer Not zu sehen, zu lieben und auf ihr Wohl bedacht zu sein? Wenn die Antwort darauf Ja lautet, beginnt Gottes Handeln durch mich. Zunächst im Gebet und im Segnen dieser Menschen. Ich wünsche, dass Gottes Liebe zu ihnen fliesst, und sie durch diese Liebe verändert werden. Unzähligen Nöten in unserer Welt können wir nur so mit Liebe begegnen. Darüber hinaus hat Gott aber individuelle Werke vorbereitet, die durch uns zur Ausführung kommen sollen.

3. *Liebe praktisch weitergeben*

Hat Gottes Liebe Raum in uns und wir entscheiden uns täglich, die Menschen um uns herum mit den Augen Jesu zu sehen, dann folgen auch tatkräftige Handlungen.

Manchmal sind es ganz unscheinbare Dinge im Alltag: das ermutigende Wort zu der Frau an der Kasse, Minuten des Zuhörens und des Mitgefühls, die wir einem Niedergeschlagenen widmen; Trost und praktischen Rat dem Hilfesuchenden; das Zeugnis der Liebe Gottes dem Suchenden. Zu solchen Schritten kann Gott jeden von uns gebrauchen.

Als meine Mutter längere Zeit pflegebedürftig in einem Altersheim weilte, gingen viele Besucher getröstet und ermutigt wieder hinaus, obwohl diese eigentlich gekommen waren, um meine Mutter zu trösten.

Lassen Sie sich von Gott zeigen, wo Er Sie besonders haben möchte! Gewöhnlich legt Gott ein Drängen oder Ziehen in unser Herz. Immer wieder taucht dieselbe Situation in unseren Gedanken auf. Beginnen Sie, sich dort einzusetzen. Lernen Sie aus Ihren Erfahrungen. Entdecken Sie Ihre Begabungen, aber auch Ihre Grenzen und achten Sie darauf, dass weder Sie selbst noch Ihre Allernächsten (Ehepartner/Kinder) dabei zu kurz kommen.

Nur Beschenkte können geben

Noch einmal: Gott hat Werke für Sie vorbereitet, die Sie zur Ausführung bringen dürfen (Epheser 2, 10). Das bedeutet, Gott hat in Ihnen die Voraussetzung geschaffen, die Sie zu guten Werken befähigt. Das ist aber nur dann möglich, wenn Sie in Christus Jesus bleiben. Damit meint die Bibel: Wenn Sie sich täglich selber von Jesus beschenken lassen, werden Sie fähig, andere zu beschenken. Zuerst brauchen Sie selber Heilung von Verletzungen, mehr Geduld und Vergebung für Ihr eigenes Versagen.

Alles hält Jesus reichlich bereit. Er ist eine „ständig sprudelnde Quelle“, aus der Sie trinken und sich stärken dürfen. Sie sollen nicht zu kurz kommen. Im Gegenteil, wer Gott dient, sagt Jesus, den wird sein Vater ehren. Lohn wird Ihnen zuteil. Schon hier und jetzt und auch im Jenseits.

Noch einmal zusammenfassend: Gottes Plan für Ihr Leben ist, Ihn zu lieben und Gemeinschaft mit Ihm in Anbetung und Lobpreis zu haben. Weiter sollen Christen ihren geistlichen Geschwistern Liebe, Ermutigung und Hilfe schenken. Und schliesslich: Mitten in der Welt, in der wir leben, sollen wir Menschen lieben, ihnen wohl tun und denen helfen, mit denen Gott uns in Berührung bringt. Das alles nicht aus eigener Kraft, sondern in der Kraft Gottes. In unserer Schwachheit wird Gottes Geist uns stärken und befähigen all das zu tun.

Kapitel 40

WARUM BRAUCHT UNSERE WELT DAS EVANGELIUM?

Es ist eine unübersehbare Tatsache, dass unsere Gesellschaft immer mehr zerfällt. Familien zerbrechen, junge Menschen sehen keinen Sinn mehr für ihr Leben, Einsamkeit nimmt zu, und Gewalt begegnet uns in ihren dunkelsten Formen.

Der Fürst dieser Welt zeigt immer ungeschminkter sein Gesicht, aber die Menschen erkennen ihn nicht. Willig lassen sie sich von ihm verführen und zerstören. - Gibt es keine Hoffnung?

Unsere Welt ist gerichtsreif

Eigentlich hätten *wir* verdient, dass Gott Sein Angesicht abwendet und mit der Menschheit Schluss macht. Die Schmach und der Schmerz, die Gott täglich zugefügt werden, sind unfassbar. Wie kann Gott so etwas zulassen? Wie kann Er all die Gewalt und Unterdrückung ansehen, ohne im Zorn drein zu schlagen? Wörtlich sagt Er:

„Meint ihr, ich hätte Freude daran, dass der Gottlose sterben muss? Nein, ich freue mich, wenn er von seinen falschen Wegen umkehrt und am Leben bleibt!" (Hes. 18, 23)

Gott hat dieser Welt eine Frist gesetzt und noch währt Seine Gnade. Er weiss, dass es auch in unserer Zeit unzählige Menschen gibt, die letztlich auf der Suche nach Ihm sind, Ihn aber nicht kennen oder den Weg zu Ihm nicht wissen.

Immer wieder beobachte ich in den Evangelisationen, und mit mir viele Andere, dass es im Grunde genommen bedeutend mehr Menschen gibt, die sich zu Jesus Christus bekehren würden, wenn sie wüssten, wer Er wirklich ist. Ich denke an jene Frau, die nach ihrer Bekehrung auf die *Frage „Was haben Sie heute Abend erlebt?“* antwortete: *„Heute habe ich das gefunden, wonach ich schon so lange gesucht habe“*.

Gott sieht diese Menschen, und Sein Herz verlangt danach, sie in Seine rettenden Arme zu schliessen. Weil Gott die Schreie der Herzen im Verborgenen hört, wartet Er mit dem Gericht zu. Weil Er noch viele retten möchte, sind die Gnadentüren noch nicht verschlossen.

Lassen Sie mich Ihnen fünf Gründe zeigen, warum das Evangelium unbedingt allen Menschen verkündet werden muss.

1. Gott liebt uns

Als Er den Menschen erschuf, war es Sein Wunsch, mit uns Gemeinschaft zu haben. Durch den Sündenfall kam es zur Trennung. Von diesem Zeitpunkt an haben wir Gott immer wieder unsägliche Schmerzen zugefügt. Er hat aber nicht aufgehört die Menschen zu lieben. Das hat Er unter Beweis gestellt, indem Er das Liebste, das Er besass, Seinen Sohn, zu unserer Rettung in diese Welt sandte.

So sehr sehnt sich Gott nach der Gemeinschaft mit dem Menschen. Auch heute noch. Die entscheidendste Motivation zur Evangelisation ist nicht die Not des Menschen, sondern der Schmerz Gottes.

Warum möchte Gott mit uns Gemeinschaft haben?
Weil Er uns liebt und Gutes tun will. Er hat dem Menschen eine königliche Bestimmung zugedacht, die aber durch die Sünde verunmöglicht wurde. Wenn wir nun Jesus Christus in unser Leben aufnehmen, empfangen wir Seinen Geist und dürfen in der erneuernden Liebe Gottes wieder hergestellt werden, in die Ebenbildlichkeit unseres Schöpfers.

2. Gott will den Menschen retten
Sünde führt in Verlorenheit. Das heisst, ins Getrenntsein von Gott. Die Konsequenz ist, dass der Mensch mit einer inneren Leere, mit Schuld und in Angst vor dem kommenden Gericht leben muss. Der unerlöste Mensch hat keine tiefste Befriedigung, darum jagt er den Angeboten nach, die der Teufel ihm anpreist. Dadurch verstrickt er sich immer mehr und zerstört sein Leben. Die Ergebnisse davon sehen wir in unseren Nachrichten und lesen wir in unseren Tageszeitungen. Sie widerspiegeln sich in unserem eigenen Leben und in unserer Umgebung.

Niemand kann sich aus der eigenen Verlorenheit selber retten. Wir besitzen die Kraft nicht, uns an den eigenen Haaren aus dem Sumpf zu ziehen. Aber ein Anderer kann das: Jesus Christus. Er starb am Kreuz für unsere Schuld und hat die Spirale von Sünde, Gefangenschaft und Gericht zerbrochen. Wer Jesus Christus anruft, Ihm seine Sünden bekennt und Ihn bittet, Herr seines Lebens zu werden, empfängt Vergebung. Damit sind wir nicht mehr verloren. Wir sind Gefundene, und wir haben neues, beglückendes Leben empfangen. Es zeigt sich an der Freude, dem Frieden im Herzen, den neuen Zielen im Leben und der Gewissheit, Gott nun als Vater zu haben und nicht mehr auf das Gericht warten zu müssen.

3. Das Evangelium macht frei
Durch unsere Sünde sind wir nicht nur von Gott getrennt und reif für das Gericht und die Verdammnis, wir sind auch unter Satans Herrschaft geraten. Er beutet den Menschen aus, er bestiehlt und beraubt ihn. Satans Absicht ist, den Menschen zu zerstören. So beschreibt es Jesus in Joh. 10, 10. Jesus ist gekommen, um uns aus der Gewalt Satans zu befreien, förmlich aus der Macht der Finsternis herauszunehmen und in das Reich der Liebe Gottes hineinzuversetzen. Das geschieht nicht etwa erst wenn wir sterben, sondern von dem Augenblick an, wo wir Jesus in unser Leben aufneh-

men (Kol. 1, 13). Das heisst, Satans Herrschaft wird in unserem Leben gebrochen, wir werden frei, frei für ein neues Leben in Frieden mit Gott. Das wirkt sich wunderbar aus.

Als ein lieber Freund von mir vor mehr als zehn Jahren in einer unserer Evangelisationen seine Entscheidung für Jesus traf, wurde er am selben Abend von seinen Drogen befreit. Drogen, Alkohol und andere Süchte sind ein äusseres Zeichen von innerer Gefangenschaft, sind Symptome von Gebundenheit.

Die Erlösung durch Jesus geht noch viel tiefer. Sie macht uns auch im Innersten von der Herrschaft Satans frei, sie bricht die Macht der Sünde und der Finsternis. Wie herrlich!

4. Das Evangelium verwandelt

Wenn Menschen durch Jesus Christus errettet werden, beginnen sie Gott zu verherrlichen. Über Lippen, die einst Flüche und Bitterkeit ausgestossen haben, kommen nun Lieder des Lobes und der Anbetung. Menschen, die in Süchten und anderen Lastern gelebt haben und Gott damit verunehrten, werden nun zu Tempeln des Heiligen Geistes. Ihre Herzen beginnen zu lieben und ihre Hände zu helfen.

Das erinnert mich an einen Bauern. Er war so hart und brutal, dass selbst sein Hund einen Bogen um ihn machte. Seine Frau litt unsäglich unter ihm. Eines Tages schickte er sie zu einem Verwandten. Dann kam Gottes Geist so mächtig über ihn, dass er weinend auf seine Knie sank und sich bekehrte. Als seine Frau zurückkehrte, fand sie einen verwandelten Mann vor, der sie flehentlich um Vergebung bat. Er war ein neuer Mensch geworden.

5. Das Evangelium MUSS verkündigt werden

Evangelisation ist nicht ein Hobby von Menschen, denen das Spass macht. Evangelisation ist immer Kampf. Jeder von uns, der seinen Mitmenschen von Gottes Liebe und Herrlichkeit berichtet, wird Gefühle überwinden müssen. Er wird es in Kauf nehmen müssen, dass er auf Ablehnung stösst und oft auch speziell angefochten wird. Das sind Praktiken des Feindes, um uns lahm zu legen. Aber Jesus sagte Seinen Jüngern nicht: „Wenn es euch leicht fällt und keine Probleme bereitet, dann verkündigt mein Evangelium in aller Welt.“ Nein, Er gab eine klare Weisung, ja einen Befehl:

„Geht hinaus in die ganze Welt und ruft alle Menschen in meine Nachfolge! Tauft sie und führt sie hinein in die Gemeinschaft mit dem Vater, dem Sohn und dem Heiligen Geist! Lehrt sie, so zu leben, wie ich es euch aufgetragen habe. Ihr dürft sicher sein: Ich bin immer und überall bei euch, bis an das Ende dieser Welt!“ (Matth. 28, 18 – 20; Mark. 16, 15 + 16).

Es gibt keine andere Botschaft und keinen anderen Namen unter dem Himmel, als der Name Jesus Christus, bezeugt die Bibel. Nur durch Ihn erfährt der Mensch wirklich Errettung (Apg. 4, 12). Ideologien und Religionen gibt es viele. Rettung erfährt aber nur, wer von Jesus Christus hört und Ihn als Erlöser annimmt. Weil diese Botschaft allen gilt und Gottes Weg ist, Menschen mit sich zu versöhnen, darum wollen wir das Evangelium aller Welt nahe bringen durch unser Leben, unser Zeugnis und die Verkündigung.

Auch Sie, lieber Leser, sind dazu aufgerufen.

Kapitel 41

MENSCHEN FÜR JESUS GEWINNEN

Das Leben des jungen Mannes war vorgezeichnet. Zum dritten Mal sass er im Gefängnis. Weinend ging er den Gitterstäben entlang und aus seiner Seele drang der Schrei: *„Wenn ich hier heraus komme, möchte ich ein anderes Leben anfangen."* - Aber im nächsten Augenblick war ihm klar: Ich schaffe es nicht, ich werde wieder der Alte sein. Verzweiflung!

Die gewaltige Veränderung

Er wurde aus dem Gefängnis entlassen. Kurze Zeit darauf hörte er einige junge Leute fröhliche Lieder singen und über ihre Erfahrung mit Jesus berichten. Einer sprach ihn an, und ohne zu ahnen wie sehr er den Nagel auf den Kopf treffen würde, sagte er zu ihm: *„Dein Leben kann verändert werden"*. Das schlug ein wie eine Bombe. *„Aber wie?"* fragte der junge Mann zurück. Die Antwort war klar: *„Jesus kann Dein Leben verändern!"*

Überlegen lächelnd winkte der junge Mann ab. Aber eines war haften geblieben: Die leuchtenden Augen der Jugendlichen und dieser Satz.

Er kam in die Gottesdienste. Nach wenigen Abenden war ihm klar: „Das ist es, wonach du in deinem Leben gesucht hast." Er ging mit einem Seelsorger auf die Knie, bekannte seine Sünden und wurde ein neuer Mensch.

Vom selben Abend an war die Kraft des Alkohols, des Nikotins und des Bösen in seinem Herzen gebrochen. Es war der Wendepunkt. Später wurde er zu einem Verkündiger des Evangeliums.

Wie gewinnt Gott einen Menschen?

Indem Er ihm Hoffnung gibt!

Der Schlüssel zum Herzen dieses jungen Mannes war jener Satz: *„Jesus kann Dein Leben verändern"*. Der Beweis dafür waren die strahlenden Augen der jungen Christen, die ein lebendiges Zeugnis der Hoffnung ablegten.

Immer wieder beobachte ich: *Das ist der Schlüssel,* mit dem Gott Herzen aufschliesst!

Lange Zeit habe ich in meinen Predigten über die Sündhaftigkeit des Menschen und die Notwendigkeit zur Bekehrung gesprochen. Dabei erlebte ich aber wenig Frucht. Die Menschen waren zum Teil betroffen, zum Teil auch verärgert. Entscheidungen fielen wenige. Dann machte Gott mir klar: „Deine Aufgabe ist es, Jesus gross zu machen, dann überführt der Heilige Geist die Herzen." So änderte ich den Inhalt meiner Botschaft und erlebe es immer wieder aufs Neue, welche Kraft im wahren Evangelium und im Wirken des Heiligen Geistes liegt.

Beispiele aus der Praxis

Jesus sitzt an einem Brunnenrand. Über Mittag kommt eine Frau um Wasser zu schöpfen. Jesus beginnt mit ihr ein Gespräch. Es führt schliesslich dazu, dass diese Frau zum Glauben kommt und durch sie die ganze Stadt in Bewegung gerät (Joh. 4). Lesen Sie diesen Text einmal sorgfältig durch. Sie werden dabei die Feststellung machen: Der Schlüssel, durch den Jesus das Herz dieser Frau aufschliesst, lässt sich in einem Wort ausdrücken: H O F F N U N G. Sie hatte nämlich bereits fünf Männer gehabt und lebte jetzt mit dem sechsten zusammen (wie treffend passt diese Geschichte in unsere heutige Zeit!). Jesus hätte mit ihr über Ehe, Sexualität, über Reinheit, Heiligkeit, Gebote, über Sünde und ihre Folgen oder Gericht reden können. Aber was sagte Er zu ihr? **„Wenn du wüsstest, was Gott dir geben will und wer dich hier um Wasser bittet. Du würdest mich um das Wasser bitten, das du zum Leben brauchst. Und ich würde es dir geben"** (Vers 10).

Menschen, die Gott nicht kennen, müssen zunächst etwas von der Herrlichkeit Gottes kosten können, ehe sie sich von der Sünde abwenden und Gott zuwenden. Genau das wusste Jesus und das schenkte Er dieser Frau.

Vor Jahren sass mir ein Mann im Büro gegenüber. Er hatte seine Frau und Kinder verlassen und ein sexuell verwahrlostes Leben geführt. Immer mehr war es mit ihm bergab gegangen. Und nun war er in höchster Not. Ich wusste um seine Vorgeschichte und war geneigt, ihm seine Taten vorzuhalten und über das Leid zu sprechen, das er angerichtet hatte.

Während ich im Stillen betete, machte Gottes Geist mir klar: *„Zeige ihm, dass ich ein Wunder an ihm tun will.“* Der Heilige Geist erinnerte mich an ein Bild aus der Natur. An manchen Bäumen hängt das alte Herbstlaub bis ins Frühjahr. Frost und Schnee haben die verwelkten Blätter nicht beseitigen können. Aber dann kommt der Frühling. Wenn das neue Leben zu strömen beginnt, fallen die alten hässlichen Blätter ab. Diese Botschaft gab ich weiter.

Dann fragte ich ihn: *„Wollen Sie, dass Ihr Leben durch Jesus völlig neu gemacht wird und die alten hässlichen Dinge von Ihnen abfallen?“* Die Antwort war ein klares Ja. Beim Gebet auf den Knien strömten Tränen der Busse über die Wangen dieses Mannes. Als wir aufstanden, blickte ich in die Augen eines Menschen, der innerlich neu geworden war. Gott führte ihn zurück zu seiner Frau und zu seinen Kindern und half ihm aus seinen materiellen Schwierigkeiten heraus.

Ähnlich war es bei einem Fabrikanten. Wir hatten ihm erklärt, dass er aus eigener Kraft nie fähig sein würde, das Leben zu führen, das Gott von ihm erwartet und das er sich im Herzen letztlich ersehnte. Wir zeigten ihm, dass Jesus durch den Heiligen Geist ein Wunder an ihm vollbringen möchte, um ihn zu dem Menschen zu machen, zu dem er von Gott bestimmt ist. Auch seine Antwort war ein klares Ja. Er bekannte seine Sünden, nahm Jesus in sein Leben auf und wurde ein neuer Mensch.

Möchten Sie Menschen für Jesus gewinnen?
Gott hat all Seinen Kindern den Auftrag gegeben, Sein Evangelium in dieser Welt zu verbreiten. Nicht jeder ist ein Evangelist. Aber ein Zeuge der Hoffnung, die Jesus gibt, kann jeder von uns sein. Wichtig ist, dass wir selber in dieser Hoffnung leben, unsere Sorgen immer wieder bei Gott abgeben und so Sein Handeln freisetzen. So erleben wir tatsächlich schon in dieser Welt, wie Gott nicht nur Hoffnung für den Himmel in unsere Herzen legt, sondern wie sie bereits hier und heute durch den Glauben zu erfahren ist.

So macht Gott uns zu Menschen, die nicht andere zu Ihm führen müssen, sondern die mit Ihm zu anderen gehen. Entsprechend möchte ich meine Frage formulieren:

Möchten Sie mit Jesus zu Ihren Mitmenschen gehen?
Er ist ja bei Ihnen. Mit Seiner Gegenwart, Seiner Liebe, Seinen göttlichen Gaben.

- Verkündigen Sie Jesus durch Ihr Handeln und durch Ihre Worte.
- Streuen Sie Samen der Hoffnung in verwundete, zerschlagene Menschenherzen. Danach lechzt das Innere jedes Verlorenen.
- Machen Sie Menschen Mut, die Hoffnung, die Jesus bietet, konkret anzunehmen.
- Ermutigen Sie die Betreffenden, Jesus Christus als Erlöser und Herrn in ihr Leben einzuladen.
- Beten Sie gemeinsam mit ihnen.

Sie werden staunen, wie der in Ihnen wohnende Heilige Geist dabei hilft.

Sie kennen nun den Schlüssel: HOFFNUNG. Gebrauchen Sie diesen Schlüssel und entdecken Sie, wie Jesus mit Ihnen zu Ihren Mitmenschen kommt und wunderbare Dinge in Ihrem Leben geschehen.

Printed by Books on Demand GmbH, Norderstedt / Germany